职业教育智能网联汽车类专业活页式创新教材

智能网联汽车底盘线控系统装调与测试

主　编　李　琤　王　建　王爱国
副主编　弋国鹏　景　园　蔡志军　郭　顺　汤庆涛
参　编　魏建平　姜能惠　邹家鹏　程　煜　詹　敏

二维码总码

机械工业出版社

本书是智能网联汽车技术专业核心课程"底盘线控系统装调与测试"的配套教材，主要内容包括智能网联汽车底盘线控系统认知、智能网联汽车线控转向系统装调与测试、智能网联汽车线控驱动系统装调与测试、智能网联汽车线控制动系统装调与测试和智能网联汽车线控悬架系统认知5个项目，13个典型工作任务。其中，项目1和项目5主要以底盘线控系统和线控悬架系统的组成结构认知、工作原理理解为主；项目2至项目4分别介绍线控转向系统、线控驱动系统、线控制动系统，均包含3个递进任务，分别是结构认知、工作原理和典型故障诊断检修，综合培养学生掌握智能网联汽车整车装调、故障诊断等关键技能。

本书可作为职业院校智能网联汽车技术、新能源汽车技术、汽车制造与试验技术等汽车类相关专业的教材，也可以作为汽车爱好者的参考书。

图书在版编目（CIP）数据

智能网联汽车底盘线控系统装调与测试 / 李琤，王建，王爱国主编. -- 北京：机械工业出版社，2024.7.
（职业教育智能网联汽车类专业活页式创新教材）.
ISBN 978－7－111－76220－1

Ⅰ.U463.6

中国国家版本馆CIP数据核字第2024D2E136号

机械工业出版社（北京市百万庄大街22号　邮政编码100037）
策划编辑：李　军　　　　　　　　　　责任编辑：李　军　丁　锋
责任校对：韩佳欣　薄萌钰　陈立辉　　封面设计：马精明
责任印制：单爱军
北京虎彩文化传播有限公司印刷
2024年10月第1版第1次印刷
184mm×260mm・15.5印张・359千字
标准书号：ISBN 978－7－111－76220－1
定价：69.90元

电话服务　　　　　　　　　　　网络服务
客服电话：010－88361066　　　机　工　官　网：www.cmpbook.com
　　　　　010－88379833　　　机　工　官　博：weibo.com/cmp1952
　　　　　010－68326294　　　金　书　网：www.golden-book.com
封底无防伪标均为盗版　　　机工教育服务网：www.cmpedu.com

编委会

主　任　弋国鹏（北京中汽恒泰教育科技有限公司）

副主任　王爱国（安徽机电职业技术学院）　　孔春花（吉林交通职业技术学院）
　　　　　贾启阳（天津交通职业学院）　　　　　马慧斌（宁夏工商职业技术学院）
　　　　　宋志良（江西应用技术职业学院）　　　任艳茹（鄂尔多斯职业技术学院）
　　　　　张荣福（唐山工业职业技术大学）　　　隋礼辉（内蒙古交通职业技术学院）

委　员　李　琤（安徽机电职业技术学院）　　李学友（贵阳职业技术学院）
　　　　　郭　顺（安徽机电职业技术学院）　　郭阳印（贵阳职业技术学院）
　　　　　景　园（安徽机电职业技术学院）　　罗忠恒（贵州电子科技职业学院）
　　　　　何泽刚（天津交通职业学院）　　　　黄明慧（贵州电子信息职业技术学院）
　　　　　李丽娜（天津交通职业学院）　　　　耿加锐（贵州工业职业技术学院）
　　　　　孙　静（天津交通职业学院）　　　　何　翔（贵州航天职业技术学校）
　　　　　刘　旭（唐山工业职业技术大学）　　向　巍（贵州交通职业技术学院）
　　　　　刘浩丰（唐山工业职业技术大学）　　龙通宇（贵州交通职业技术学院）
　　　　　廖小吉（唐山工业职业技术大学）　　金明取（贵州省织金县中等职业学校）
　　　　　徐晓宇（江西应用技术职业学院）　　张　云（贵州应用技术技师学院）
　　　　　邱志卓（江西应用技术职业学院）　　李明忠（海南技师学院）
　　　　　杨　阳（江西应用技术职业学院）　　葛红剑（海南职业技术学院）
　　　　　许亚军（宝鸡职业技术学院）　　　　张桂春（河南经济贸易技师学院）
　　　　　焦　亮（宝鸡职业技术学院）　　　　梁常鸿（河南经济贸易技师学院）
　　　　　刘天明（北京中汽恒泰教育科技有
　　　　　　　　　限公司）　　　　　　　　　宋武强（河南林业职业学院）
　　　　　　　　　　　　　　　　　　　　　　王洪佩（菏泽职业学院）
　　　　　武晓斌（成都工贸职业技术学院
　　　　　　　　　（成都市技师学院））　　　程一铎（华中师范大学）
　　　　　　　　　　　　　　　　　　　　　　郑　磊（济南工程职业技术学院）
　　　　　曾昭炜（成都工贸职业技术学院　　　刘猛洪（济宁职业学院）
　　　　　　　　　（成都市技师学院））　　　杨天辉（济源职业技术学院）
　　　　　郑世界（成都工业职业技术学院）　　李江浩（冀南技师学院）
　　　　　周　瑜（道真自治县中等职业学校）　吴启帆（江西环境工程职业学院）
　　　　　段绍斌（德宏职业学院）　　　　　　肖　潇（九江职业大学）
　　　　　郑登骅（德宏职业学院）　　　　　　严匡林（九江职业技术学院）
　　　　　杜秀波（鄂尔多斯职业技术学院）　　杨　彬（昆明技师学院）
　　　　　明建平（赣州职业技术学院）　　　　郝宏海（辽宁省交通高等专科学校）
　　　　　梁耀杰（广西水利电力职业技术
　　　　　　　　　学院）　　　　　　　　　　郭大民（辽宁省交通高等专科学校）
　　　　　　　　　　　　　　　　　　　　　　王灶林（眉县职业教育中心）

严　飞（眉县职业教育中心）
邓龙江（纳雍中等职业学校）
陆　旭（南阳农业职业学院）
何伟勤（宁都技师学院）
何　迎（黔南民族职业技术学院）
金征宇（曲靖技师学院）
樊建铸（曲靖职业技术学院）
宋建华（曲靖职业技术学院）
庄永成（日照技师学院）
冯德军（日照职业技术学院）
夏鲁宁（日照职业技术学院）
陈群燕（山东工业职业学院）
逄兰芹（山东科技职业学院）
孙建俊（山东劳动职业技术学院）
姜　辉（山东水利职业学院）
党武刚（陕西工商职业学院）
朱　辉（陕西工业职业技术学院）
李　江（陕西工业职业技术学院）
李　靖（陕西机电职业技术学院）
刘　娟（陕西机电职业技术学院）
张超龙（陕西机电职业技术学院）
黄晓鹏（陕西交通职业技术学院）
姚　鑫（陕西交通职业技术学院）
郭晓辉（陕西职业技术学院）
韩玉科（陕西职业技术学院）
吴　菲（商洛职业技术学院）
林金地（上海工商职业技术学院）
周志巍（上海交通职业技术学院）
门晓娜（石家庄工程技术学校）
梁建伟（石家庄职业技术学院）
肖　红（四川城市职业学院）
周少璇（四川工商职业技术学院）
黄　丹（四川工商职业技术学院）
许　江（四川职业技术学院）
何　嘉（四川职业技术学院）
夏山鹏（潍坊工程职业学院）
李　华（潍坊技师学院）
王登强（潍坊职业学院）
张赛荔（渭南职业技术学院）
袁　月（西安航空职业技术学院）
白永平（西安航空职业技术学院）
常卫花（新乡职业技术学院）
徐鹏辉（新乡职业技术学院）
陈玲玲（烟台工程职业技术学院）
郭三华（烟台汽车工程职业学院）
胡明峰（延安职业技术学院）
谢雄伟（延安职业技术学院）
陈勇吏（宜宾职业技术学院）
李加祥（云南工程职业学院）
曹先洪（云南工商学院）
韩继伟（云南工业技师学院）
毕金新（云南工业技师学院）
夏　灿（云南机电职业技术学院）
杨学平（云南机电职业技术学院）
张俊东（云南技师学院（云南工贸职业技术学院））
王　永（云南技师学院（云南工贸职业技术学院））
张伟强（云南技师学院（云南工贸职业技术学院））
杨仕清（云南交通运输职业学院）
闫忠孝（云南交通职业技术学院）
周　洋（云南林业职业技术学院）
杨海宏（云南省玉溪工业财贸学校）
钱洪恩（云南省玉溪工业财贸学校）
郑　聪（枣庄职业学院）
曾祥军（淄博职业学院）
敖克勇（遵义职业技术学院）

前　言

近年来，全球新一轮的科技革命和产业变革加速演进，新一代信息技术及其深度应用已经推动人类社会步入新的发展阶段，智能经济蓬勃发展，对经济社会发展影响深远。汽车技术的发展日新月异，电动化、智能化、网联化、共享化成为汽车产业发展的潮流和趋势。目前，我国汽车产业发展势头迅猛，自主品牌市场份额逐年提高，关键零部件供给能力明显增强，新能源汽车和智能网联汽车产业体系日益完善，这些都为智能网联汽车的发展奠定了坚实的基础。

2015 年，国务院首次提出智能网联汽车概念，明确将智能网联汽车列入未来十年国家智能制造发展的重点领域。2019 年 9 月，中共中央、国务院印发《交通强国建设纲要》，提出加强智能网联汽车（智能汽车、自动驾驶、车路协同）研发，形成自主可控完整的产业链。2020 年 2 月，国家发展和改革委员会、工业和信息化部等 11 个部委联合发布《智能汽车创新发展战略》，提出到 2025 年，实现有条件自动驾驶的智能汽车达到规模化生产，实现高度自动驾驶的智能汽车在特定环境下市场化应用。2021 年 2 月，中共中央、国务院印发《国家综合立体交通网规划纲要》，提出推进智能网联汽车应用，推动智能网联汽车与智慧城市协同发展。在政策、技术与市场等多重因素的影响下，汽车产业作为国民经济的重要支撑产业，与能源、交通、信息通信等领域有关技术加速融合，正朝着网联化、智能化进程加速推进。智能网联汽车技术的发展已进入快车道，然而目前国内职业院校汽车专业人才培养供给难以满足智能网联汽车产业发展的需求。

为了抓住汽车产业智能化发展战略机遇，满足行业对智能网联汽车技术专业人才的需求，加快推进智能汽车技术创新发展，由机械工业出版社牵头组织，安徽机电职业技术学院和北京中汽恒泰教育科技有限公司等单位联合编写本教材，具有以下特点：

1. 以党的二十大报告为指导，深入挖掘教材内容中蕴含的思政资源，提炼课程思政元素，分别融入"信"——坚定理想信念和技能报国、"德"——培养职业道德和职业素养、"创"——养成创新思维和创业意识、"劳"——塑造劳动精神和劳模精神、"匠"——培育工程思维和工匠精神，寓价值观引导于知识传授和能力培养之中，帮助学生树立正确的世界观、人生观、价值观，实现全员、全程、全方位育人。

2. 紧跟教育部出台的《职业教育专业简介》（2022 年修订）中智能网联汽车技术（专业代码：460704）的培养要求，课程教学目标定位于培养德智体美劳全面发展，掌握智能网联汽车结构及工作原理，具备智能网联汽车部件装调、质量检测、故障诊断、试验测试等能力，具有工匠精神和信息素养的高素质技术技能人才。

3. 立足先进的职业教育理念，紧跟汽车新技术的发展步伐，结合智能网联汽车技术专业的人才培养模式和课程体系设置等进行本教材的内容设置，及时反映产业升级和行业发展需求，体现新知识、新技术、新工艺、新材料、新方法。

4．以就业为导向，以培养岗位能力为核心，采用项目化、任务型的编写体例。作为专业简介中推荐的专业核心课程"底盘线控系统装调与测试"的配套教材，主要内容包括智能网联汽车底盘线控系统认知、线控转向系统装调与测试、线控驱动系统装调与测试、线控制动系统装调与测试和线控悬架系统认知5个项目，建议学时分配参见下表。

项目内容	智能网联汽车底盘线控系统认知	智能网联汽车线控转向系统装调与测试	智能网联汽车线控驱动系统装调与测试	智能网联汽车线控制动系统装调与测试	智能网联汽车线控悬架系统认知
推荐学时	8学时	12学时	12学时	12学时	4学时
课程总学时	48学时				

5．本教材呈现形式立体化，借助现代信息技术，科学整合多媒体、多形态、多层次的教学资源，采用彩色印刷、图文并茂、通俗易懂，将相关视频做成二维码插入教材中，以帮助读者自主学习，有效提升学习效果。

本教材属于机械工业出版社"职业教育智能网联汽车类专业活页式创新教材"，李珺、王建、王爱国担任主编，弋国鹏、景园、蔡志军、郭顺、汤庆涛担任副主编，魏建平、姜能惠、邹家鹏、程煜和詹敏参编。

本教材在编写的过程中参考了大量的相关资料，在此向所有参考资料的作者表示感谢，特别感谢北京中汽恒泰教育科技有限公司的技术支持。同时，感谢奇瑞汽车股份有限公司曾祥兵、王建国、张映红产业教授，在本书的企业案例提供、视频资源制作等工作中给予的大力支持。

由于编者水平有限，本教材涉及内容较新，难免有不足之处，恳请广大读者和专家批评指正。

编者
2024年7月

目 录

前言

项目1　智能网联汽车底盘线控系统认知

任务1　智能网联汽车底盘线控系统结构认知　　/ 002
任务2　智能网联汽车底盘线控系统工作原理　　/ 014
　　任务工单1　智能网联汽车底盘线控系统结构认知　　/ 029

拓展课堂1　底盘线控系统新技术——全矢量单独车轮控制技术　　/ 031
拓展课堂2　智能网联汽车新标准——《智能网联汽车　自动驾驶功能场地试验方法及要求》
　　　　　　（GB/T 41798—2022）　　/ 032
项目检测1　　/ 033

项目2　智能网联汽车线控转向系统装调与测试

任务1　智能网联汽车线控转向系统结构认知　　/ 038
　　任务工单2　智能网联汽车线控转向系统结构认知　　/ 043
任务2　智能网联汽车线控转向系统工作原理　　/ 045
　　任务工单3　智能网联汽车线控转向系统调试　　/ 057
任务3　智能网联汽车线控转向系统典型故障诊断检修　　/ 059
　　任务工单4　智能网联汽车线控转向系统典型故障诊断检修　　/ 075

拓展课堂1　线控转向新技术——线控四轮转向技术　　/ 077
拓展课堂2　线控转向新标准——《汽车转向系　基本要求》（GB 17675—2021）　　/ 080
项目检测2　　/ 080

项目3　智能网联汽车线控驱动系统装调与测试

任务1　智能网联汽车线控驱动系统结构认知　　/ 084
　　任务工单5　智能网联汽车线控驱动系统结构认知　　/ 091
任务2　智能网联汽车线控驱动系统工作原理　　/ 093
　　任务工单6　智能网联汽车线控驱动系统调试　　/ 119
任务3　智能网联汽车线控驱动系统典型故障诊断检修　　/ 121
　　任务工单7　智能网联汽车线控驱动系统典型故障诊断检修　　/ 139

拓展课堂1　线控驱动新技术——电驱系统蓄电池加热技术　　/ 141
拓展课堂2　线控驱动新升级——传统内燃车的线控驱动升级　　/ 143
项目检测3　　/ 144

项目4　智能网联汽车线控制动系统装调与测试

任务1	智能网联汽车线控制动系统结构认知	/148
	任务工单8　智能网联汽车线控制动系统结构认知	/159
任务2	智能网联汽车线控制动系统工作原理	/161
	任务工单9　智能网联汽车线控制动系统调试	/179
任务3	智能网联汽车线控制动系统典型故障诊断检修	/181
	任务工单10　智能网联汽车线控制动系统典型故障诊断检修	/217
拓展课堂1	线控制动新技术——Two‐Box技术	/219
拓展课堂2	线控制动新标准——《乘用车制动系统技术要求及试验方法》（GB 21670—2008）	/220
项目检测4		/221

项目5　智能网联汽车线控悬架系统认知

任务1	智能网联汽车线控悬架系统结构认知	/226
任务2	智能网联汽车线控悬架系统工作原理	/231
拓展课堂1	线控悬架新技术——CDC悬架系统	/235
拓展课堂2	线控悬架新工艺——国产悬架弹簧材料改进优化	/236
项目检测5		/237

参考文献　　　　　　　　　　　　　　　　　　　　　　　　　　　　/240

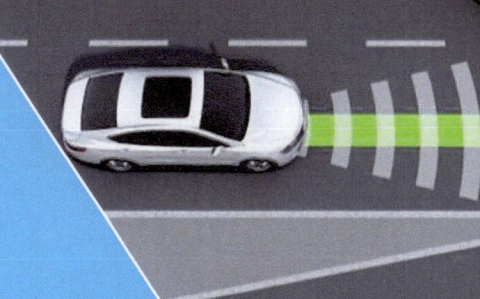

项目 1
智能网联汽车底盘线控系统认知

　　智能网联汽车底盘线控系统包括线控转向系统、线控制动系统、线控驱动系统、线控悬架系统等，利用传感器感知驾驶员的驾驶意图，并将其变换成电信号传送给控制器，控制器控制执行机构工作，实现汽车的转向、制动、驱动等功能。除此之外，整车控制器还通过结合计算平台，由计算平台替代驾驶员向汽车发送驾驶意图，从而实现智能网联汽车自动驾驶。

项目目标

完成本项目学习后，你应当达到以下目标。

（1）知识目标
1）了解线控技术的起源、概念、发展历程与现状。
2）掌握底盘线控系统的功能与组成。
3）理解底盘线控系统的特点。

（2）能力目标
1）能准确认知底盘线控系统的结构，在实车上指明线控转向系统、线控驱动系统、线控制动系统等部件所在的位置。
2）能准确阐述底盘线控系统各个部件的功能及工作过程。

（3）素养目标
1）能自觉遵守法律、法规及技术标准规定。
2）能够具备团队合作的精神，与团队成员建立良好的团队合作关系。
3）通过技能实操，形成热爱劳动、爱岗敬业、安全环保、规范操作的职业素养。

任务 1　智能网联汽车底盘线控系统结构认知

一、任务导入

同学们,今天我们开始接触到智能网联汽车底盘线控系统。大家之前学习过"汽车构造与维修"课程,学习过传统车辆的底盘系统,请问大家传统汽车底盘包含哪些系统?那么,智能网联汽车中的底盘与传统车辆的底盘系统相比有什么区别?人们从什么时候开始对智能网联汽车底盘线控系统进行研究,现在发展现状如何?带着这些问题,我们一起进入本任务的学习。

二、新知讲解

(一)线控技术的起源与概念

1. 线控技术的起源

线控技术起源于美国国家航空航天局(National Aeronautics and Space Administration,NASA)1972年推出的线控飞行技术(Fly – By – Wire)的飞机。

随着时代的发展和技术的进步,飞机上的线控技术逐步运用到汽车上。汽车线控技术将驾驶员的操纵动作通过传感器转变为电信号,通过电缆直接传输到执行机构。

目前,汽车的线控技术应用的系统主要有:线控转向系统、线控驱动系统、线控制动系统和线控悬架系统等。可以通过分布在汽车上的传感器实时获取驾驶员的操作意图和汽车行驶中的参数信息,将车辆信息反馈给控制器,控制器对这些信息进行处理和分析,得出正确的控制参数传递给各个执行机构,从而实现对汽车的控制,提高车辆的转向性能、动力性能、制动性能和乘坐舒适性能等。

随着汽车电子技术的发展,汽车逐渐向集成化、模块化、机电一体化及智能化的方向发展。同时,由于微电子元器件的成本降低、可靠性提高,电力电子装置的功能性增强、成本降低,使得线控技术逐渐在汽车上得以普遍应用。线控转向模块等底盘系统相关的机电一体化产品和技术也进入到一个新的发展高度。

2. 线控技术的概念

线控技术(X – By – Wire)最早应用在航空领域,是在控制单元和执行器之间用电子装置取代传统的机械连接装置或液压连接装置,由无线控制信号取代机械传动部件来实现其控制目的。其中,"By – Wire"是电子线控的含义,"X"代表汽车中各个系统。例如,线控转向为Steering – By – Wire,线控制动为Brake – By – Wire。

线控系统取消了传统的气动、液动及机械连接装置,取而代之的是传感器、控制单元及电磁执行机构,所以减少了复杂的机械传动机构,减小了质量,降低了能耗和制造成本,控制更加简洁,同时在整个控制过程中增加了计算机控制环节。

（二）国内外底盘线控技术的发展历程与现状

1. 国外底盘线控技术的发展历程与现状

20世纪50年代，美国天合（TRW）公司（图1-1-1）最早提出用控制信号代替转向盘和转向轮之间的机械连接。

20世纪60年代末，德国卡塞尔曼等企业试图用导线连接转向盘与转向轮，但受到当时电子技术和控制技术水平的限制，这种构想的线控转向系统一直无法在实车上实现。

20世纪90年代，线控转向技术开始有了较大进展，美国、欧洲、日本在线控转向的研发与推广方面比较活跃，一些采用线控转向系统的概念车陆续展出。

德国奔驰公司于1990年开始了前轮线控转向系统的深入研究，并将其开发的线控转向系统安装于F400 Carving概念车上，如图1-1-2所示。该车在转向、制动、悬架及车身控制方面均采用了线控技术。F400 Carving使用了大量当时奔驰最先进的科技，除了转向、制动、悬架及车身控制全部采用电控以外，更包含了电控主动液压减振器、氙气前照灯、碳纤维车身和光纤照明系统等。

图1-1-1　美国天合（TRW）公司　　图1-1-2　F400 Carving概念车

1997年，德国奔驰公司开发出了电子驱动概念车R129，如图1-1-3所示。该车取消了转向盘、加速踏板和制动踏板，完全采用操纵杆控制，是第一辆完全实现了线控驱动（Drive-By-Wire）的汽车。

a）奔驰R129的外形　　b）奔驰R129的内部

图1-1-3　奔驰R129概念车

1998年，采埃孚（ZF）公司也在开发出电动助力转向（EPS）系统之后，又积极开发研究了自己的线控转向（SBW）系统，目前已经研发出整套的SBW系统。

1999年，德国宝马汽车公司开发出了宝马Z22概念车，应用了线控转向和线控制动技术及线控换档技术，如图1-1-4所示。这台车不仅应用了线控转向（Steering-By-Wire，SBW）、线控制动（Brake-By-Wire，BBW）及线控换档技术，还取消了大量物理按钮和传统的仪表盘,将这些功能全部集成在中控液晶屏上,同时采用指纹解锁点火,甚至还在反光镜的位置装备了侧视摄像头,已经在一定程度上初步形成了现在智能汽车的雏形。

a)宝马Z22的外形

b)宝马Z22的内部

图 1-1-4 宝马 Z22 概念车

2001 年,在第 71 届日内瓦国际汽车展览会上,意大利博通(Bertone)汽车设计及开发公司展示了新型概念车 FILO。该车采用了线控转向技术,所有的驾驶动作都通过信号传递使用变速杆进行转向操作,并采用了最新的 42V 供电系统。

2002 年,美国通用汽车公司推出了氢燃料驱动-线传操纵的 Hy-Wire 概念车和 Sequel 概念车,这些车转向、制动和其他一些系统均采用线控技术。

2003 年,日本丰田公司在纽约国际车展上展出了 Lexus HPX 概念车,该车采用了线控转向系统,在仪表盘上集成了各种控制功能。

2007 年,在第 40 届东京车展上,日本精工展出了通过两个电机的旋转力矩,直接驱动前轮转向拉杆来操纵的"双连杆臂式线控转向系统"。该系统将精工开发的多传感轮毂单元与两个电机组合使用,为提高主动安全性做出了贡献。此次展会上,捷太格特公司(JTEKT)还展出了使用齿条驱动型 EPS 机构的线控转向系统。

2010 年,丰田公司又推出了 FT-EV Ⅱ 概念车,该车采用线控技术,通过操纵杆实现加速、制动、转向等全部功能。

2013 年,日产研发出了自己的线控转向技术(DAS),并将其用在了旗下的豪华品牌英菲尼迪之上,这也让英菲尼迪 Q50 成为全世界第一款搭载了线控转向的量产车,如图 1-1-5 所示。该线控转向系统由转向执行电机、转向执行机构和三个电控单元(ECU)组成,其中双转向电机的电控单元互相实现备份,可保证系统的"冗余"性能,转向管柱与转向器间的离合器能够在线控转向系统出现故障时自动接合,保证紧急工况下依然可实现对车辆转向的机械操纵。

图 1-1-5 英菲尼迪 Q50 的线控转向系统

2017年，耐世特（Nexteer）公司开发了由"静默转向盘系统"和"随需转向系统"的线控转向系统，如图1-1-6所示。"静默转向盘系统"能够修正车辆自动转向过程中转向盘的抖动和回正带来的干扰，从而显著降低操作疲劳度，确保车辆安全平稳驾驶；"随需转向系统"可实现驾驶员人工控制和自动驾驶控制之间更安全、更直接的切换，在自动驾驶时转向盘可以保持静止，并可收缩于组合仪表上，从而提供更大的车内空间。

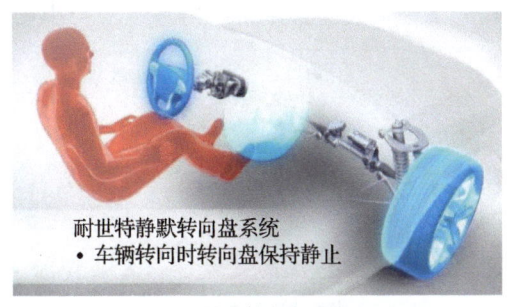

a）静默转向盘系统　　　　　　b）随需转向系统

图1-1-6　耐世特线控转向系统

2019年，博世线控转向系统亮相于上海车展，其取消了传统转向系统的中间轴连接，实现了上转向轴与下转向轴的非机械连接，将其结构分为转向盘执行机构、转向齿条执行机构。转向盘执行机构将驾驶员的转向意向通过传感器转换成数字信号，传递给转向齿条执行机构。同时，根据不同的车速及驾驶工况提供模拟的转向盘力矩反馈，从而实现转向盘的回正，以及驾驶手感等功能。转向齿条执行机构则从转向盘执行机构接收信号，并根据驾驶员的转向意图将转向盘角度信号转换成轮胎的摆动。与此同时，博世线控转向采用全冗余的软硬件方案，在保证安全的同时，实现了转向盘力反馈功能，为自动驾驶转向领域的未来提供了一种全新的软硬件方案。

2. 国内底盘线控技术的发展历程与现状

我国对线控技术的研究起步较晚，与国外先进水平差距较大。吉林大学、同济大学、武汉理工大学等院校以及相关科研机构对线控技术进行了相关的研究，线控技术也逐步我国汽车领域的重点研究方向。吉林大学提出了线控转向系统理想转向传动比的概念，设计了稳态增益与动态反馈校正控制算法，开发了线控转向试验车，进行了控制算法的试验验证。武汉理工大学对线控转向系统的控制策略和相关控制器进行了研究。江苏大学也对线转向系统的硬件在环系统进行了研究。北京理工大学针对线控转向系统提出了基于线控转向系统的主动转向控制策略以及全状态反馈控制算法，并进行了仿真验证，取得了一定成果。

2004年，同济大学在上海国际工业博览会上，展示了配备线控转向系统的四轮独立驱动微型电动车"春晖三号"，如图1-1-7所示。该车是国内首辆采用线控转向技术的电动车，是国内线控转向系统领域的一个应用突破。

同济大学自主研发的"三驾马车"主要是

图1-1-7　同济大学微型电动车"春晖三号"

"登峰一号""超越二号""春晖三号"。其中"登峰一号"是混合动力型汽车,有两颗"心脏"——传统燃油发动机与轮毂电机,两者相互配合可省油 25%,尾气排量可降低 30%,是目前最有产业化潜力的过渡型节能车。"超越二号"是氢能源试验车,银白色外形与大街上跑的桑塔纳 3000 型轿车无甚区别,最高车速可达 118km/h。它"喝"的是氢气,经过低温燃烧产生电能从而驱动汽车;"吐"出来的是纯水,没有任何污染。"春晖三号"外观酷似甲壳虫,属于线控转向四轮驱动的微型概念车,配备动力蓄电池与小功率燃料电池,仪表全为液晶显示系统。

素养园地

"信"——坚定理想信念和技能报国

2006 年,由同济大学领衔的"863 计划电动车重大专项"中最重要的一个项目——上海自主研制开发的燃料电池轿车,顺利通过国家科技部组织的验收,标志着我国通过立足自主创新,已掌握燃料电池汽车制造的关键核心技术,赶上国际研究先进步伐。

其中,10 辆以自主开发燃料电池为动力系统的"超越三号"已经过约 35000km 的试验道路运行,最高车速达到 122km/h,一次性充氢的续驶里程达到 230km。接着,10 辆"超越三号"组队开始为期 6 个月的可靠性、耐久性试验。同时,氢动力燃料汽车还将作为出租车、公务车进行试运行。

以同济大学校长、国家 863 计划电动汽车重大专项首席科学家燃料电池轿车项目负责人万钢同志领军的这一团队,经过 4 年多的努力,使研制从"超越一号""超越二号"至"超越三号"燃料电池轿车,3 年跨出三大步,走到了与世界先进水平可以对话的高地。万钢表示,上海自主研制的燃料电池轿车已形成四大技术特点:一是电 - 电混合动力技术,该技术独特之处是用燃料电池和锂离子蓄电池构成混合动力,在城市里行驶 100km 仅用 1kg 氢气,折合 3.9L 汽油,同样的内燃机汽车则需近 10L 汽油;二是嵌入式平台技术,使"超越三号"燃料电池轿车在短短一年中搭载了桑塔纳 3000、MPV 和东方之子三个品牌轿车,接踵而来的红旗、中华、长安都在与研制团队接洽,后面将会出现一批中国牌燃料电池轿车;三是分布式控制系统,用网络连接微电子控制器使整车水平达到国际前列;四是坚持工业副产品纯化技术开发,把炼焦厂 60% 的焦炉煤气变成 99.9% 的纯氢气,制成 1kg 氢气成本约为人民币 15 元。

对于汽车技术,底盘、发动机国外有 100 多年的历史,无疑已遥遥领先,我们可以实现超越的就集中在混合动力和氢能等新能源汽车上。我们在新能源汽车、氢动力汽车、智能网联汽车领域,是想做事并能做成事的。通过多年的积累,中国自主研发企业已开始进行新技术的研发,树立了先追平再超越的理念,同时也开始了向更尖端技术的研发工作。让我们坚定理想信念,共同支持和助力自主研发企业在技术上取得突破,为人民的生活提供更好的产品。

2009 年,吉林大学汽车仿真与控制国家重点实验室在企业资助下,开发了线控转向试验车。2010 年,在第 25 届世界电动车展览会上,吉林大学汽车仿真与控制国家重点实验室还展出了基于轮毂电机的全线控电动概念车。

2020 年 3 月,长安全新跨界车型长安 UNI - T 在重庆实现了中国首个 L3 级自动驾驶的量产。该车在交通拥堵的情况下，需要驾驶员监控前方，可实现驾驶员的长时间"脱脚""脱手"，车载传感器采集车速信号、转向盘转角等信号，通过电子控制单元进行信息处理后给转向盘操纵模块和制动器操纵模块发送指令，完成车辆横向运动与纵向运动的协调控制。

在电动化、智能化背景下，车辆的驱动系统、制动系统和转向系统都可以实现线控。分布式 ECU 单元进行集成后的统一控制成为效率最高的线控方式，是线控技术未来的发展趋势。

视频 1
底盘线控技术的起源发展

（三）底盘线控系统的功能

如果把汽车比作人，那么底盘系统就是"手"和"脚"，用来做控制执行，是汽车的核心部件。而对于智能网联汽车，底盘系统的加减速响应时效、转向灵活性等功能直接关系到自动驾驶的实现情况。

如图 1-1-8 所示，要实现自动驾驶，首先要依赖环境感知传感器对道路周边环境信息进行采集，包括摄像头、激光雷达、毫米波雷达和超声波雷达（超声波传感器）等。采集的数据被传输到计算平台进行计算，用来识别车辆周边障碍物和可行驶区域，进行路线规划和控制，最后产生转向盘转角、制动压力、车速、档位等控制信息，通过整车控制器传输到底盘系统，底盘系统按照指令进行精确执行。所以，底盘线控系统的响应更快、执行精度更高。而且在自动驾驶过程中，汽车需要大量的、精确的底盘系统信号，感知车辆状态，保证自动驾驶的安全性、稳定性和操纵性，而底盘线控系统可根据指令实时地控制底盘执行机构做出相应的动作，还可随时监测车辆的运行状态，实时反馈给汽车，因此底盘线控系统是智能网联汽车的标配。

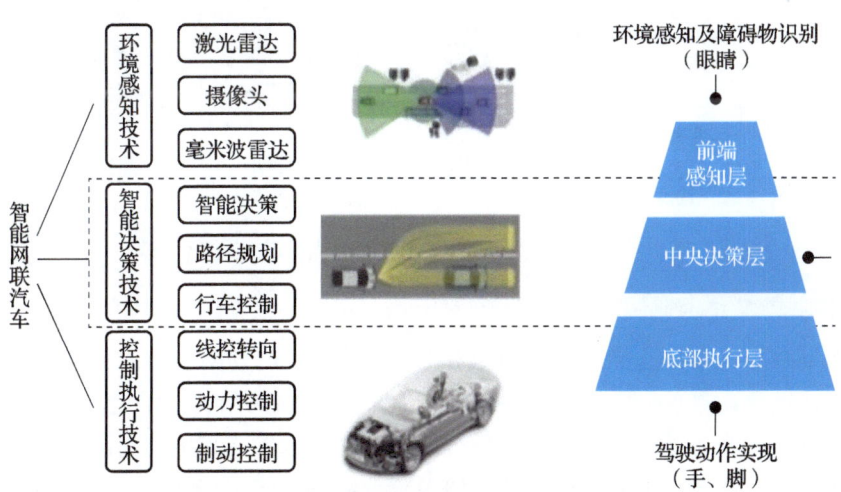

图 1-1-8　智能网联汽车简单系统架构

（四）底盘线控系统的组成

底盘线控系统包括四大系统，分别为线控转向系统、线控制动系统、线控驱动系统及线控悬架系统。图 1-1-9 所示为底盘线控系统的三个主要组成系统图，分别为线控转向系统、线控制动系统和线控驱动系统。

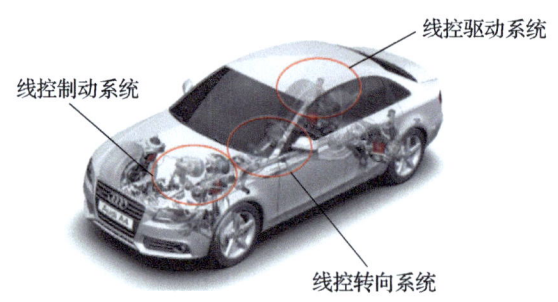

图 1-1-9 底盘线控系统

1. 线控转向系统的组成

线控转向就是把依靠转向管柱连接转向机构来实现转向的传统方式，转换成为通过传感器检测转向盘角度信号，并通过电子控制单元（ECU）控制伺服电机来实现驱动转向的转向系统。驾驶员对转向盘的操作仅仅只是在驱动一个转角传感器，并由转向盘电机提供转动阻尼和回馈，转向盘与前轴转向机构之间没有任何刚性连接。

线控转向系统由转向盘模块、转向执行模块和 ECU 三个主要部分，以及自动防故障系统、电源等辅助模块组成，如图 1-1-10 所示。

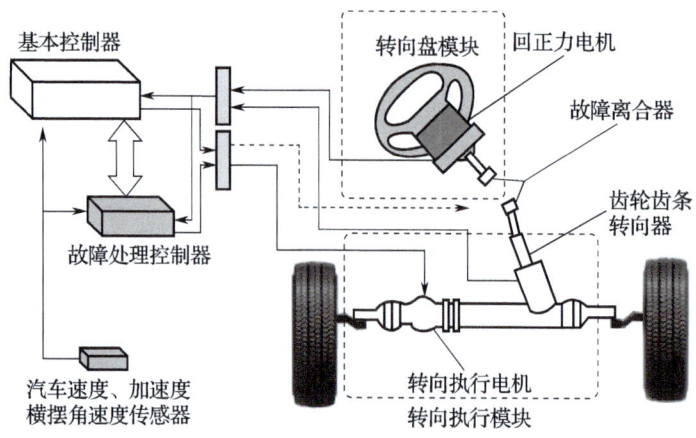

图 1-1-10 线控转向系统组成

2. 线控制动系统的组成

如果制动踏板仅仅只连接一个制动踏板位置传感器，制动踏板与制动系统之间没有任何刚性连接或液压连接的，都可以视为线控制动。线控制动是自动驾驶汽车"控制执行层"中最关键的，也是技术难度最高的部分。由于受技术发展程度的局限，目前出现了两种形式的线控制动系统：电液线控制动（EHB）系统和电子机械线控制动（EMB）系统。

线控制动系统由制动踏板、传感器、ECU 及执行器等组成，如图 1-1-11 所示。

3. 线控驱动系统的组成

汽车底盘线控驱动系统根据驾驶员的动作和汽车本身的各种行驶信息综合分析驾驶员的意图，精确控制动力装置（发动机或驱动电机）的输出功率和车轮驱动力的大小，以提高车辆整体的动力性、经济性和操纵稳定性。

项目 1　智能网联汽车底盘线控系统认知

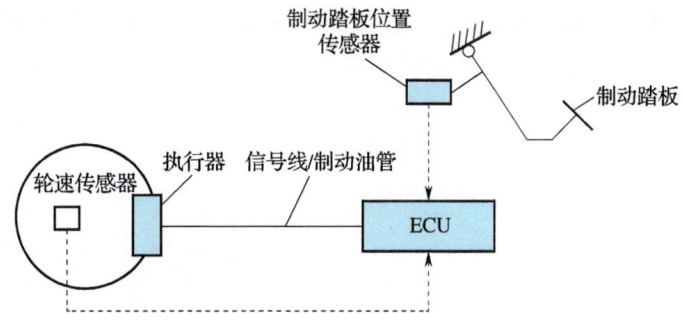

图 1-1-11　线控制动系统组成

对于传统内燃机汽车，加速踏板与节气门之间通过电信号进行控制来取代原来的机械传动的这种形式，又被称为线控节气门；对于电动汽车，驱动执行器即为驱动电机，其可能是单电机的中央驱动电机，也可是多轮独立电机。因此，线控驱动系统包括传统内燃机汽车和多轮独立驱动电动汽车线控驱动控制。

线控驱动系统主要由加速踏板、制动踏板位置传感器、档位选择单元、电机控制器（MCU）和驱动电机等组成，如图 1-1-12 所示。

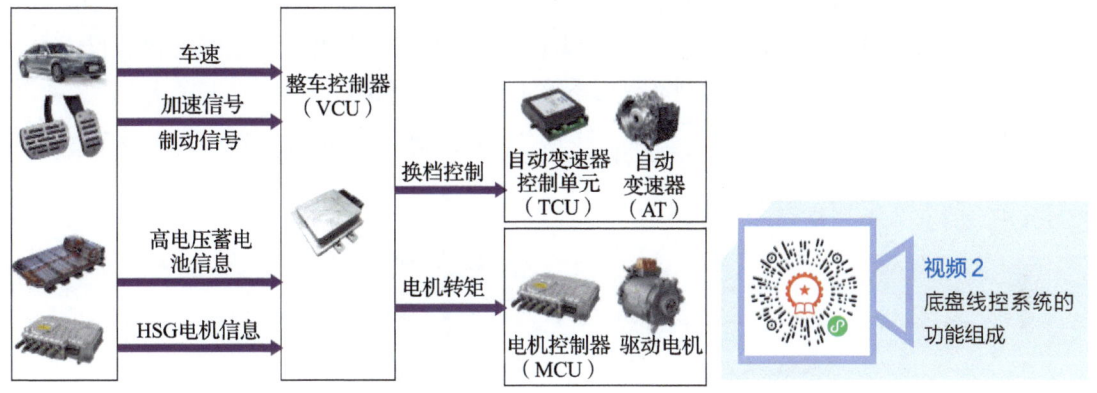

图 1-1-12　线控驱动系统组成

三、任务探究

（一）任务探究的要求

1. 任务探究的目的

1）了解整车控制学对智能网联汽车的重要性。
2）理解汽车纵向动力学三个主要系统的控制理论。
3）初步具备对市场上的智能网联汽车进行分类的能力。

2. 实训仪器和设备

底盘线控实训平台等。

（二）任务探究的步骤

1. 整车控制学

整车控制学，主要分为车辆运动学、车辆动力学以及空气动力学，是传统车辆、新能源车辆以及智能网联汽车控制中最为关键的基础之一。研究表明，在低速时，车辆的运动学特性较为突出；而在高速时，车辆的动力学特性对自身的运动状态影响较大。

车辆纵向动力学控制系统主要为以下三个系统：

1）防抱死制动控制系统（Antilock Braking System，ABS）。

2）驱动力控制系统（Traction Control System，TCS）。

3）电子稳定性控制系统（Electronic Stability Program，ESP）。

图1-1-13所示为车辆纵向动力学控制系统。

（1）防抱死制动控制系统（ABS）

控制目标主要包括：

1）由于前轮抱死，车辆失去转向能力；而后轮抱死属于不稳定工况，易引起车辆发生急速甩尾的危险。

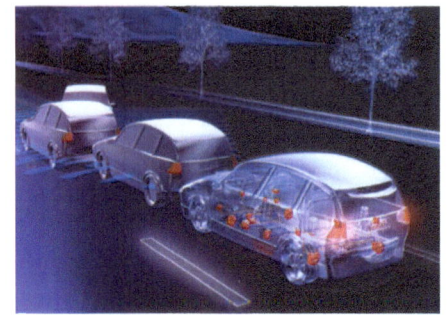

图1-1-13　车辆纵向动力学控制系统

2）制动力通常在滑移率为某一特定值附近时达到最大值，因而将该滑移率值认为是最佳滑移率，并作为ABS的控制目标。

3）由于车轮的滑移率不易直接测得，因此必须采用其他参数作为ABS的控制目标参数，如图1-1-14所示为防抱死制动控制系统工作原理示意图。

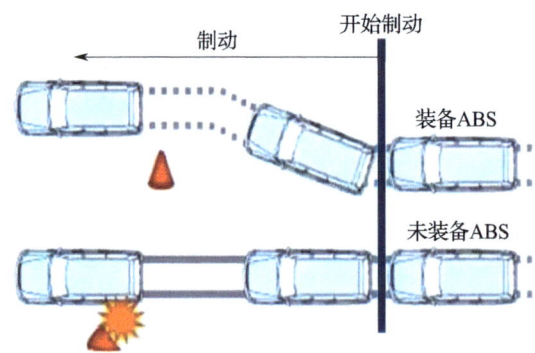

图1-1-14　防抱死制动控制系统工作原理示意图

（2）驱动力控制系统（TCS）

汽车驱动力控制系统，也称TRC，是继防抱死制动控制系统之后应用于车轮防滑的电子控制系统，其功用是防止汽车在起步、加速和滑溜路面行驶时发生驱动轮滑转现象。故有些汽车公司也将该技术称为驱动防滑控制系统（Anti-Slip Regulation，ASR），如图1-1-15所示为驱动力控制系统工作原理示意图。

（3）电子稳定性控制系统（ESP）

汽车安全性方面最重要的就是避免发生事故，也就是所谓的主动安全。汽车规避事故的功能是汽车重要而又基本的性能，它可避免或帮助自动避免事故的发生。ESP系统的作用主要是在汽车将要出现失控时，主动地参与避免事故发生的控制过程，有效地增加汽车的操纵稳定性，如图1-1-16所示为电子稳定性控制系统工作原理示意图。

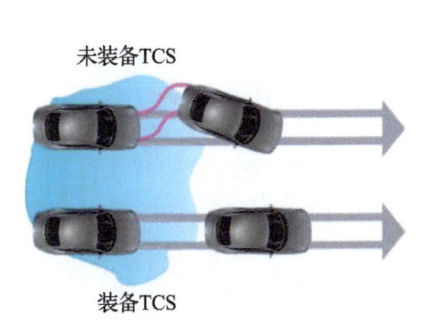
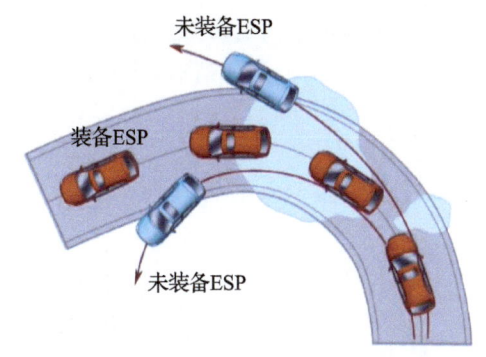

图1-1-15 驱动力控制系统工作原理示意图　　图1-1-16 电子稳定性控制系统工作原理示意图

2. 智能网联汽车的驾驶自动化分级

传统的汽车分类主要基于一系列综合因素，如底盘、轴距、发动机排量等，将汽车划分为A、B、C、D等不同的级别。这些级别的划分旨在为消费者提供一个相对简单的方式，来比较不同车型的性能和用途。

然而，随着智能化技术的发展，汽车行业正在经历一场变革。智能网联汽车已经成为未来汽车发展的趋势，其分类方式也与传统汽车有所不同。智能网联汽车的分类主要基于自动驾驶技术的不同级别来进行划分。

主要有美国NHTSA和SAE的分级方法、德国博世公司的分级方法，以及我国对智能网联汽车的分级方法。

（1）美国NHTSA和SAE的分级方法

美国国家高速公路交通安全管理局（NHTSA）和美国汽车工程师协会（SAE）对汽车自动驾驶进行等级划分，见表1-1-1。

表1-1-1　NHTSA和SAE对汽车自动驾驶的分级方法

等级分级		L0	L1	L2	L3	L4	L5
等级名称		无自动化	辅助驾驶	部分自动化	有条件自动化	高度自动化	完全自动化
定义		由驾驶员全权驾驶汽车，在行驶过程中可以得到警告	通过驾驶环境对转向盘和加减速中的一项操作提供支持，其余由驾驶员操作	通过驾驶环境对转向盘和加减速中的多项操作提供支持，其余由驾驶员操作	由无人驾驶系统完成所有的驾驶操作，根据系统要求，驾驶员提供适当的应答	由无人驾驶系统完成所有的驾驶操作，根据系统要求，驾驶员不一定提供所有的应答，限定道路和环境条件	由无人驾驶系统完成所有的驾驶操作，可能的情况下，驾驶员接管；不限定道路和环境条件
主体	驾驶操作	驾驶员	驾驶员/辅助系统	自动驾驶系统			
	周边监控	驾驶员			自动驾驶系统		
	异常接管	驾驶员			系统提醒驾驶员	自动驾驶系统	
	操作场景	无	部分				全部

(2) 德国博世公司的分级方法

德国博世（Bosch）公司对自动驾驶的分级方法，如图 1-1-17 所示。

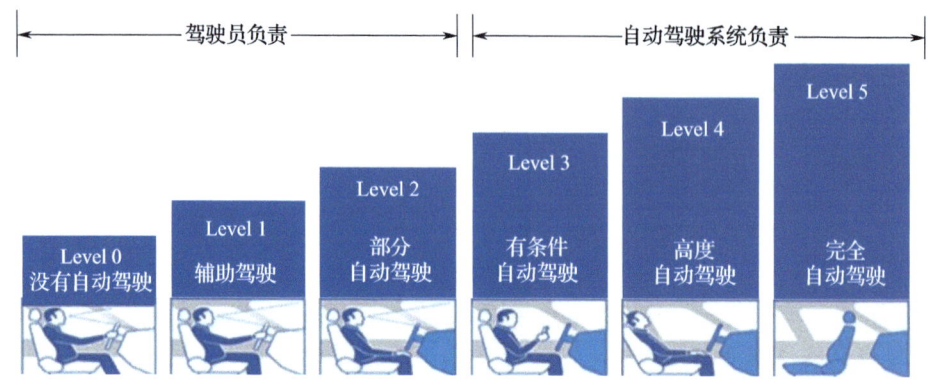

图 1-1-17　德国博世（Bosch）公司对自动驾驶的分级方法

Level 0 级：没有自动驾驶，车辆的所有行驶情况完全由驾驶员掌握。

Level 1 级：辅助驾驶，驾驶员可以"脱脚"，只需要用眼睛观察道路情况、双手控制转向盘即可。

Level 2 级：部分自动驾驶，在"脱脚"的基础上，进一步"脱手"，加速、制动和方向全部由自动驾驶系统完成，但是驾驶员的视线必须要观察前方的路面情况，手和脚也要做好随时控制车辆的准备。

Level 3 级：到了这个级别，眼睛的视线可以不用盯着前方了，但这是在有条件的情况下才能实现，这个级别的自动驾驶还不足以应对所有的复杂路况。因此，在一些复杂的情况下，仍然需要驾驶员去接管、控制车辆。

Level 4 级：自动驾驶已经足够强大，驾驶员可以在车上去做一些其他事情，不用担心车辆的行驶状况。

Level 5 级：完全自动驾驶，不需要驾驶员，甚至不需要乘客，车辆也能独自、安全地完成驾驶。

(3) 我国对智能网联汽车的分级方法

根据中国汽车工程学会发布的《节能与新能源汽车技术路线图 2.0》的详细阐述，我国将智能网联汽车划分为智能化和网联化两大关键技术领域。

智能化主要聚焦于汽车自主获取信息、自主决策以及自动控制的能力，网联化则侧重于汽车与人类、其他车辆、道路以及云端（后台）之间通过通信和网络技术实现高效的信息交换。

智能网联汽车的终极目标是实现高度自动化或无人驾驶，从而为驾乘者带来更为安全、舒适和高效的出行体验。

所以，我国对智能网联汽车的分级，也是从智能化和网联化两个方面去进行的。

1) 智能化分级：1 级为辅助驾驶（DA），2 级为部分自动驾驶（PA），3 级为有条件自动驾驶（CA），4 级为高度自动驾驶（HA），5 级为完全自动驾驶（FA），见表 1-1-2。

表1-1-2 我国对智能网联汽车的智能化分级

等级	等级名称	等级定义	控制	监视	失效应对	典型工况场景
1	辅助驾驶（DA）	通过环境信息对方向和加减速中的一项操作提供支援，其他驾驶操作都由驾驶员操作	人与系统	人	人	车道内正常行驶，高速公路无车道干涉路段，泊车工况
2	部分自动驾驶（PA）	通过环境信息对方向和加减速中的多项操作提供支援，其他驾驶操作都由驾驶员执行失效应对和监视自动驾驶系统	人与系统	人	人	高速公路及市区无车道干涉路段，环道、环岛绕行、拥堵跟车等工况
		（自动驾驶）系统监控驾驶环境				
3	有条件自动驾驶（CA）	由自动驾驶系统完成所有驾驶操作，根据系统请求，驾驶员需要提供适当的干预	系统	系统	人	高速公路正常行驶工况，市区无车道干涉路段
4	高度自动驾驶（HA）	由自动驾驶系统完成所有驾驶操作，特定环境下系统会向驾驶员提出响应请求，驾驶员可以对系统请求不进行响应	系统	系统	系统	高速公路全部工况及市区车道干涉路段
5	完全自动驾驶（FA）	自动驾驶系统可以定成驾驶员能够完成的所有道路环境下的驾驶操作	系统	系统	系统	所有行驶场景

2）网联化分级：分为网联辅助信息交互、网联协同感知、网联协同决策与控制三个等级，见表1-1-3。

表1-1-3 我国对智能网联汽车的网联化分级

等级	等级名称	等级定义	车辆控制主体	典型信息	传输需求
1	网联辅助信息交互	基于车-路、车-云通信，实现导航等辅助信息的获取，以及车辆行驶与驾驶员操作等数据的上传	人	地图、交通流量、交通标志、油耗、里程等信息	传输实时性、可靠性要求较低
2	网联协同感知	基于车-车、车-路、车-人、车-云通信，实时获取车辆周边交通环境信息，与车载传感器的感知信息融合，作为车辆自动驾驶决策与控制系统的输入	人与系统	周边车辆、行人、非机动车位置、信号灯相位、道路预警等数字化信息	传输实时性、可靠性要求较高
3	网联协同决策与控制	基于车-车、车-路、车-人、车-云通信，实时并可靠获取车辆周边交通环境信息及车辆决策信息，车-车、车-路等交通参与者之间信息进行交互融合，行车车-车、车-路等各交通参与者之间的协同决策与控制	人与系统	车-车、车-路、车-云间的协同控制信息	传输实时性、可靠性要求最高

四、任务小结

1）智能网联汽车，是指车联网与智能车的有机联合，是搭载先进的车载传感器、控制器、执行器等装置，并融合现代通信与网络、人工智能等技术，实现车与人、车、路、云等智能信息交换、共享，实现"安全、高效、舒适、节能"行驶，并最终可实现替代人来操作的新一代汽车。

2）智能网联汽车系统的核心可以概述为三个部分：感知（Perception）、规划（Planning）和控制（Control）。

3）线控技术是在控制单元和执行器之间用电子装置取代传统的机械连接装置或液压连接装置，由无线控制信号取代机械传动部件来实现装置的控制目的；汽车的线控技术应用的系统主要有线控转向系统、线控驱动系统、线控制动系统和线控悬架系统等。

4）了解国外、国内线控技术的发展历程，能认同理解产业的崛起与技术的创新相生相伴的观点，激发技术创新的热情。

5）我国对智能网联汽车的分级，分为智能化分级和网联化分级。

6）整车控制学，主要分为车辆运动学、车辆动力学以及空气动力学，是传统车辆、新能源车辆以及智能网联汽车控制中最关键基础之一。车辆纵向动力学控制系统主要包括防抱死制动控制系统、驱动力控制系统、电子稳定性控制系统。

任务2 智能网联汽车底盘线控系统工作原理

一、任务导入

小明同学毕业后，进入一家智能网联汽车企业，岗位任务围绕底盘线控系统。正式上岗之前，公司对小明进行了岗前培训，培训内容主要包括智能网联汽车底盘线控系统的功能、组成、特点等内容。如果你是小明，你能迅速掌握本培训知识，胜任本岗位职责吗？带着这样的问题，我们一起进入本任务的学习。

二、新知讲解

（一）底盘线控系统的工作原理

1. 智能网联汽车的相关术语及定义

智能网联汽车（Intelligent and Connected Vehicle，ICV）是指车联网与智能车的有机联合，是搭载先进的车载传感器、控制器、执行器等装置，并融合现代通信与网络、人工智能等技术，实现车与人、车、路、云等智能信息交换、共享，实现"安全、高效、舒适、节能"行驶，并最终可实现替代人来操作的新一代汽车，如图1-2-1所示。

但是，汽车的整车控制学及其线控技术是智能汽车底盘设计中的难题，一直是学术界、各大车企研究的热点。汽车的智能化发展也对底盘线控执行技术提出了更高、更迫切的性能要求。

在后续的学习中，我们可能涉及的相关

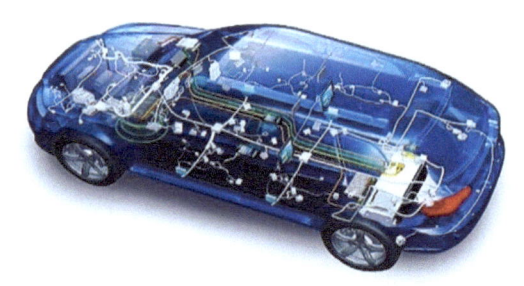

图1-2-1 智能网联汽车概念图

术语，主要有先进驾驶辅助系统（ADAS）、车联网、智能驾驶、无人驾驶、智能交通系统、智能网联汽车底盘线控系统，如图1-2-2所示。

图1-2-2 底盘线控系统的相关术语

(1) ADAS

ADAS（Advanced Driving Assistance System），是智能网联汽车具有先进驾驶辅助系统。利用安装在车上的各式各样传感器，主要有毫米波雷达、激光雷达、单/双目摄像头以及卫星导航；在汽车行驶过程中随时来感应周围的环境，收集数据，进行静态、动态物体的辨识、侦测与追踪，并结合导航地图数据，进行系统的运算与分析，从而预先让驾驶员察觉到可能发生的危险，有效增加汽车驾驶的舒适性和安全性。近年来ADAS市场增长迅速，原来这类系统局限于高端市场，而现在正在进入中端市场，与此同时，许多低技术应用在入门级乘用车领域更加常见，经过改进的新型传感器技术也在为ADAS部署创造新的机会与策略。

(2) 车联网

车联网的概念源于物联网，即车辆物联网，是物联网技术应用的一个细分领域，是指利用物联网、无线通信、卫星定位、云计算、语音识别等技术，建立的一张全面覆盖市民、车辆、交通基础设施、交通参与者、交通管理者、交通服务商等的快速通信网络，可实现智能信号控制、实时交通诱导、交通秩序管理、交通信息服务等一系列交通管理与服务应用，最终达到交通安全、行车高效、驾驶舒适、节能环保等目标。

车联网实现的是人、车、路的互联互通。详细来说，是车联网通过新一代信息通信技术，实现车与云平台、车与车、车与路、车与人、车内等全方位网络连接，主要实现了"三网融合"，即将车内网、车际网和车载移动互联网进行融合。车联网能够为车与车之间的间距提供保障，降低车辆发生碰撞的概率；车联网可以帮助驾驶员实时导航，并通过与其他车辆和网络系统的通信，提高交通运行的效率。

(3) 智能驾驶

智能驾驶本质上涉及注意力吸引和注意力分散的认知工程学，主要包括网络导航、自主驾驶和人工干预三个环节。智能驾驶的前提条件是，我们选用的车辆满足动力学要求，车上的传感器能获得相关视、听觉信号和信息，并通过认知计算控制相应的随动系统。智能驾驶作为战略性新兴产业的重要组成部分，是由互联网时代到人工智能时代过程中，出现的第一个精彩乐章，也是世界新一轮经济与科技发展的战略制高点之一。发展智能驾驶，对于促进国家科技、经济、社会、生活、安全及综合国力有着重大的意义。

（4）无人驾驶

无人驾驶汽车是通过车载环境感知系统感知道路环境，自动规划和识别行车路线并控制车辆到达预定目的地的智能汽车。无人驾驶汽车能够在限定的环境，乃至全部环境下完成全部的驾驶任务。无人驾驶的实现要依靠人工智能技术、车道检测技术和5G网络技术等。优点主要是可以大幅度降低交通事故的发生概率，大大提升道路通行效率，无法开车的人能更方便出行、节约时间、提供更好的环境和空气质量，对不喜欢开车的人更友好等；但也存在网络安全隐患、技术难度大、造价成本高、现阶段法律法规不健全等缺点。

（5）智能交通系统

智能交通系统起源于20世纪60年代，1990年由美国智能交通学会提出，并在世界各国大力推广。智能交通系统是在传统的交通工程基础上发展起来的新型交通系统，该系统将交通四要素（人、车、路、环境）有机地结合在一起。智能交通系统是指包含道路上的车辆、行人和各种交通设施，强调系统平台通过智能化方式对交通环境下的车辆、行人及交通设施进行智能化管理和控制，提高交通安全和效率。

（6）智能网联汽车底盘线控系统

智能网联汽车底盘线控系统是指智能网联汽车基于计算平台的决策规划进行转向和加减速的执行系统，包括线控转向、线控制动、线控驱动等软硬件系统。

2. 底盘线控系统的基本架构

智能网联汽车系统的核心可以概述为三个部分：感知（Perception）、规划（Planning）和控制（Control），其基本架构如图1-2-3所示。

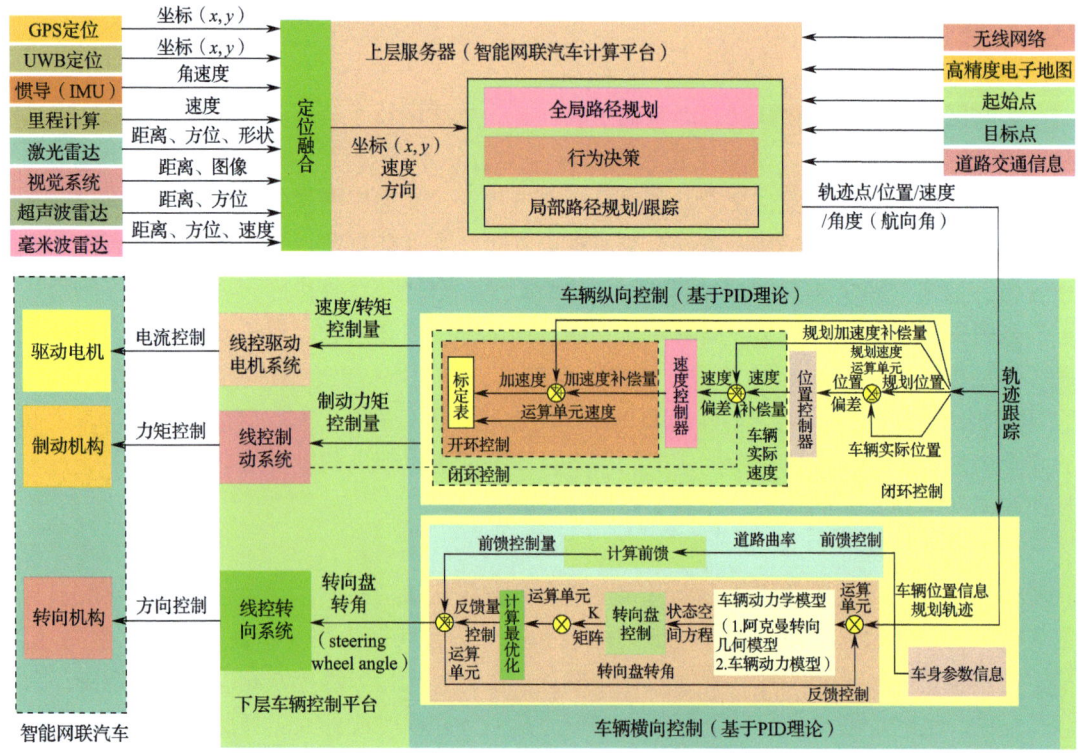

图1-2-3 智能网联汽车基本架构

智能网联汽车自动驾驶功能的实现主要依赖于环境感知传感器、自动驾驶计算平台、网联通信设施、人机交互系统等。

环境感知传感器相当于智能网联汽车的"五官",感知是指智能网联汽车系统从环境中收集信息并从中提取相关信号的能力。其中,环境感知(Environmental Perception)特指对于环境的场景理解能力。例如,障碍物的位置,道路标志/标记的检测,行人车辆的检测等数据的语义分类。一般来说,定位(Localization)也是感知的一部分,定位是智能网联汽车确定其位置相对于环境的能力。智能网联汽车通常是通过融合惯导(Inertial Measurement Unit)、激光雷达(Lidar)、毫米波雷达(Millimeter Wave Radar)等多种传感器的数据来获取信息。

自动驾驶计算平台相当于自动驾驶汽车的"大脑",网联通信设施是实现V2X功能的核心。为了确保智能网联汽车对环境的理解和把握,智能网联汽车系统的环境感知部分通常需要获取大量周围环境的信息,具体来说包括:车辆位置、障碍物位置、车速、车辆及周边可能的行为,可行驶的区域,交通规则等。

规划是智能网联汽车为了某一目标而做出一些有目的性决策的过程,对于智能网联汽车车辆而言,这个目标通常是指从出发地到达目的地,同时避免障碍物,并且不断优化驾驶轨迹和行为,以保证驾乘人员的安全舒适性。规划层通常又被细分为任务规划(Mission Planning)、行为规划(Behavioral Planning)和动作规划(Motion Planning)三层。

控制则是智能网联汽车精准地控制车辆驱动力、制动力、转向角度,执行规划好的动作的能力,这些动作来源于更高的上层服务器。

涉及重要部件的结构和原理如下。

(1)惯导(IMU)

惯导,也称为惯性测量单元(Inertial Measurement Unit,IMU),是测量物体三轴姿态角以及加速度的装置,如图1-2-4所示。IMU通常包含陀螺仪(Gyroscope)、加速度计(Accelerometers),有的还包含磁力计(Magnetometers)。陀螺仪用来测量三轴的角度/角速度,加速度计用来测量三轴的加速度,磁力计提供磁场朝向信息。

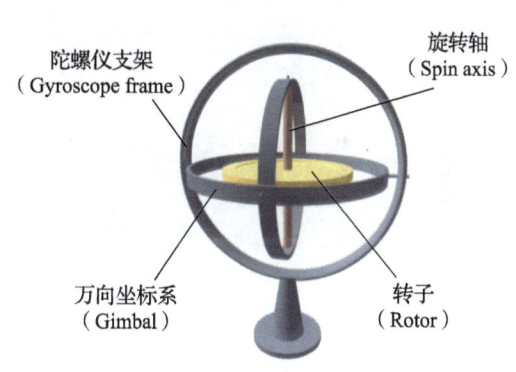

图1-2-4 惯导

(2)毫米波雷达(Radar)

毫米波雷达(Millimeter Wave Radar,Radar),即无线电探测和测距,如图1-2-5所示。常用车载雷达频率主要为24GHz、60GHz和77GHz,对应的波长为12.5mm、5mm和3.9mm。雷达的工作原理简单易懂,对目标发射电磁波→接收反射回波信号→测量回波的时间、相位等信号→解算目标的距离、速度、角度等信息,其衡量指标是量程和距离分辨率。

1)3D毫米波雷达。

①因为天线数有限,所以在分辨率上有着天然的劣势,导致3D毫米波雷达很难勾勒出障碍物轮廓,尤其是小目标的障碍物轮廓。

②是对静态目标的检测能力有限。传统的毫米波雷达没有纵向天线排布,因此无法获取目标物的高度信息。也就是说,在毫米波雷达的"眼中",悬空的交通指示牌和地面上的障碍物永远处在同一个水平线上。

图1-2-5 毫米波雷达

2）4D毫米波雷达：比3D毫米波雷达多了一个"D"（俯仰角），也就是高度信息。虽然只多出一个维度，但对于毫米波雷达意义巨大。

（3）激光雷达（Lidar）

激光雷达（Light detection and ranging，Lidar），即激光探测和测距系统，其工作模式同样是发射→反射→接收→计算，当然各个环节上同毫米波雷达的实现方式不大一样，如图1-2-6所示。

图1-2-6 激光雷达

（二）底盘线控系统的特征和优缺点

1. 底盘线控系统的特征

1）采用线控技术消除了机械连接冲击的传递，可以降低噪声和振动，提高了驾乘的安全性和舒适性。

2）采用线控技术省去大量机械和管路系统及部件，线束更容易布置，使汽车的结构设计更加合理，并且有助于提升整车轻量化。

3）线控技术通过电子控制单元控制，缩短了动作响应时间，且能对人工驾驶时驾驶员的动作和执行元器件的动作进行实时监控，并进行修正，使其对汽车的操控更加精准，提高了汽车的操纵稳定性能。

4）线控技术使整个底盘系统的制造、装配、测试更为简单快捷，同时采用模块化结构，维修简单，适应性好、底盘系统耐久性能良好，略加变化即可增设各种电控制功能。

5）采用线控制动无需制动液，使汽车更为环保，无需附加维护。

6）汽车线控技术的应用便于实现个性化设计。对于驾驶特性如制动、转向、加速等过程，可根据用户选择设计不同的程序。

2. 底盘线控系统的优点

1）底盘线控系统结构简单、减少了耗材，节省了制造成本，优化了驾乘空间，提高了车辆的舒适性。

2）底盘线控系统控制灵活，灵敏度及精确度较高，用电信号替代机械传输，优化控制结果，能够实现汽车的柔性连接，车身与底盘可以独立分开。

3）底盘线控系统节约能源，减少能量损耗，部分车辆具备能量回收装置，可以提升能源的利用率。

3. 底盘线控系统的缺点

底盘线控系统中由于电子元器件增多，电子设备之间会有电磁干扰、元器件失效，同时存在软件程序的设计、网络攻击等问题。车辆在行驶过程中，一旦电路失效，就会导致出现致命性的灾难——转向失灵、无法控制加减速或者无法制动等。因此线控技术今后要在系统的稳定性、可靠性及安全性等方面下足功夫、攻克难关。

视频3
底盘线控系统的工作原理

（三）底盘线控系统的关键技术

1. 环境感知技术

环境感知就是利用各种技术获取环境信息，并将获取的信息传输给车载控制中心，为智能决策提供依据，包括车载传感器技术、V2X通信技术等各种技术和道路信息、车辆信息、障碍物信息等各种环境信息，如图1-2-7所示。

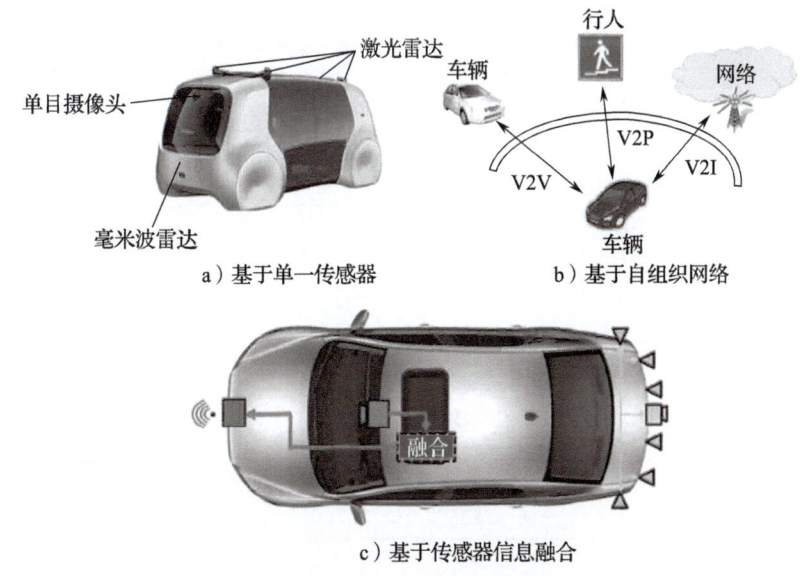

图1-2-7 环境感知技术

环境感知技术涵盖了以下七个方面的功能。

1) 车辆状态实时监测：智能网联汽车能够实时获取自身的车速、方向、行驶状态以及精确位置等信息。这些实时数据不仅为车辆提供自我认知的基础，也是实现高级驾驶辅助功能的前提。

2) 道路细节深度解析：通过对道路类型的检测、标线的识别以及道路状况的判断，准确掌握当前道路的详细情况。此外，该系统还能实时监测车辆是否偏离预定轨迹，从而确保了行车安全。

3) 行人检测与识别：无论白天还是夜晚，都能通过先进的行人识别技术，准确判断周边是否有行人。即使行人被障碍物遮挡，系统也能通过多传感器融合技术实现有效识别。

4) 交通信号智能识别：在交叉路口等复杂交通场景下，智能网联汽车能够自动识别信号灯，并根据信号变化判断如何高效通过。这大大降低了驾驶员的操纵负担，提高了行车效率。

5) 交通标识全面解读：智能网联汽车能够识别道路两侧的各种交通标志，如限速、弯道等，并及时向驾驶员发出提醒。这有助于驾驶员更好地了解路况信息，做出合理的驾驶决策。

6) 交通状况实时掌握：通过检测道路交通的拥堵情况和事故发生情况等，智能网联汽车能够实时掌握当前道路的交通状况。这有助于车辆选择更加通畅的行车路线，避开拥堵或危险区域。

7) 周边车辆动态监测：智能网联汽车能够实时监测前方、后方以及侧方的车辆情况，可有效避免碰撞事故的发生。即使在交叉路口等视线不佳的区域，该系统也能通过多传感器融合技术准确检测到被障碍物遮挡的车辆等。

典型环境感知传感器的对比，见表 1-2-1。

表 1-2-1　典型环境感知传感器对比

传感器类型	超声波传感器	毫米波雷达	激光雷达	视觉传感器（摄像头）
远距离探测	弱	较强	强	弱
探测角度	120°	10°~70°	15°~360°	30°
夜间环境	强	强	强	弱
全天候	弱	强	强	弱
路标识别	×	×	×	√
主要应用	泊车辅助	自适应巡航、紧急制动、正碰预测、盲区检测	实时建立车辆周边环境的三维模型	车道偏离、车道保持、盲区检测、正向碰撞预计、交通标志识别、交通信号灯识别、全景泊车
成本	低	适中	高	适中

2. 智能决策规划技术

随着汽车驾驶自动化水平的提高，对车辆自主决策能力提出了新的要求，汽车需要自动解析系统中的决策规划，重点解决的是：我在哪里，我周围有什么，它们想干什么，我应该怎么做。智能决策主要包括车道决策和障碍物决策。车道决策常用的算法主要有基于规则的有限状态和基于轨迹评价的方法，包括车道保持、借道和变道。障碍物决策是在给定的车道下，决定如何避让障碍物，如图1-2-8所示。

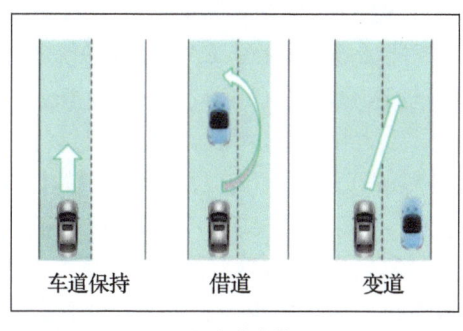
a) 车道决策

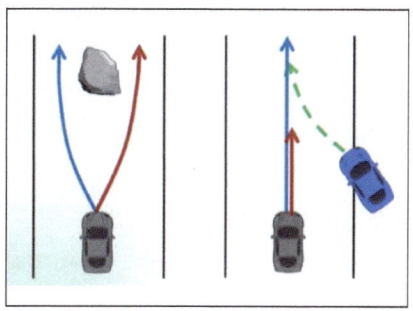
b) 障碍物决策

图1-2-8　智能决策规划技术

3. 控制执行技术

给定导航路线、车道决策和障碍物决策后，定量地规划一条从车辆当前位置指向目的地的行车轨迹，要满足安全（不能与障碍物、路肩、护栏等发生碰撞）、舒适（加减速平滑）、遵守交规（红绿灯、道路限速、礼让行人）、效率（尽快到达目的地）等要求。

4. 无线通信技术

包括长距离无线通信技术和短距离无线通信技术。长距离无线通信技术，用于提供即时的互联网接入，主要采用4G/5G技术，特别是5G技术有望成为车载长距离无线通信的专用技术。图1-2-9所示为长距离无线通信技术应用场景。

短距离无线通信技术包括专用短程通信技术（DSRC）、LTE-V、蓝牙、WiFi等，其中DSRC和LTE-V可以实现在特定区域内对高速运动下移动目标的识别和双向通信。例如，V2V、V2I双向通信，实时传输图像、语音和数据信息等，如图1-2-10所示。

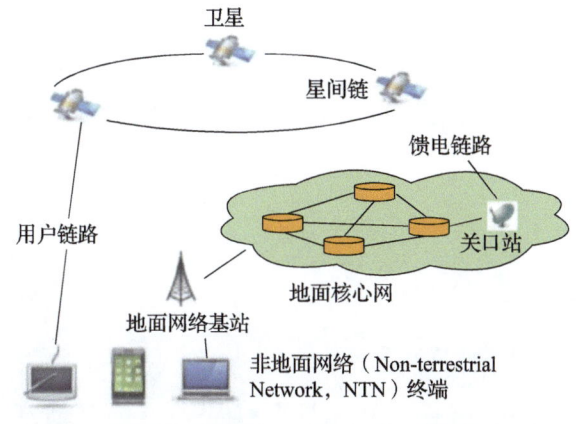

图1-2-9　长距离无线通信技术应用场景　　图1-2-10　短距离无线通信技术应用场景

5. 车载网络技术

通过利用计算机网络技术，车载控制单元可以被连接到一个车载网络中，从而实现数据信息的高效传输。主要有 CAN、LIN、MOST、FlexRay 等。但是，随着高清视频应用，以太网技术成为了智能网联汽车中最有潜力的候选者。

CAN（Controller Area Network），是国际标准化组织（ISO）的串行通信协议。目前，CAN 总线是汽车网络系统中应用最多、也最为普遍的一种总线。具有可靠性高、使用方便、数据密度大、数据传输快、双线传输抗干扰能力强的特点。CAN 总线系统中的信号是采用数字方式经铜导线传输的，其最大稳定传输速率可达 1Mb/s，一般车型上都有驱动 CAN、舒适 CAN、信息 CAN 等。

LIN（Local Interconnect Network，其含义是局域互联网。LIN 总线所控制的控制单元一般都分布在距离较近的空间内（如车顶、仪表板、车门等），所以 LIN 总线也被称为局域子系统。在不需要 CAN 总线的带宽和多功能的场合，使用 LIN 总线可大大节省成本。主要特点有：传输速率最高可达 20kb/s；采用单主机、多从机模式，无需总线仲裁机制；连接节点少于 16 个；单线式总线底色是紫色，有标芯色。

MOST（Media Oriented Systems Transport），MOST 总线（MOST-BUS），即媒体系统数据交换总线，是一种用于多媒体数据传输的网络 MOST 总线系统采用光纤作为传输介质，可连接汽车音响系统、视频导航系统、车载电视、高保真音频放大器、车载电话、车载 CD 等模块，数据传输速率最高可达 147.5Mb/s 而且没有电磁干扰，一般采用环状拓扑结构，连接器简单。

FlexRay 是由 FlexRay 联盟开关的汽车网络通信协议，是一种用于汽车的高速、可确定性的，具备故障容错能力的总线技术，它将事件触发和时间触发两种方式相结合，具有高效的网络利用率和系统灵活性特点，可以作为新一代汽车内部网络的数据主干网络。

6. 高级驾驶辅助技术

高级驾驶辅助技术，借助车辆环境感知技术和自组织网络的强大能力，实现对道路状况、周边车辆、行人动态、交通标志以及交通信号等关键信息的全面检测和精准识别。该技术对识别到的信号进行高效分析处理，并迅速将结果传输给执行机构，从而确保车辆的安全行驶。

高级驾驶辅助技术涵盖了众多功能，如 3D 环视、后视摄像头、后视交通警示系统、盲点检测、车道偏离警告、智能前照灯控制、交通标志识别、正向碰撞警告、智能车速控制以及行人检测等。这些功能在宝马、奥迪等高端品牌车型中已得到广泛应用，显著提升了驾乘的安全性和舒适性。

7. 信息融合技术

在智能网联汽车领域，由于需要采集和传输的信息种类繁多、数量庞大，因此必须依赖信息融合技术来确保数据的实时性和准确性。通过运用信息融合技术，智能网联汽车能够更有效地处理和分析来自各种传感器的信息，从而提升车辆的智能化水平和行车安全性，如图 1-2-11 所示。

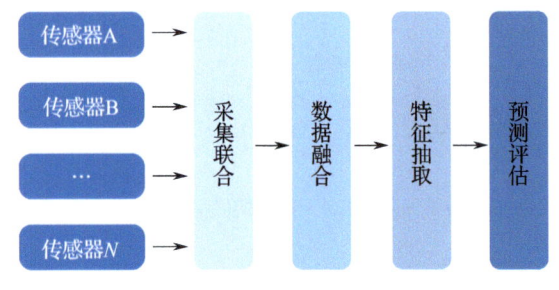

图 1-2-11　信息融合技术示意图

8. 信息安全与隐私保护技术

虽然智能网联汽车的网络接入为行车带来了便利，但同时也对信息安全提出了严峻的挑战。在智能网联汽车的运行过程中，每辆汽车及其用户的相关信息会不断地被传输到网络中并被感知。这种信息的网络暴露性使得它们极易成为被窃取的目标，从而直接威胁到智能网联汽车整个系统的安全性，更有可能波及到驾驶员的日常生活和其他方面的安全。

鉴于此，信息安全与隐私保护技术在智能网联汽车领域显得尤为重要。必须通过对这些技术的深入研究和实践，来确保智能网联汽车在享受网络便利的同时，能够有效抵御各种信息安全的风险。

视频 4
底盘线控系统的
关键技术

（四）底盘线控系统的发展趋势

当今全球汽车产业面临前所未有的百年变局，在我国"双碳"目标指引下，我国汽车产业正在向着电动化、智能化、网联化和共享化（简称"新四化"）快速发展，辅助驾驶和自动驾驶技术大量涌现。底盘线控系统作为支撑实现辅助驾驶和自动驾驶的关键基础技术，也是被行业公认的"卡脖子"技术，急需突破解决。因此，底盘线控系统已成为乘用车、商用车行业的研发热点。

随着《智能网联汽车技术路线图 2.0》和《电动汽车智能底盘技术路线图》的发布，汽车线控技术将迎来快速发展。我们从线控执行系统和线控集成控制两个维度展望其发展方向。

1. 线控执行系统向电动驱动方向发展

（1）线控转向系统的发展方向

目前汽车转向系统是典型的多领域复杂的耦合系统，电动液压助力转向系统（EHPS）除机械部分和液压部分外，还包括电子控制系统。这种机电液压系统在相互耦合、相互影响的同时，也综合影响着汽车转向系统的性能。其面向未来的发展趋势主要有：

1）随着电机和电控技术的进步及新能源汽车的快速发展，转向系统向电液耦合发展，最终向电动助力转向方向发展，包括电动助力循环球和直拉杆式电动助力转向。

2）转向控制将通过阻尼补偿、摩擦补偿和回正补偿等方法，优化助力特性和控制精度，进一步改善汽车的驾驶操纵性能和转向响应性能。

3）随着汽车底盘系统的电控化，汽车转向系统需要与其他底盘电控系统集成控制。通过底盘域控制器融合线控制动、线控悬架、线控驱动系统等底层传感器信息来协调优化各子系统，从而使整车行驶性能最优。

（2）线控制动的发展方向

线控制动系统作为汽车底盘线控的最重要且保证安全的线控控制执行部件，具有非常重要的地位。其响应精度和系统稳定性关系到自动驾驶和辅助驾驶控制功能的实现。其面向未来的发展趋势主要有：

1）线控制动系统由电控气压制动向气电复合制动方向发展，最终向电子机械制动（EMB）技术发展。

2）制动系统由单一纵向集成向与转向系统、驱动系统和悬架系统深度集成发展。

3）在自动驾驶汽车上，线控制动系统向与环境感知相结合的主动安全系统发展，如主动制动系统、自适应巡航系统、横向稳定系统等。

4）线控制动系统向基于底盘域控 EMB 的 TCS/ESP 等功能扩展发展。

（3）线控悬架的发展方向

未来线控主动悬架的发展空间更加广阔，应用前景更加明朗，特别是以载人为主的客运旅游大客车，通过识别路面不平度，对车辆阻尼、刚度和高度实现预测控制，在减速带、起伏路、坑洼路、接缝路、紧急制动和紧急转向等典型工况方面控制效果得到明显提升。其面向未来的发展趋势主要有：

1）向基于道路预瞄式的主动空气悬架技术方向发展。

2）向连续电控变阻尼（Continuous Damping Control，CDC）和高度控制集成化方向发展。

3）向基于协同控制技术的互联空气悬架技术发展。

4）向基于"魔毯"技术的主动悬架技术发展。

5）向基于底盘动力学协调控制的主动悬架技术发展。

2．线控集成控制向基于域控的耦合动力学控制方向发展

在"新四化"技术的推动下，汽车电子电气架构在向域集中和中央集成方向发展，底盘线控集成技术也向域集成控制技术升级。可以预见，围绕底盘耦合动力学的纵向、横向和垂向集成控制必将成为线控技术的研发新热点。

《电动汽车智能底盘技术路线图》给出了智能底盘的基本要求、总体目标、具体目标、技术路线、标准规范等内容。

（1）智能底盘的基本要求

针对智能底盘的基本要求，主要有安全、体验、低碳三个关键词，如图 1-2-12 所示。

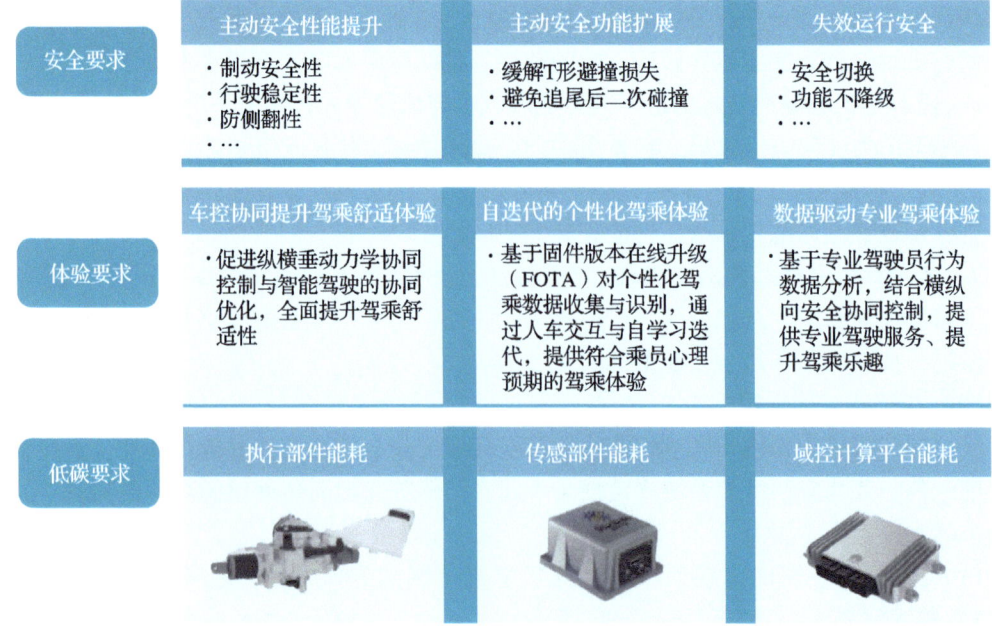

图 1-2-12　智能底盘的基本要求

（2）总体目标

总体目标是：2030 年智能底盘产品一流，技术引领。

1）2025 年目标：

①装载自主品牌线控制动、线控转向的智能底盘在有行业影响力的企业实现批量应用。

②智能底盘关键技术指标达到国际先进水平。

③关键部件产业链实现自主可控。

2）2030 年目标：

①自主智能底盘和线控执行的整车和零部件企业初步形成品牌效应。

②智能底盘总体达到国际先进，关键技术指标达到国际领先水平。

③智能底盘形成完整的自主可控产业链。

④培育有国际竞争力的企业。

（3）具体目标

具体目标从产品目标、技术目标、企业目标、市场目标和产业链目标进行划分。以乘用车为例，列出 2025 年、2030 年的具体目标，见表 1-2-2。

表 1-2-2　乘用车智能底盘具体目标

具体目标	2025 年	2030 年
产品目标	智能底盘实现平台化	智能底盘实现模块化
技术目标	智能底盘系统的响应时间、精度、一致性、关键总成可靠性达到国际先进水平 智能底盘 X、Y 方向动力学多目标协同控制、冗余设计、失效模式与安全机制实现域控，完成基于底盘域控制的电子电器架构设计	智能底盘系统的响应时间、精度、一致性、关键总成可靠性达到国际领先水平 智能底盘 X、Y 方向动力学多目标协同控制、冗余设计、失效模式与安全机制实现域控，底盘域控制器可实现底盘基础控制功能上移，支持软件定义底盘，OTA 升级等
企业目标	关键、核心零部件、制造装备国产化，形成产业链 实现智能底盘的平台化设计，实现智能底盘产品批量应用，关键技术指标达到国际领先水平	关键、核心零部件、制造装备与开发工具国产化，形成具有国际竞争力的产业业态 实现智能底盘的模块化设计，形成以底盘域控制为核心的智能底盘技术体系，关键技术达到国际领先水平。打造一批具有国际竞争力的企业
市场目标	智能底盘装配率 90%，培育有国际竞争力的产品	中国方案的智能底盘在全球更加完善
产业链目标	以底盘域控和新一代电气电子架构为特征的智能底盘产品实现批量应用，关键核心零部件自主可控	具备自学习、自适应和主动控制，支持软硬分离的智能底盘实现量产应用并形成品牌效应，形成完全自主的产业链生态

（4）技术路线

技术路线的实现，包括智能底盘 1.0 版本、智能底盘 2.0 版本和智能底盘 3.0 版本。以乘用车为例，主要含驱动构型、线控制动/转向、电控悬架、线控化程度四个方面，见表 1-2-3。

表 1-2-3 乘用车智能底盘技术路线

技术路线		智能底盘 1.0	智能底盘 2.0	智能底盘 3.0
底盘构型	驱动构型	前/后桥单电机驱动、前桥双集中电机驱动	单电机驱动、前后桥双电机驱动、三电机驱动、四电机驱动	高度集成化轮毂驱动构型（轮毂电机）、智能轮胎技术应用
	线控制动/转向	普及 ESC、eBooster、EPS，具备 OTA 功能	ESC、eBooster、冗余 EPS、RWS、DAS、IBS、RBU、EMB、支持 OTA。底盘信号集中域控、执行器冗余备份	支持 OTA，底盘信号集中域控，执行器冗余备份，主干网络通信速率、网络安全、电气系统架构
	电控悬架	空气弹簧在乘用车的批量应用；实现电控减振器关键零部件国产化、标准化	实现国产化多腔气囊和连续阻尼可变减振器的批量应用，产品达到批量装车水平	主动悬架国产化、产业链生态完善
	线控化程度	X、Y 方向实现部分线控化和协同控制	X、Y、Z 实现三方向线控化和协同控制	智能底盘具备主动控制、自适应、自学能力

（5）标准规范

在完善智能底盘技术的同时，国家也计划不断完善相关的标准规范，见表 1-2-4。

表 1-2-4 标准规范

类别	序号	底盘线控级	系统级	零部件	其他
增加项	1	标准接口及性能行车定义行车制动	冗余行车制动	传感器	数据记录
	2	驻车制动	冗余驻车制动	域控制器	信息安全
	3	转向系统	冗余转向系统	—	OTA
	4	悬架系统	EMB 系统	—	—
建议	—	建立行业推荐标准	建立国家标准	建立行业标准	建立行业推荐标准
修订项	1	—	GB 7258—2017	现有第 6.9 条：针对线控转向不适用，建议取消或说明不应为单点失效	
	2	—	GB 21670—2008	增加 EMB 适用性的说明	
	3	—	GB 21670—2008	增加 EOL 测试条目	

3. 智能网联汽车技术路线图 2.0

继 2016 年发布《智能网联汽车技术路线图 1.0》以后，2020 年 11 月 11 日，《智能网联汽车技术路线图 2.0》在 2020 世界智能网联汽车大会主论坛上正式发布，对智能网联汽车的发展路线、愿景及战略目标进行了详细介绍，如图 1-2-13 所示。

中国智能网联汽车已经进入技术快速演进、产业加速布局的新阶段，工信部将把智能网联汽车作为汽车产业转型升级的一个重要战略方向，提升创新能力，优化政策环境，为实现高质量发展提供有力支撑。

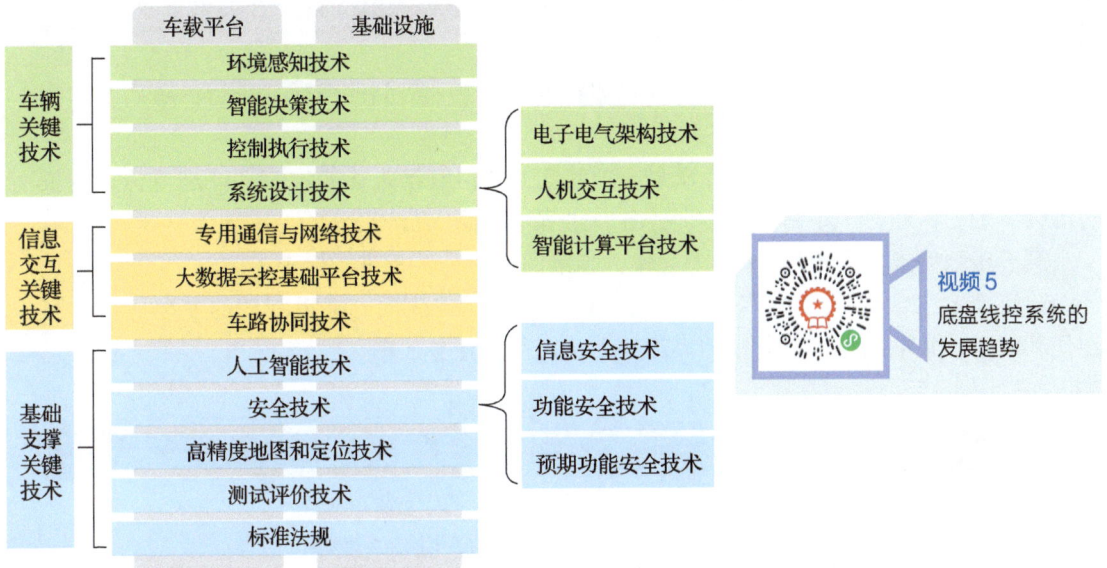

图1-2-13 智能网联汽车技术路线图2.0架构

三、任务实施

（一）任务实施的要求

1. 任务实施的目的

1）了解底盘线控系统的特征、功能、组成，查阅资料并与传统底盘系统进行比较。

2）在车辆上指明线控驱动系统、转向系统、制动系统部件所在的位置。

2. 实训仪器和设备

底盘线控实训平台、底盘线控交互式多媒体教学系统、便利贴、签字笔等。

（二）任务实施的步骤

1. 准备工作

1）任务内容：在组织教学的过程中，结合线控转向实训平台，让学生从实践中认知底盘线控系统的构造原理；在底盘线控实训平台上，详细介绍每一个零部件的名称、安装位置和主要作用。

2）组织方式：学生5~6人为一个任务小组，每组选出1名组长，以小组为单位，以此进行技能实训，每组组长根据小组成员任务分工的不同，确定不同任务的责任人，保证每位同学都能够参与实践操作。

3）实操准备：注意人身及设备安全，按照进入实践区域需穿戴劳保防护用品的要求，严格组织学生按照实训区安全作业规程进行实操。

2. 指导步骤

第一步：请完成作业前检查及车辆安全防护，并记录信息：维修作业前现场环境检查，维修作业前安全防护用具检查，维修作业前仪表工具检查，维修作业前实施车辆安全防护检查。

第二步：依次将车辆的"底盘电源开关"和"总电源唤醒"两个开关置于"ON"档位，给车辆通电。

第三步：上层控制器，通过接受和处理各个传感器采集到的信息，进行计算后发送指令到底层控制器。

第四步：分小组对底盘线控驱动系统、转向系统、制动系统的主要部件进行位置查找与结构识别，保证各个小组完成实训任务，过程中注意人身安全。

第五步：完成实训现场 6S 整理工作，小组内质检员负责进行检查。

请将表 1-2-5 中部件/零部件中的线控转向、线控驱动、线控制动的零部件名称写在便利贴上，并粘贴在整车对应的零部件上，填写好任务工单。

表 1-2-5 部件/零部件

部件名称	零部件
线控转向系统	转向盘总成、转向器、转向助力电机、转向控制单元
线控驱动系统	驱动电机、驱动电机控制器、动力蓄电池、加速踏板
线控制动系统	制动控制单元、制动执行器、轮速传感器、制动踏板

视频 6
底盘线控系统的
结构认知

任务工单 1 智能网联汽车底盘线控系统结构认知

任务名称		智能网联汽车底盘线控系统结构认知	
"1＋X"智能网联汽车测试装调职业等级证书			
小组成员：		班级：	
自评：□合格　　□不合格		师评：□合格　　□不合格	
日期：		日期：	
一、实训信息记录			
实训设备		实训场所	
工具准备		资料准备	
二、请绘制线控转向系统结构位置图			
三、请绘制线控制动系统结构位置图			
四、请绘制线控驱动系统结构位置图			
五、现场整理与评价			

序号	项目及评价标准	占比分数	实际得分
1	小组成员是否明确任务	10	
2	知识准备是否充分	20	
3	小组工作流程是否完整规范	30	
4	实训工单是否认真填写	15	
5	设备归位及场地整理得分	10	
6	小组合作得分	15	
总分			

四、任务小结

1) 掌握 ADAS、车联网、智能驾驶、无人驾驶、智能交通系统、惯导、毫米波雷达、激光雷达等相关名词术语。

2) 底盘线控系统包括四大系统,分别为线控转向系统、线控制动系统、线控驱动系统及线控悬架系统。

3) 智能网联汽车底盘线控系统是指智能网联汽车基于计算平台的决策规划进行转向和加减速的执行系统。

4) 对比理解底盘线控系统的优缺点。

5) 底盘线控系统的关键技术包含环境感知技术、智能决策规划技术、控制执行技术、无线通信技术、车载网络技术、高级驾驶辅助技术、信息融合技术、信息安全与隐私保护技术。

6) 环境感知技术包括车辆状态实时监测、道路细节深度解析、行人检测与识别、交通信号智能识别、交通标识全面解读、交通状况实时掌握和周边车辆动态监测。

7) 了解《电动汽车智能底盘技术路线图》中智能底盘的基本要求、总体目标、具体目标、技术路径、标准规范等内容。

拓展课堂 1
底盘线控系统新技术——全矢量单独车轮控制技术

智能网联汽车底盘线控包括四个子系统,它们之间相互协作,控制车辆的纵向、横向及垂直方向的运动,对应车辆前后、左右及上下 6 个自由度,这六个自由度最终体现在车轮的运动上,如图 1-3-1 所示。因此,一辆汽车若能实现所有车轮的 6 个自由度作用力独立控制,那么这辆车就属于全矢量单独车轮控制。

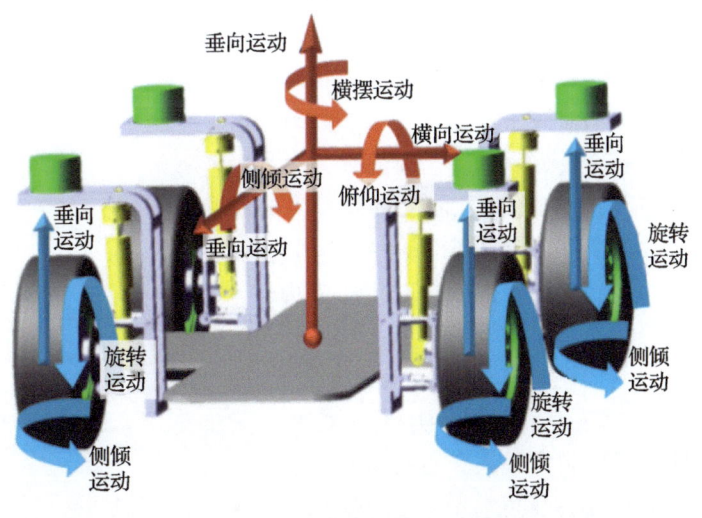

图 1-3-1 智能网联汽车自由度

全矢量单独车轮控制是个驱动系统,每个车轮都有驱动、制动、转向和悬架四个独立的操纵部件,每个车轮都设立单独的车轮控制单元,每个车轮都由对应的车轮控制单元直接控制。再利用域控制器，使各个车轮控制单元之间交互协作，更好地实现功能性、安全性，同时为智能网联汽车的发展给予更多的附加性能和附加值，如图1-3-2所示。

利用全矢量单独车轮控制形式，可以有效地缩短控制单元从接收信号到发出指令的时间，从而提高车辆的安全性。例如，根据2021中国汽车智能底盘大会上博世公司提出的方案试验分析，将驱动力控制软件模块从原来ESP或者智能集成制动系统（Integrated Power Brake，IPB）放到电机控制器中。一旦探测到车轮发生抱死，其立刻就会将此信号反馈到电机控制系统，使其立即做出反应，防止车辆打滑。在此方案应用中，通信的闭环系统大概可以从100ms加快到10~20ms，为在路面湿滑路段行驶的终端用户提供更好的驾乘体验。

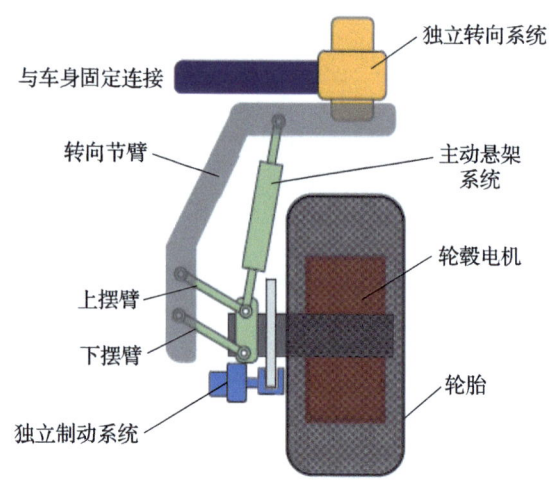

图1-3-2　驱动-制动-转向-悬架多功能一体化电动轮

拓展课堂2
智能网联汽车新标准——《智能网联汽车　自动驾驶功能场地试验方法及要求》（GB/T 41798—2022）

2022年10月12日，推荐性国家标准《智能网联汽车 自动驾驶功能场地试验方法及要求》（GB/T 41798—2022）正式发布。该标准由中国汽车技术研究中心有限公司、奇瑞汽车股份有限公司等34家单位牵头起草，于2023年5月1日正式实施。它规范了一般环境下自动驾驶场地测试提出相应的试验场景、试验方法及通过要求，明确了测试方法，如图1-3-3所示。

2023年7月26日，工业和信息化部发布了《155项行业标准及3项推荐性国家标准报批公示》（以下简称《报批公示》），涉及智能网联汽车方面有三项：

1）标准名称：《智能网联汽车 自动驾驶功能道路试验方法及要求》；标准编号：20213609-T-339。标准主要内容：规定了智能网联汽车自动驾驶功能的道路试验条件、试验方法及要求；本文件适用于具备自动驾驶功能的M类、N类汽车，其他车辆类型可参照执行。

2）标准名称：《汽车信息安全应急响应管理规

图1-3-3　国家标准《智能网联汽车自动驾驶功能场地试验方法及要求》

范》;标准编号:20213611-T-339。标准主要内容:本文件规定了汽车信息安全应急响应的管理流程和管理方法;适用于相关组织开展的汽车信息安全应急响应管理,包括准备、核验、处置、恢复及事件后处理等各阶段工作。

3)标准名称:《智能网联汽车 操纵件、指示器及信号装置的标志》;标准编号:20203960-T-339。标准主要内容:规定了智能网联汽车特有的操纵件、指示器及信号装置的标志和信号装置显示颜色的基本要求;本文件适用于智能网联汽车。

智能网联汽车领域的标准法规,有效规范了行业发展,有助于汽车产业管理部门、研究机构、整车和零部件生产企业、社会公众等了解中国智能网联汽车产业发展的最新动态。

项目检测 1

一、填空题

1. 汽车底盘线控系统包括线控转向系统、_____、线控驱动系统、线控悬架系统等,利用传感器感知驾驶员的驾驶意图,并将其变换成电信号传送给控制器,_____控制执行机构工作,实现汽车的转向、制动、驱动等功能。

2. 要实现自动驾驶,首先依赖_____对道路周边环境信息进行采集,包括摄像头、_____、毫米波雷达和超声波雷达等。

3. 环境感知传感器采集的数据传输出到_____进行计算,用来识别车辆周边障碍物和可行驶区域,进行路线规划和控制,最后制定转向盘转角、制动压力、车速、档位等信息,通过_____传输到底盘系统,底盘系统按照指令进行精确执行。

4. 在自动驾驶过程中,汽车需要大量的、精确的_____,感知车辆状态,保证自动驾驶的安全性、稳定性和操纵性,而底盘线控系统可根据指令实时地控制底盘执行机构做出相应的动作,还可随时监测车辆的运行状态,实时反馈给汽车,因此_____是智能网联汽车的标配。

5. 线控转向系统由_____、转向执行模块和_____这三个主要部分,以及自动防故障系统、电源等辅助模块组成。

二、判断题

1. 线控消除了机械连接冲击的传递,可以降低噪声和振动,提高了驾驶的舒适性。
( )

2. 使用线控制动需添加制动液,使汽车制动更为稳定。( )

3. 2019 年博世研发的线控转向系统保留了传统转向系统的中间轴连接,实现了上转向轴和下转向轴的机械连接。( )

4. 国内的底盘线控系统目前以各高校的理论研究为主,由吉林大学、同济大学等研发了含线控系统的概念车。( )

5. 如果把汽车比做人,那么底盘线控系统就是"手"和"脚",用来做控制执行。
( )

6. 智能网联汽车的标配是底盘线控系统。（   ）

7. 转向盘模块上的传感器（或感应器）进行车辆转向的信息采集工作，并把该信息传递给线性转向系统的 ECU 模块。（   ）

8. 线控制动系统不仅需要接收制动踏板位置传感器信号，也需接收轮速传感器信号，才能让线控制动系统的 ECU 模块进行分析决策。（   ）

9. 线控驱动系统无需和动力蓄电池进行信息交互。（   ）

10. 底盘线控系统取消了大量的机械件，使用不安全。（   ）

三、选择题

1. 线控制动系统主要由（   ）、传感器、ECU 及执行器等构成。
   A. 制动踏板　　　B. 加速踏板　　　C. 离合器　　　D. 驻车制动器

2. 线控驱动系统主要由（   ）、制动踏板位置传感器、档位选择单元、电机控制器（MCU）和驱动电机等组成。
   A. 制动踏板　　　B. 加速踏板　　　C. 离合器　　　D. 驻车制动器

3. 在自动驾驶模式下，（   ）接收各环境感知传感器发送的数据，并在对数据进行计算后，通过 CAN 总线发送给整车控制器（VCU），VCU 对计算平台发送的数据再次进行分析处理，通过 CAN 总线发送给底盘线控系统，进而实现对汽车转向、制动、速度等的控制。
   A. 激光雷达　　　B. 毫米波雷达　　　C. 视觉传感器　　　D. 计算平台

4. 底盘线控系统上主要的控制单元包括（   ）、制动系统 ECU 和驱动电机控制单元。
   A. 转向系统 ECU　　　　　　　B. 整车控制器（VCU）
   C. 计算平台　　　　　　　　　D. 智能座舱系统

5. 底盘线控系统控制单元通过（   ）与整车控制器（VCU）进行通信，实现智能网联汽车的转向、制动、速度、档位等底盘控制。
   A. CAN 总线　　　B. LAN　　　C. 蓝牙　　　D. WiFi

6. 在（   ）模式下，线控转向系统的工作原理是当转向盘转动时，转矩转角传感器将测量到的转向盘转矩和转向盘转角转变成电信号输入到转向系统 ECU，转向系统 ECU 控制转向电机的旋转方向、转矩大小和旋转角度，使汽车沿着驾驶员驾驶的轨迹行驶。
   A. 人工驾驶模式　　B. 自动驾驶模式　　C. 巡航模式　　D. 自动泊车模式

7. 在（   ）下，线控转向系统的工作原理是计算平台将转向意图发送给 VCU，VCU 计算转向盘旋转方向、旋转角度等，再发送给转向系统 ECU，转向系统 ECU 控制转向电机的旋转方向、转矩大小和旋转角度，使汽车沿着预设的轨迹行驶。
   A. 人工驾驶模式　　B. 自动驾驶模式　　C. 巡航模式　　D. 自动泊车模式

8. 在人工驾驶模式下，线控制动系统是（   ）接收驾驶员踩踏板信息，制动系统 ECU 制定制动方案以达到最短制动距离，然后以电信号形式传递到制动执行单元实现制动。
   A. 加速踏板　　　B. 离合器　　　C. 驻车制动器　　　D. 制动踏板

9. 在自动驾驶模式下，（　　）将制动意图发送给 VCU，VCU 计算制动行程、制动压力等，再发送给制动系统 ECU，制动系统 ECU 控制制动执行机构，实现汽车制动。

   A．激光雷达　　　B．毫米波雷达　　C．视觉传感器　D．计算平台

10. 在人工驾驶模式下，线控驱动的工作原理是驾驶员通过踩（　　），位置传感器将踏板的位置转化为电信号传送至汽车的 VCU，VCU 通过车载网络传递至 MCU，MCU 将收集到的相关传感器信号经过处理后控制驱动电机的转向、转速，使汽车沿着期望的方向和速度行驶。

    A．加速踏板　　　B．离合器　　　　C．驻车制动器　D．制动踏板

四、简答题

1. 简述底盘线控系统国外的发展历程？

2. 底盘线控系统有什么功能？

3. 底盘线控系统的主要组成部分是什么？

智能网联汽车
底盘线控系统装调与测试

项目 2
智能网联汽车线控转向系统装调与测试

车辆底盘中决定汽车的操纵稳定性优良的重要系统是车辆的转向系统,车辆具有优秀的转向性能,既可以降低因汽车保有量增加及日益复杂的道路工况导致的交通事故率,又可以缓解驾驶员的操纵负担,从而提高汽车安全性。汽车的转向系统经过几十年的发展,经历了机械转向系统(MS)、机械液压助力转向系统(HPS)、电控液压助力转向系统(EHPS)、电动助力转向系统(EPS)、线控转向(SBW)系统的发展过程。线控转向是发展电动化、智能化的必经之路,是未来乘用车转向技术发展的必然趋势。

项目目标

完成本项目学习后,你应当达到以下目标。

(1)知识目标
1)了解线控转向系统的功能与分类。
2)掌握线控转向系统的结构组成和工作原理。
3)理解线控转向系统的特点。
4)掌握线控转向系统的性能测试方法。

(2)能力目标
1)能识别线控转向系统的主要部件。
2)能根据操作规范正确调试线控转向系统。
3)具备典型车型线控转向系统的线路分析能力。
4)能熟练且规范地完成整车线控转向系统的检测与维修。

(3)素养目标
1)养成良好的学习习惯,培养探索钻研的科学精神。
2)能够具备团队合作的意识,与团队成员建立良好的合作关系。
3)通过技能实操,形成热爱劳动、爱岗敬业、安全环保、规范操作的职业素养。

 任务 1　智能网联汽车线控转向系统结构认知

一、任务导入

小明同学毕业后，进入一家智能网联汽车企业，岗位任务是将底盘上的线控转向系统安装到整车上。正式上岗之前，公司对小明进行了岗前培训，培训内容主要包括线控转向系统的功能、结构和拆装操作。如果你是小明，怎样才能迅速掌握线控转向系统的拆卸和装配技能，胜任本岗位职责？带着这样的问题，我们一起进入本任务的学习。

二、新知讲解

（一）线控转向系统的功能

汽车转向性能是汽车的主要性能之一，转向系统的性能直接影响到汽车的操纵稳定性，它对于确保车辆的安全行驶、减少交通事故以及保护驾驶员的人身安全、改善驾驶员的行车条件起着重要的作用。

线控转向（Steer – By – Wire，SBW）系统是指在驾驶员输入接口（转向盘）和执行机构（转向轮）之间是通过线控（电信号）连接的，即在它们之间没有直接的液力或机械连接，完全由电能实现转向，摆脱了传统转向系统的各种限制，如图 2 – 1 – 1 所示。

智能网联汽车理论上可以不安装转向盘，转向指令完全由计算平台发出，但由于在复杂路况和行驶环境中，现有的控制算法还无法规划出安全路径，也无法准确、快速实现路径跟踪，基于安全考虑，有时还要实行平行驾驶，即在紧急情况下由驾驶员接管车辆进行操控，所以部分车辆还保留了转向盘及其与转向轮之间的传统机械连接。

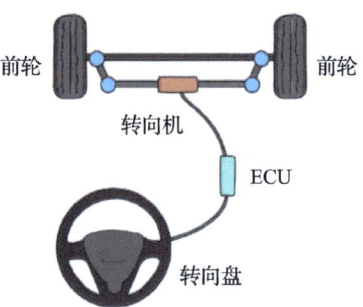

图 2 – 1 – 1　线控转向系统示意图

线控转向系统为智能网联汽车实现自主转向提供了良好的软硬件基础，线控转向系统被认为是实现高级自动驾驶的关键部件之一，具有以下优点：

1）线控转向技术可实现驾驶员操作和车辆运动的解耦。
2）可提高紧急情况下转向操纵的正确性和驾驶员的安全性。
3）采用电机控制直接驱动实现车辆转向，因此更容易与车辆其他主动安全控制子系统进行通信和集成控制。

（二）线控转向系统的分类

目前，能适应智能网联汽车转向系统要求的主要有电动助力转向系统（EPS）和线控转向（SBW）系统。

1. 电动助力转向系统（EPS）

汽车助力转向系统是在机械转向系统的基础上，为了减轻驾驶员负担并提高车辆操纵

性而产生的,其发展历程为:机械转向系统→机械液压助力转向系统→电控液压助力转向系统→电动助力转向系统。

机械转向系统(MS)的转向力全部来源于驾驶员,这对于需要频繁转动转向盘的驾驶员来说是不小的体力负担。同时,传统的机械转向系统的角传动比是固定的,虽然增大角传动比可以提高转向的轻便性,但也使得转向执行机构对转向盘的输入反应迟缓。因此,汽车研发机构设计出了可变传动比的机械结构。例如,可变传动比的齿轮齿条式转向机构,如图2-1-2所示,通过特殊的机械加工工艺,在转向齿条表面形成疏密不均的齿距分布,来实现变传动比。

机械液压助力转向系统(HPS)在传统机械转向系统上加装一套液压系统,包括转向助力泵、流量控制阀、液压油管、液压活塞和转向储油罐等,如图2-1-3所示。

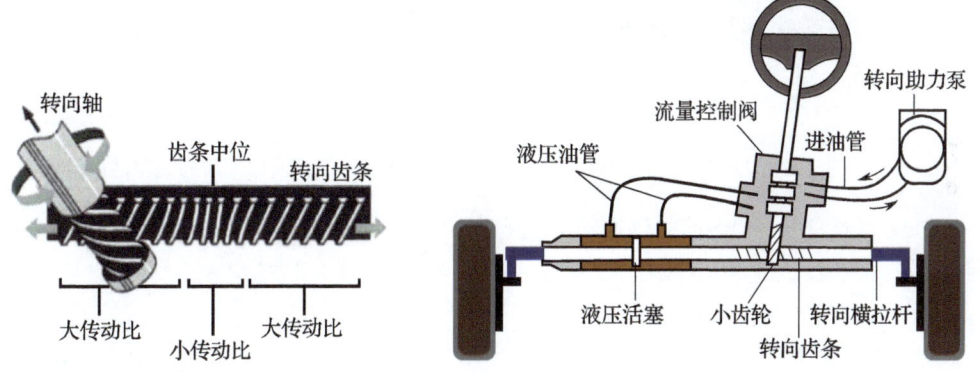

图2-1-2 机械转向系统   图2-1-3 机械液压助力转向系统

电控液压助力转向系统(EHPS)由机械液压助力转向系统发展而来,转向助力泵不再由发动机驱动,而是由电机驱动,同时增加车速传感器、转向盘转角传感器、转矩传感器和电子控制单元等装置。目前主流的电控液压助力转向系统均采用集成化的电液泵总成作为动力源,电液泵总成由电子控制单元(ECU)、电机、转向助力泵和储油罐等组成,节省空间,如图2-1-4所示。

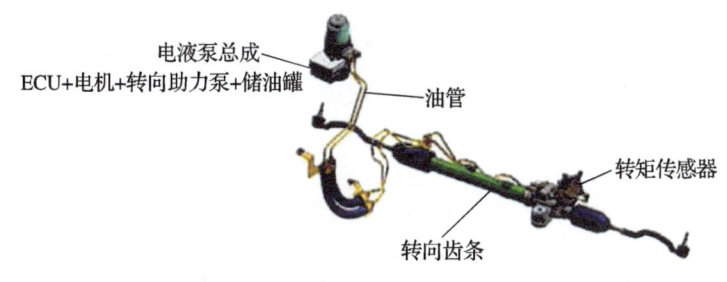

图2-1-4 电控液压助力转向系统

电动助力转向系统(EPS)在机械转向系统的基础上增加了一套电子助力系统,其主要由转角转矩传感器、车速传感器、转向控制器、助力电机、离合器、减速装置等组成。根据助力电机的安装位置不同,可分为:转向柱轴助力式(C-EPS)、小齿轮轴助力式(P-EPS)、齿条助力式(R-EPS)。

转向柱轴助力式（C-EPS）是目前市场上使用最广泛的电动助力转向系统，其伺服单元（电机和控制器）布置在转向管柱上，如图2-1-5所示。伺服机构距离驾驶室较近，电机的转矩波动易传递给转向盘，具有成本低、功率小、匹配性好的特点。

小齿轮轴助力式（P-EPS）的伺服单元直接布置在转向小齿轮上，因其力矩不经过转向管柱和转向中间轴，所以，能够产生比转向柱轴助力式电动助力转向系统大的转向功率。目前，主要使用的是双小齿轮轴助力式电动助力转向系统，如图2-1-6所示。

 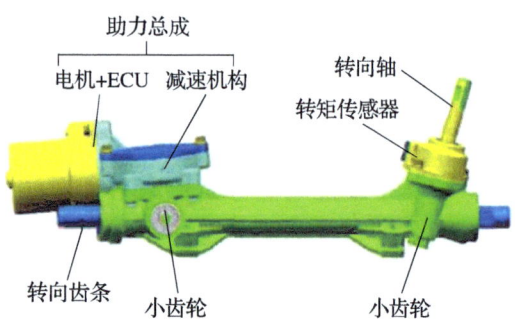

图2-1-5 转向柱轴助力式电动助力转向系统　　图2-1-6 双小齿轮轴助力式电动助力转向系统

齿条助力式（R-EPS）中伺服单元直接与转向齿条相连，可产生更大的齿条驱动力，目前主流的有平行轴式和同轴式，如图2-1-7和图2-1-8所示。

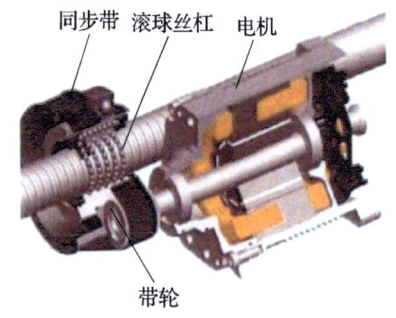 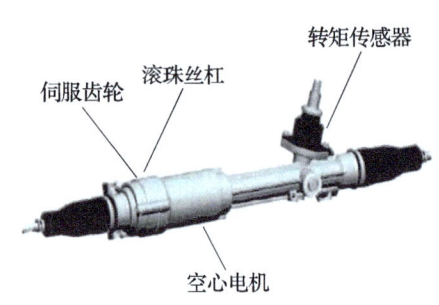

图2-1-7 平行轴式齿条助力式电动助力转向系统　　图2-1-8 同轴式齿条助力式电动助力转向系统

在新能源汽车中，大多数混合动力汽车和所有纯电动汽车都采用了电动助力转向系统，仅有少数混合动力汽车采用了电控液压助力转向系统。

2. 线控转向（SBW）系统

线控转向系统如图2-1-9所示，主要由转向机总成、转向执行总成、控制器以及传感器等组成。

（1）转向机总成

驾驶员操纵转向盘产生的转角转矩信号，由转角转矩传感器用以收集，同时将信号发送到控制器，依据在控制器中部署的控制策略计算得到目标信号并发送给底层执行机构；路感电机根据车辆状态信息及驾驶员转动转向盘的转角和转矩，产生一个近似转向盘反力信息反馈给驾驶员。

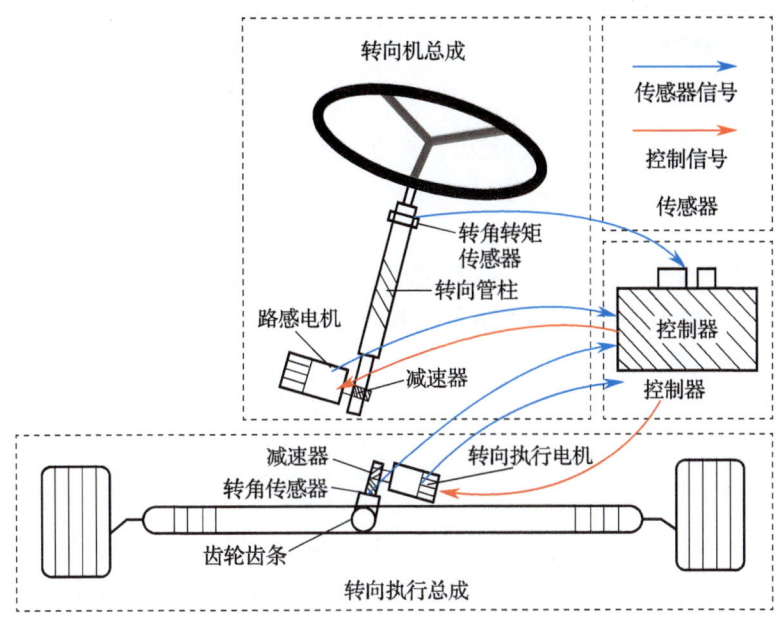

图2-1-9 线控转向系统结构组成

（2）转向执行总成

转向执行电机一般为永磁同步电机，接收到转向执行控制策略信号，快速、准确地执行转角指令，带动齿轮转动使齿条发生位移，从而使得前轮转动相应的角度；转角传感器能够实时测量前轮转角实现车轮转角闭环反馈控制，同时与电机电流传感器所检测到的电机电流信号一起，作为路感电机模拟路感的依据。

（3）控制器

主要由整车控制器、路感反馈控制器及转向执行控制器组成。首先对相关传感器发送来的信号进行分析处理，同时判断驾驶员的操纵意图和汽车行驶状况，经过事先建立的控制策略做出合理决策，然后将相关控制信号分别传输给路感模拟电机，以产生路感信息和转向执行电机驱动前轮转向的指令；其次，当驾驶员有误操作或车辆受到外部干扰使车辆进入不稳定状态时，控制器根据实际情况过滤掉不正确的驾驶员操作信号，同时驱动转向执行电机补偿修正前轮转角，使车辆按照期望的轨迹行驶，保证车辆的操纵稳定性。

视频7
线控转向系统的功能分类

三、任务实施

（一）任务实施的要求

1. 任务实施的目的

1）认识线控转向系统的类型。

2）理解线控转向系统的结构。

2. 实训仪器和设备

智能网联汽车底盘线控实训平台、常用工具套装等。

（二）任务实施的步骤

1. 准备工作

1）任务内容：在组织教学的过程中，结合线控转向实训平台，让学生从实践中认知线控转向的构造原理；在线控转向实训平台上，详细介绍每一个零部件的名称、安装位置和主要作用。

2）组织方式：学生5~6人为一个任务小组，每组选出1名组长，以小组为单位，以此进行技能实训，每组组长根据小组成员任务分工的不同，确定不同任务的责任人，保证每位同学都能够参与实践操作。

3）实操准备：注意人身及设备安全，按照进入实践区域需穿戴劳保防护用品的要求，严格组织学生按照实训区安全作业规程进行实操。

2. 指导步骤

第一步：接好控制柜电源线，打开控制柜侧边的漏电保护开关，给设备通电。

第二步：传感器位置认知：转角传感器位置认知、转矩传感器位置认知、转向电机位置认知。

第三步：用手反复转动转向盘，感受转向力大小。

第四步：给线控转向系统供电，线控转向系统通电。

第五步：再次用手以同样速度左右反复转动转向盘，感受转向力大小。

第六步：关闭电源总开关，将线控转向实训平台整理归位。

视频8
线控转向系统的结构认知

任务工单 2 智能网联汽车线控转向系统结构认知

任务名称	智能网联汽车线控转向系统结构认知
	"1+X"智能网联汽车测试装调职业等级证书

小组成员:	班级:
自评:□合格　□不合格	师评:□合格　□不合格
日期:	日期:

一、实训信息记录

实训设备		实训场所	
工具准备		资料准备	

二、指出线控转向系统零部件的位置

零部件名称	实训台架中该零部件所处位置
转角传感器	
转矩传感器	
位置传感器	
路感电机	
转向执行电机	
SBW 控制器	

三、线控转向系统的功能认知

任务描述	请完成对线控转向系统各个零部件功能的描述
任务解决	

四、现场整理与评价

序号	项目及评价标准	占比分数	实际得分
1	小组成员是否明确任务	10	
2	知识准备是否充分	20	
3	小组工作流程是否完整规范	30	
4	实训工单是否认真填写	15	
5	设备归位及场地整理得分	10	
6	小组合作得分	15	
总分			

四、任务小结

1）线控转向（SBW）系统是指在驾驶员输入接口和执行机构之间是通过线控连接的，即在它们之间没有直接的液力或机械连接，完全由电能实现转向。

2）车辆转向系统经历了机械转向系统→机械液压助力转向系统→电控液压助力转向系统→电动助力转向系统→线控转向系统的发展。

3）电动助力转向系统按照助力电机的安装位置不同，可分为：转向柱轴助力式（C－EPS）、小齿轮轴助力式（P－EPS）、齿条助力式（R－EPS）。

4）线控转向系统主要由转向机总成、转向执行总成、控制器以及传感器等组成。

任务 2 智能网联汽车线控转向系统工作原理

一、任务导入

小明是一名底盘线控转向系统的调试员，工作任务是调试智能网联汽车的 EPS，需要分别调试：汽车的转向盘中点位置，转向盘的旋转角度，一级转向系统的工作状态（即工作或停止）。假设小明在调试时，依次设定了当前的位置为转向盘中点、转向盘逆时针旋转 160°、转向盘顺时针旋转 160°。

小明设置参数后，查看调试界面上显示 EPS 反馈的报文为"010CFE8819001E00"，小明解析报文含义为"EPS－ECU 处于工作模式，温度为 30℃且无任何故障，转向盘顺时针旋转了 500°，电机电流为 59A"。如果你在小明的岗位上，你能否根据 CAN 报文信息调试 EPS，又能否解析 EPS 的报文信息呢？带着这些问题，我们一起进入今天的学习任务。

二、新知讲解

（一）线控转向系统的工作原理

1. 电动助力转向系统（EPS）的工作原理

电动助力转向系统（Electronic Power Steering，EPS）（图 2－2－1）是一种直接依靠电机提供辅助转矩的电动助力转向系统。此系统利用 ECU 控制电机电流的方向和幅值，不需要复杂的控制机构，电机、减速机构、转向管柱和转向齿轮可以制成一个整体。

以比亚迪秦车型为例，介绍 EPS 在典型车型上的结构组成。比亚迪秦采用的转向器为齿条助力式转向器（图 2－2－2），电机直接将助力加在转向齿条上。通过

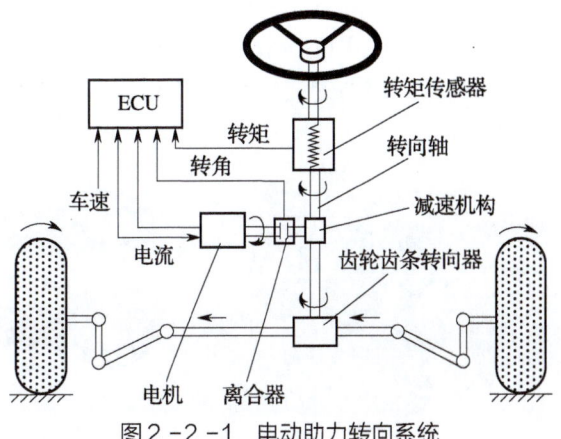

图 2－2－1 电动助力转向系统

EPS 辅助单元与蜗杆的一体化，提高了轻量化及装配紧密性。该系统由传感器（转角转矩传感器、车速传感器）、控制器（EPS 电子控制单元）、执行器（EPS 电机）以及相关机械部件组成。

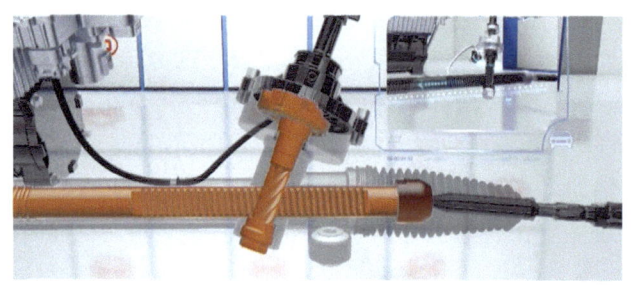

图 2-2-2　比亚迪电动助力转向系统齿条助力式转向器

（1）转角转矩传感器

比亚迪秦转角转矩传感器采用的是霍尔式非接触式转矩传感器，如图 2-2-3 所示。其特点是取消了永磁体，通过在印制电路板（PCB）上的印制线路形成电感线圈，在线圈两端施加电压以后，即在空中形成霍尔效应所需要的磁场。

图 2-2-3　转角转矩传感器

该转矩传感器通过霍尔效应在半导体的两端产生电势差。主要由定子分总成、转子分总成、上端盖、下端盖、集磁极、霍尔集成电路（Hall IC）组成，如图 2-2-4 所示。转子由多级磁铁组成，固定在输入轴上，主要是提供磁场。定子上装有磁轭（磁导率比较高的金属材料），固定在下端盖上，下端盖与壳体固定。当转向盘向左转动时，传感器扭杆发生扭转变形，导致转子和定子发生转动，使得上下磁轭与多级磁铁发生错动，磁通量从 N 极至 S 极，Hall IC 接收到磁通量。如果转子与定子反方向相对位移，Hall IC 也接收反向的磁通量。磁通的变化经过 Hall IC 转换为相应的电压变化，从而测量出相应的转矩大小和方向。

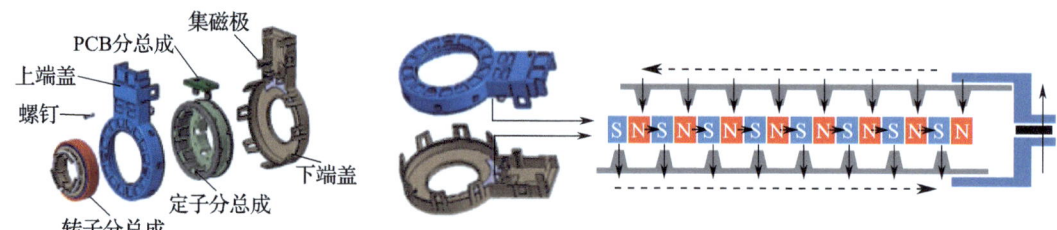

图 2-2-4　霍尔式非接触式转矩传感器

当转向盘在中间位置时,磁通量为零。当转向盘左转(+4.5°),磁通量高斯值为550(示例)。当转向盘右转(-4.5°),磁通量反向,高斯值为-550(示例),如图2-2-5所示。

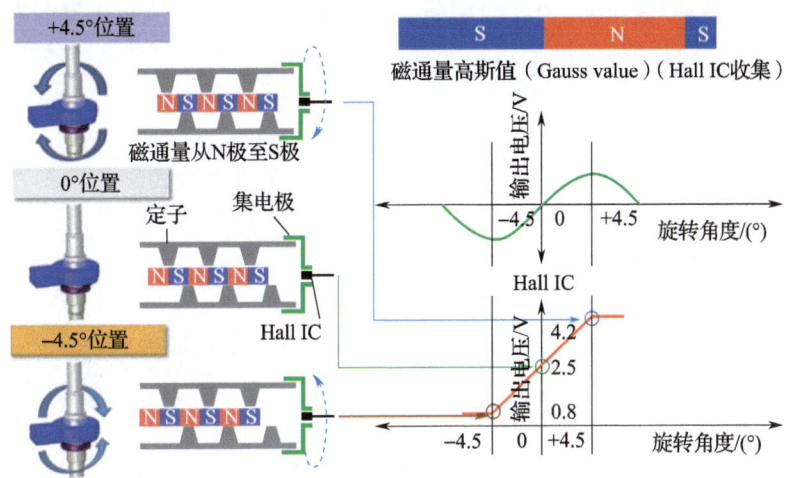

图2-2-5 霍尔式非接触式转矩传感器工作原理

(2) EPS电子控制单元

根据各传感器(包括车速传感器)发出的信号,起动转向管柱上的动力转向电机,以提供转向助力。

(3) EPS电机

根据动力转向ECU的信号产生转向助力。动力转向电机总成采用低惯量的直流电机,该电机由转子、定子和电机轴组成,如图2-2-6所示。

(4) EPS的工作原理

电动助力转向系统原理如图2-2-7~图2-2-10所示。

图2-2-7中,1是转动转向盘,转向助力开始;2是转矩传感器探测扭杆的转动,并将检测的转矩传递给电子控制单元;3是转角传感器将当前转向角度和速度传递给电子

图2-2-6 直流电机

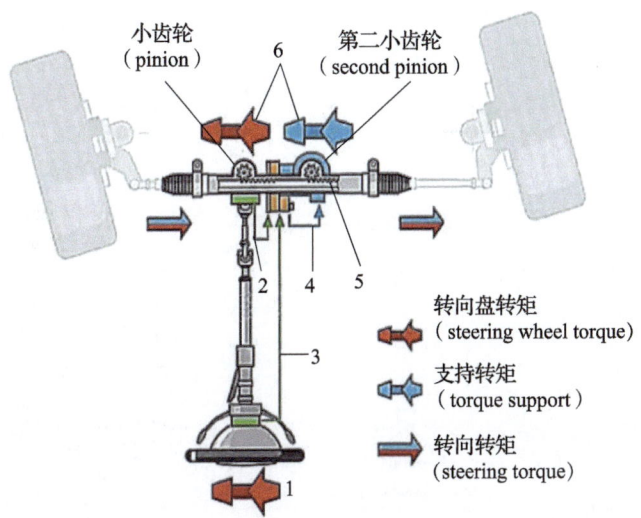

图2-2-7 转向过程作用

控制单元；4 是电子控制单元根据转向转矩、车速、发动机转速、转角、转速传感器信号，计算支持转矩，起动助力电机；5 是助力电机通过涡轮传动装置和第二小齿轮将支持力传递到转向器的转向齿条上；6 是转向盘转矩和助力电机的支持转矩总和就是转向器上的有效转矩，由该转矩来传动齿条。

图 2-2-8 中，1 是弯道行驶时，驾驶员降低了转向转矩，转矩传感器通知电子控制单元；2 是电子控制单元根据转向转矩、转向角度和速度计算出复位转矩；3 是转向车轮上产生的复位力不足以使车轮回正；4 是电子控制单元根据转向转矩、车速、发动机转速、转角、转速传感器信号，计算支持转矩，起动助力电机；5 是控制单元起动助力电机，使车轮回正。

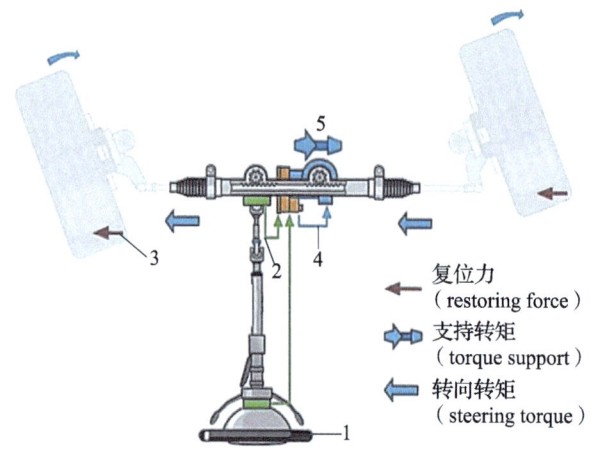

图 2-2-8　车轮主动回位作用

图 2-2-9 中，1 是市区低速行驶时转动转向盘，转向助力开始；2 是转矩传感器探测扭杆的转动，告知电子控制单元转向盘上有一个中等的转向转矩；3 是转角传感器将当前转向角度和速度传递给电子控制单元；4 是电子控制单元根据中等的转向转矩、车速、发动机转速、中等的转角、转速传感器信号，计算中等的支持转矩，起动助力电机；5 是由第二小齿轮将支持转传递到转向器的转向齿条上；6 是转向盘转矩和中等支持转矩总和就是转向器上的有效转矩，由该转矩来传动齿条。

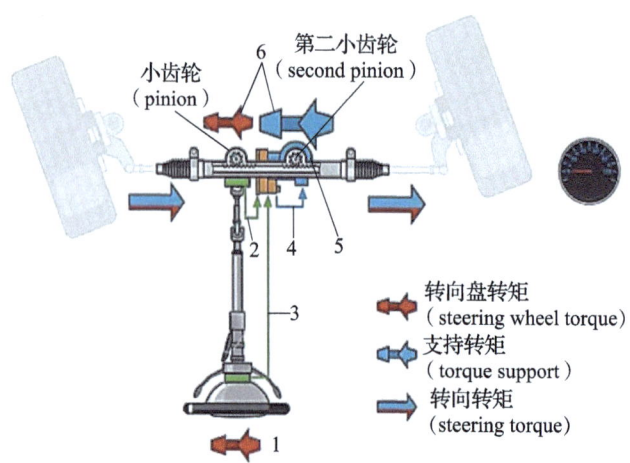

图 2-2-9　市区低速行驶时的助力过程

图2-2-10中,1是在高速公路上变换车道,驾驶员轻微转动转向盘;2是转矩传感器探测扭杆的转动,告知电子控制单元转向盘上有一个小的转矩;3是转向转角传感器将小的转角和速度传递给电子控制单元;4是电子控制单元根据中等的转向转矩、车速、发动机转速、小的转角、转速传感器信号,计算一个小的支持转矩或无需支持转矩,起动助力电机;5是由第二小齿轮将支持力传递到转向器的转向齿条上;6表示转向盘转矩加上最小支持转矩就是有效转矩,该转矩来传动齿条。

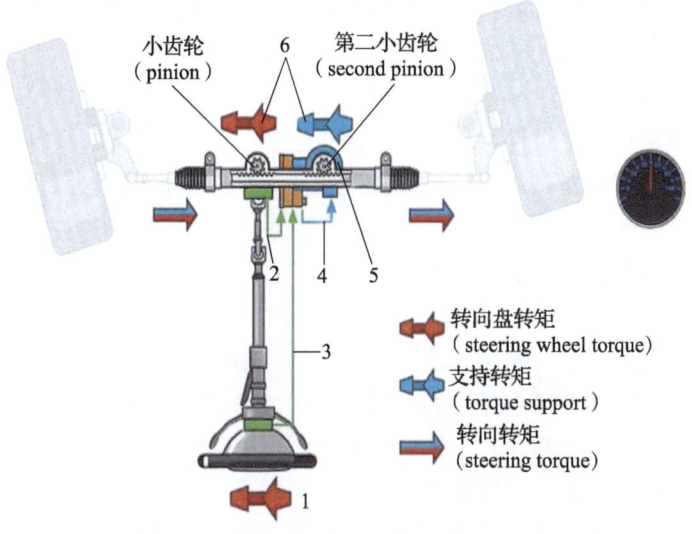

图2-2-10 高速公路高速行驶时的助力过程

2. 线控转向(SBW)系统的工作原理

线控转向系统主要由前轮转向模块、SBW控制器(ECU)、转向盘模块三个主要部分,以及自动防故障系统、电源等辅助系统组成,如图2-2-11所示。

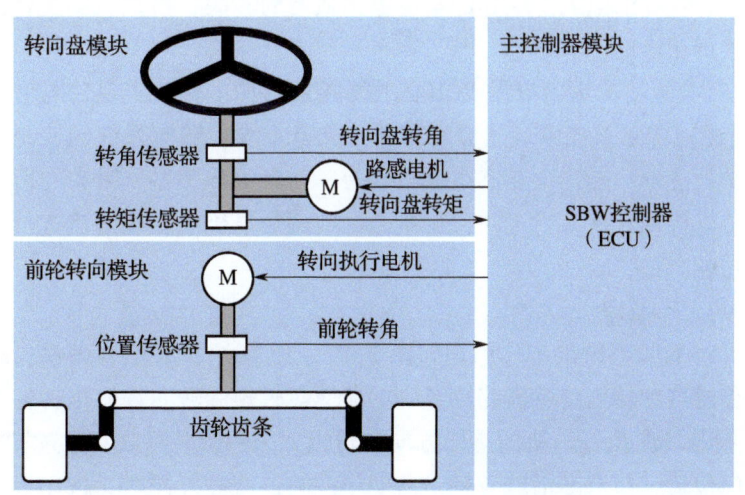

图2-2-11 线控转向(SBW)系统结构

(1) 前轮转向模块

前轮转向模块包括前轮位置传感器、转向执行电机、前轮转向组件等。它的功能是将测得的前轮转角信号反馈给主控制器，并接受主控制器的命令，控制转向执行电机完成所要求的前轮转角，人工驾驶模式时，实现驾驶员的转向意图。

（2）主控制器模块

主控制器模块对采集的信号进行分析处理，判别汽车的运动状态，向转向盘路感电机发送命令，控制两个电机协调工作。人工驾驶模式时，主控制器还可以对驾驶员的操作指令进行识别，判定在当前状态下驾驶员的转向操作是否合理。当汽车处于非稳定状态或驾驶员发出错误指令时，前轮线控转向系统将自动进行稳定控制或将驾驶员错误的转向操作屏蔽，以合理的方式自动驾驶车辆，使汽车尽快恢复到稳定状态。

（3）转向盘模块

转向盘模块包括转向盘组件、转向盘转角传感器、转矩传感器、转向盘路感电机。人工驾驶模式时，其主要功能是将驾驶员的转向意图（通过测量转向盘转角）转换成数字信号，并传递给主控制器，同时主控制器向转向盘路感电机发送控制信号，产生转向盘的反馈力矩，以提供给驾驶员相应的路感信息。

（4）其他装置

自动防故障系统是线控转向系统的重要模块，它包括一系列的监控和实施算法，针对不同的故障形式和故障等级做出相应的处理，以求最大限度保持汽车的正常行驶。线控转向技术采用严密的故障检测和处理逻辑，以最大限度提高汽车的安全性能。电源系统承担着控制器、两个执行电机以及其他车用电器的供电任务，其中仅前轮转角执行电机的最大功率就有 500~800W，加上汽车上的其他电子设备，电源的负担已经相当沉重。所以要保证电网在大负荷下稳定工作，电源的性能就显得十分重要。

总结起来，线控转向系统关键部件的功用如下：

1）转矩传感器的功用是测量驾驶员作用在转向盘上的力矩（转矩）大小和方向。

2）转角传感器的功用是测量驾驶员作用在转向盘的转角大小和方向。

3）路感电机的功用是根据 ECU 的指令输出适当的转矩，模拟、产生转向盘的反馈力矩，以提供驾驶员相应的路感信息。

4）转向执行电机的功用是根据 ECU 的指令控制转向电机，实现转向轮的转向。

5）ECU 是线控转向系统中最关键的部分，决定着线控转向系统的控制效果，包括输入处理电路、微处理器、输出电路和电源电路等。对各类传感器所采集的信号进行分析处理，然后向路感电机和转向执行电机发出指令，对两个电机电压或电流进行实时控制，以实现线控转向功能。

（5）SBW 的工作原理

线控转向（SBW）系统的工作原理如图 2-2-12 所示，人工驾驶模式时，当转向盘转动时，转矩传感器和转角传感器将测量到的转向盘转矩和转向盘转角转变成电信号输入到 ECU，ECU 控制转向执行电机的旋转方向、转矩大小和旋转角度，通过机械转向装置控制转向轮的转向位置，使汽车沿着驾驶员所期望的轨迹行驶。同时，汽车行驶的转速、转角等信息，通过位置传感器转换成电信号反馈给 ECU，进而驱动路感电机，反馈给驾驶员一定的转向盘力矩，来模拟路感。

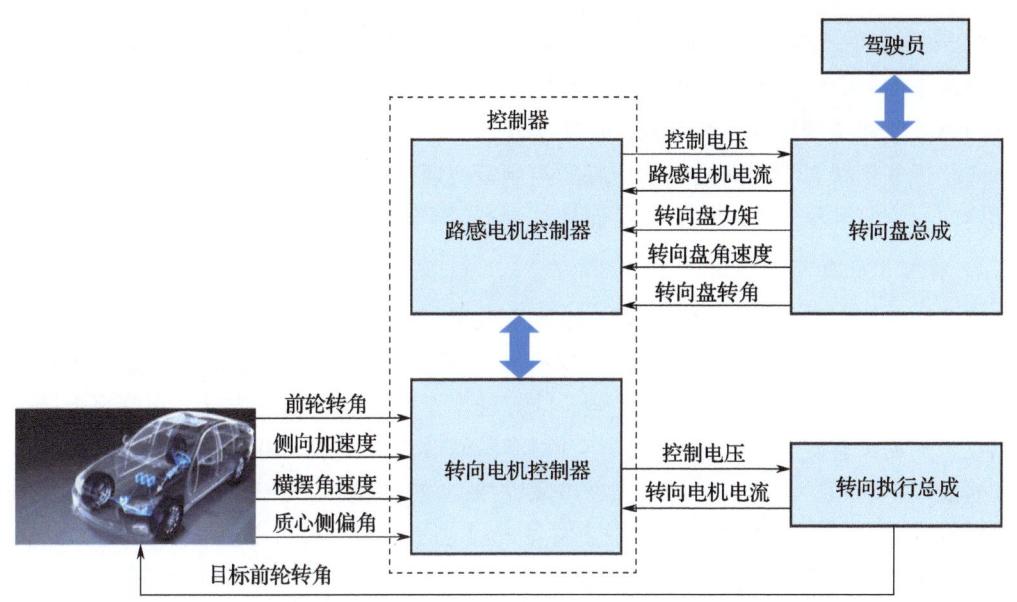

图2-2-12 线控转向（SBW）系统的工作原理

当选用自动驾驶模式时，驾驶员转动转向盘的人工驾驶操作，将变为计算平台向VCU发送转向意图的自动驾驶操作，即计算平台根据接收的环境感知传感器的信号、预置的行驶轨迹等，判断汽车的行驶方向，通过CAN总线发送给VCU，VCU经计算再通过CAN总线发送给线控转向系统ECU，进而控制汽车进行转向。

（二）线控转向系统的特点

线控转向系统与传统转向系统的最大差别在于，转向机与转向器之间没有了转向管柱，由控制器、信号线与传感器配合通过电信号的形式控制车轮的转向操作，理论上对汽车线控转向系统角度和力传递特性的设计比传统转向系统少更多约束，所以能够实现传统转向系统所不具备的功能。线控转向系统性能特点主要有以下四点。

1. 优化转向特性

线控转向系统没有了传统转向系统机械结构的限制，通过设计控制策略使转向传动比可以随车速和随转向盘转角变化，转向特性保持恒定。当车辆纵向速度较低或大幅度转动转向盘时，通过减小转向传动比可更容易实现转向操作；当车辆纵向速度较高且大幅度转动转向盘时，通过增大转向传动比以使转向操作更不易实现，真正做到"低速轻便，高速稳定"。其次，在传统的"人—车—路"闭环系统中，为了缓解驾驶员负担，用控制器来实现驾驶员对车辆的操控，汽车转向系统车轮转角的响应速度和准确性可以大大提升。

2. 改善路感

汽车在行驶过程中，将整车的运动状态、轮胎形变情况及路面信息，从路面通过转向系统传递给驾驶员的转向阻力感受，被称为"路感"。"路感"信息一般根据当前整车和轮胎状态信息，通过传感器测量齿条力矩、参数拟合、车辆动力学模型估算等方法，估计出反馈力矩，由路感模拟控制器对路感模拟电机进行控制并传递给驾驶员。由于转向机与转向器之间没有了转向管柱，因此可以过滤掉路面干扰信息，减轻驾驶员负担。

3. 提高汽车主动安全性及操纵稳定性

当汽车在转向行驶遇到外部干扰及路况突变时，容易出现失稳现象，线控转向系统传感器检测系统相关参数并反馈给执行控制控制器，对车辆运动状态进行判别是否处于非稳状态或临近非稳状态，根据已经设计好的控制策略通过转向电机对车轮叠加转角，使汽车主动转向并恢复到稳定行驶状态，从而提高汽车的主动安全性及稳定性。

4. 有利于底盘集成控制

由于线控转向系统的转向机到转向器之间没有了转向管柱，驾驶室内腿部空间大大增加，使得乘员乘坐更加舒适。同时，较少的机械部件可减小发生碰撞时对驾乘人员造成的危险系数，有利于提升车辆的被动安全。线控转向系统采用模块化设计，提高系统硬件的通用性，只需配置好软硬件间的接口，针对车型修改软件参数，可大大降低车型的研发时间和研发成本。随着汽车电子化的发展愈发成熟，线控制动、线控节气门、线控悬架等底盘线控技术越来越多的实现量产，并且大多采用电控技术，底盘电控系统的大规模应用，使底盘集成控制成为可能。

（三）线控转向系统的典型应用

线控转向系统是20世纪70年代美国航空航天局为控制高空、高速飞行器而开发的智能操纵技术，因其具有敏捷、安全特点，目前该项技术已经是航空航天器的主流操纵技术。而英菲尼迪历经多年研发的DAS线控主动转向则是首个适用于量产汽车（英菲尼迪Q50，图2-2-13）的数字电传操纵技术成果。英菲尼迪Q50车系上的线控转向技术，是在传统转向系统（由转向盘、转向管柱、转向机组成）基础之上，增加了三组ECU电子控制单元、转向盘后的转向路感反馈器、以及断开与接通转向管柱的离合器组成。即使是出现故障，转向管柱中的离合器会立刻连接，这时就能像开传统汽车一样，利用机械式连接继续操纵转向盘。

百度Apollo样车、英伟达BB8等均以混动版林肯MKZ量产车为载体加装智能设备，如图2-2-14所示，其线控转向系统转向方式采用的是电动助力转向系统（EPS），通过CAN总线协议通信在线控制，从而实现对转向系统的实时控制。

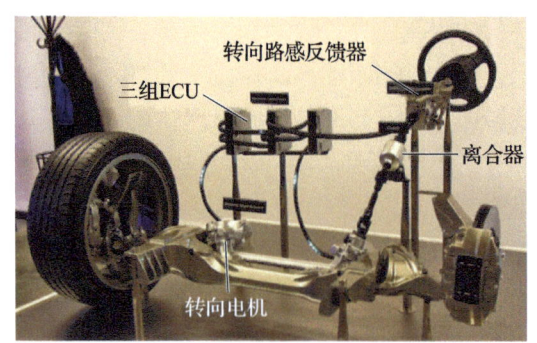

图2-2-13 英菲尼迪Q50的线控转向系统　　图2-2-14 加装智能设备的百度Apollo样车
（混动版林肯MKZ量产车为载体）

长安汽车公司以长安CX30为平台，将传统的液压转向系统改装为线控转向（SBW）系统，是国内第一辆装备SBW系统并进行了场地试验的乘用车。系统采用了自主开发的转向盘模块、转向执行模块以及 SBW 控制器，实现了转向盘与转向车轮间距转矩与位置的耦合控制，具有可变的转向系统角传动比和力传动比特性，这些特性可以根据驾驶员的不同需求，通过软件进行在线调整。

视频 9
线控转向系统的工作原理

（四）线控转向系统的性能测试

自动驾驶转向控制系统进行测试，目的就是通过转向操纵系统的控制使车辆能跟随目标路径运动。自动驾驶路径跟随系统如图 2-2-15 所示，其中感知系统获取实时道路环境及车辆自身状态信息，向决策系统提供未来的信息输入，操纵系统再根据决策出的转向盘转角，实现车辆路径跟随过程中的自动转向，感知系统、决策系统、操纵系统三部分构成了虚拟的驾驶员模型。

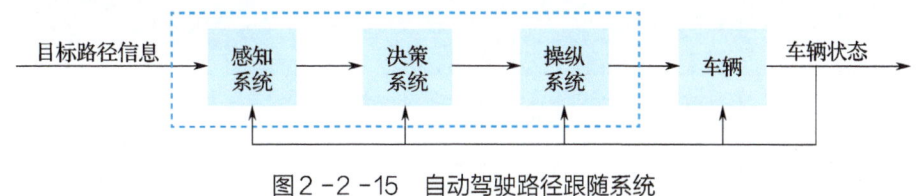

图 2-2-15 自动驾驶路径跟随系统

1. 线控转向控制系统总体要求

转向系统是一个一级安全系统，对于驾驶员的操控不允许有任何错误的执行，同时在行驶过程中转向系统也要给驾驶员一个正确的信息反馈。在电控转向系统中，增加了转向执行电机，来提供转向的动力源，驱动转向轮按照驾驶员意图运动，使驾驶员可以轻松完成转向动作；相应地，作为控制依据，在转向系统中还需要增加各种传感器，在转向盘模块中，增加了转向盘转角传感器、转矩传感器，用于检测转向盘的转角和转矩。

2. 原地快速转向性能测试

原地快速转向性能测试，主要是为了考察线控转向系统完成原地转向的灵敏度和精确度，为了测试线控转向系统在需要急速转动转向盘的时候，所需的转向盘转角和力矩大小；同时也考察线控转向系统在自动泊车时，转向盘转角的吻合度和轻便性。

3. 稳态转向特性测试

汽车的稳态转向特性分为三种类型：不足转向、中性转向和过度转向。操纵稳定性良好的汽车应具有适度的不足转向特性。一般汽车不应具有过度转向特性，也不应具有中性转向特性，因为中性转向汽车在使用条件变动时，有可能转变为过度转向特性。

常用固定转向盘转角连续加速法、固定转弯半径法来进行稳态转向特性测试。

4. 转向盘转角阶跃性能测试

转向盘转角阶跃性能测试是为了检测转向系统瞬间响应特性。应依据《汽车操纵稳定性试验方法》（GB/T 6323—2014）进行转向瞬态响应试验（转向盘转角阶跃输入）。

转向盘转角阶跃输入试验也称为瞬态横摆响应试验，主要用来测定汽车对转向盘转角输入时的瞬态响应，汽车在转向盘转角阶跃输入下，将从一个稳态过渡到另一个稳态，两个稳态之间的响应称之为汽车的瞬态响应。汽车开始以一定的车速直线行驶，一段时间后突然以最快的速度转动转向盘至预先设定的转角，并保持转向盘转角不变、节气门开度不变使汽车进入圆周运动。记录汽车的车速、时间、转向盘转角、横摆角速度和侧向加速度等参数。通常以横摆角速度响应来评价汽车的特性。

阶跃响应试验是在不同的转角速度（0、10、50、100、200）、不同的转向盘转角阶跃输入，测量其阶跃响应特性包括超调量、稳定时间及稳态误差。需要说明的是这里的"转角速度"（转速）是 0~250 的无量纲数值，并不精确代表转角速度。相关定义如下：

1）超调量：响应曲线的最大峰值与稳态值的差。
2）稳定时间：从输入信号阶跃变化起，到系统达到稳定数值所需的时间。
3）稳态误差：系统进入稳态后，实际值与期望值之差。

某车型的阶跃响应测试结果见表 2-2-1 ~ 表 2-2-3。

表 2-2-1 阶跃响应稳态误差 （单位：°）

ω/(r/min)	θ/(°)											
	30	-30	90	-90	180	-180	270	-270	360	-360	540	-540
10	5	-7	3.5	-10	4	-5	4	-3.5	7	-8	-3.5	-10.5
50	6	-6	3	-5	4	-4	3.5	-4	2.5	-4	-3.5	-8
100	2	-3	2	-3	2	-3	3	-3	0.5	-1.5	-3	-13
200	1	-2	2	-2	2	-3	3.5	0	5	-4.5	-3.5	-9.5

注：转角 θ 单位为°；转速 ω 不表示绝对大小。

表 2-2-2 阶跃响应超调量 （单位：%）

ω/(r/min)	θ/(°)											
	30	-30	90	-90	180	-180	270	-270	360	-360	540	-540
10	24	23	19.8	16.3	10.8	6.86	6.39	7.89	6.76	5.93	4.71	0.95
50	25	23	18.4	15.3	10.8	9.09	4.14	4.89	5.35	6.18	3.18	1.13
100	25	24	15.9	16.1	8.99	8.43	6.37	4.87	4.76	3.64	2.61	0
200	24	23	9.09	10.2	3.37	5.62	4.48	4.10	3.35	2.78	2.42	0

注：转角 θ 单位为°；转速 ω 不表示绝对大小。

表 2-2-3 阶跃响应稳定时间 （单位：ms）

ω/(r/min)	θ/(°)											
	30	-30	90	-90	180	-180	270	-270	360	-360	540	-540
10	546	437	655	655	874	874	874	874	1092	873	1420	1310
50	546	546	764	764	873	873	983	982	1092	983	1420	1201
100	655	655	765	655	874	983	983	983	1201	1202	1529	1201
200	764	874	874	873	983	998	1310	1201	1201	1310	1638	1310

注：转角 θ 单位为°；转速 ω 不表示绝对大小。

由试验数据分析可得：

1）转向系统原地转向稳态误差范围为 -13°~6°。
2）转向系统原地转向超调量范围为 0%~25%，大转角、大转速时，超调量相对较小。
3）转向系统原地转向稳定时间范围为 437~1638ms，其在大转角下稳定时间相对较长。

素养园地

"德"——培养职业道德和职业素养

汽车转向系统的性能直接影响汽车的操纵稳定性和行车安全,是实现高级自动驾驶的关键因素之一。因为驾驶员疲劳驾驶、转向不稳等问题造成的交通事故层出不穷,因此,提高汽车转向系统的性能对于改善驾驶员的工作条件起着重要作用。在智能网联汽车线控转向技术的研究和发展中,在保证汽车运动跟随驾驶员意图的同时,保证汽车动力学稳定性是最重要的,只有在行驶时操纵稳定性能得以保证,减小转向系统的操纵负担,才能有效避免出现疲劳驾驶和注意力不集中的问题,保障驾驶员的生命财产安全,减少不必要的交通事故。这也对同学们未来从业提出了更高的要求,需要严谨细致地去设计、测试、装调产品,不断提升职业素养、提升职业道德水平,更好地适应未来各种工作岗位的需求。

三、任务实施

(一)任务实施的要求

视频 10
线控转向系统的
性能试验

1. 任务实施的目的

1)掌握线控转向系统的通信原理。
2)能够将调试数据解析成 CAN 报文并完成 EPS 调试。
3)能够根据当前 EPS – ECU 反馈的信息,计算出 EPS – ECU 向 VCU 发送的 CAN 报文。

2. 实训仪器和设备

智能网联汽车底盘线控实训平台、CAN 总线分析仪、调试电脑等。

(二)任务实施的步骤

1. 准备工作

1)任务内容:在组织教学的过程中,让学生学会分析报文含义的方法;线控转向系统的通信主要存在于 VCU 与 EPS – ECU 之间,包括 VCU 向 EPS – ECU 发送的转向指令,以及 EPS – ECU 向 VCU 发送的转向角度、电机电流及 ECU 温度等反馈信息。VCU 与 EPS – ECU 之间的通信波特率为 500kbit/s,报文采用摩托罗拉(Motorola)格式,帧格式为标准帧。

2)组织方式:学生 5~6 人为一个任务小组,每组选出 1 名组长,以小组为单位,以此进行技能实训,每组组长根据小组成员任务分工的不同,确定不同任务的责任人,保证每位同学都能够参与实践操作。

3)实操准备:注意人身及设备安全,按照进入实践区域需穿戴劳保防护用品的要求,严格组织学生按照实训区安全作业规程进行实操。

2. 指导步骤

步骤一:分析 VCU 向 EPS – ECU 发送 CAN 报文协议。

VCU 向 EPS – ECU 发送 CAN 报文协议见表 2 – 2 – 4,报文 ID 为 0x314,报文周期为 100ms,报文长度为 8 字节(一般 CAN 报文中的数据段为 8 字节)。

表 2-2-4　VCU 向 EPS-ECU 发送 CAN 报文协议（ID：0x314，周期：100ms）

字节		定义	格式
Byte0	bit0	1—工作 0—停止	bit0 = 1，ECU 进入工作模式 bit0 = 0，ECU 进入停止模式
	bit1	预留	bit1 = 0（默认）
	bit2	1—设置当前位置为中位 0—该命令失效	bit2 = 1，ECU 标定当前位置为角度中点，即 0°（bit2 生效的前提是 bit0 = 0，即 Byte0 = 0x04；当 bit2 = 0 时，该命令失效）
	bit3	预留	bit3 = 0（默认）
	bit4 ~ bit7	预留	bit4 ~ bit7 = 0（默认）
Byte1	低字节	设置转向盘旋转的角度	转向盘旋转到当前数值对应的角度（转向盘旋转角度的范围为 -720° ~ +720°），逆时针旋转为正，顺时针旋转为负，0° 对应中点位置
Byte2	高字节		
Byte3 ~ Byte7		预留	默认均为 0x00

步骤二：分析 EPS-ECU 向 VCU 发送 CAN 报文协议。

EPS-ECU 向 VCU 发送 CAN 报文协议见表 2-2-5，报文 ID 为 0x18F，报文周期为 100ms，报文长度为 8 字节。

表 2-2-5　EPS-ECU 向 VCU 发送 CAN 报文协议（ID：0x18F，周期：100ms）

字节		定义	格式
Byte0	bit0	1—工作 0—停止	bit0 = 1，ECU 当前为工作模式 bit0 = 0，ECU 当前为停止模式
	bit1	驱动部分状态	bit1 = 1，ECU 驱动部分烧毁 bit1 = 0，ECU 驱动部分正常
	bit2	故障检测状态	bit2 = 1，ECU 检测到故障 bit2 = 0，ECU 未检测到故障
	bit3	ECU 温度状态	bit3 = 1，ECU 检测到 ECU 温度过高（≥90℃） bit3 = 0，ECU 未检测到 ECU 温度过高
	bit4 ~ bit7	预留	0x00（默认）
Byte1	低字节	设置转向盘旋转的角度	转向盘旋转到当前数值对应的角度（-720° ~ +720°），逆时针旋转为正，顺时针旋转为负，0° 为对应中点位置，偏移量为 0
Byte2	高字节		
Byte3	低字节	EPS 电机电流	有效范围为 -60 ~ +60A，偏移量为 0，精度为 0.001A，逆时针旋转为正，顺时针旋转为负
Byte4	高字节		
Byte5		预留	0x00（默认）
Byte6		EPS-ECU 温度	0 到 120℃，偏移量为 0，精度为 1℃
Byte7		预留	0x00（默认）

视频 11
线控转向系统的
装调测试

任务工单 3　智能网联汽车线控转向系统调试

任务名称		智能网联汽车线控转向系统调试		
"1＋X"智能网联汽车测试装调职业等级证书				
小组成员：			班级：	
自评：□合格　　□不合格			师评：□合格　　□不合格	
日期：			日期：	
一、实训信息记录				
实训设备			实训场所	
工具准备			资料准备	
二、VCU 向 EPS－ECU 发送 CAN 报文计算				
步骤一		线控系统测试，设置当前位置为转向系统中点		
报文				
步骤二		线控系统测试，转向盘逆时针旋转 160°		
报文				
步骤三		线控系统测试，转向盘顺时针旋转 160°		
报文				
三、EPS－ECU 向 VCU 发送 CAN 报文计算				
反馈报文	CAN□	CAN1	传输方向	接收
	时间标识	14:23:21	帧 ID	0x18F
	帧格式	数据帧	帧类型	标准帧
	数据长度	8	数据 HEX	010CFE8819001E00
报文分析	Byte0	0x01		
	Byte1	0x0CFE		
	Byte2			
	Byte3	0x8819		
	Byte4			
	Byte5	0x00		
	Byte6	0x1E		
	Byte7	0x00		
四、现场整理与评价				

序号	项目及评价标准	占比分数	实际得分
1	小组成员是否明确任务	10	
2	知识准备是否充分	20	
3	小组工作流程是否完整规范	30	
4	实训工单是否认真填写	15	
5	设备归位及场地整理得分	10	
6	小组合作得分	15	
总分			

四、任务小结

1）电动助力转向系统（EPS）由传感器（转角转矩传感器、车速传感器）、控制器（EPS）、执行器（EPS 电机）以及相关机械部件组成。

2）线控转向系统主要由前轮转向模块、SBW 控制器（ECU）、转向盘模块三个主要部分，以及自动防故障系统、电源等辅助系统组成。

3）线控转向系统包括人工驾驶模式和自动驾驶模式。

4）线控转向系统性能特点主要是优化转向特性、改善路感、提高汽车主动安全性及操纵稳定性、有利于底盘集成控制。

5）自动驾驶转向控制系统进行测试，目的就是通过转向操纵系统的控制使车辆能跟随目标路径运动，感知系统、决策系统、操纵系统三部分构成了虚拟的驾驶员模型。

6）线控转向系统的通信主要存在于 VCU 与 EPS-ECU 之间，包括 VCU 向 EPS-ECU 发送的转向指令以及 EPS-ECU 向 VCU 发送的转向角度、电机电流及 ECU 温度等反馈信息。

7）VCU 与 EPS-ECU 之间的通信波特率为 500kbit/s，报文采用摩托罗拉（Motorola）格式，帧格式为标准帧。

任务 3　智能网联汽车线控转向系统典型故障诊断检修

一、任务导入

一辆智能网联汽车，自动驾驶功能不能起作用，智能仪表提示转向系统有故障，因此需要返厂维修。小明是该企业维修岗位的检测工程师，需要对该转向系统进行测试和维修。如果你是小明，你会如何处理这个故障呢，你的思路和步骤是什么？带着这样的问题，我们一起进入今天的学习任务。

二、新知讲解

（一）典型车型线控转向系统的工作原理

1. 典型车型线控转向系统的结构组成

本任务采用北京中汽恒泰教育科技有限公司设计的线控转向系统台架设备，该智能网联车辆上采用的为完全线控转向系统，其主要由转角传感器、转向机构、线控转向系统控制单元（ECU）等组成。

（1）转角传感器

转向系统的转角传感器通常采用非接触型感应位置传感器 CIPOS（Contactless Inductive Position Sensor），即霍尔效应传感器，如图 2-3-1 所示为其结构组成。

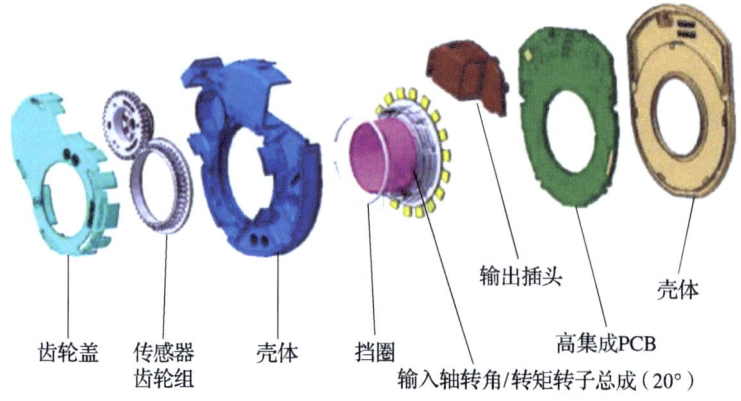

图2-3-1 霍尔效应传感器

1）安装位置。转角传感器是汽车动力学稳定性控制系统的重要组成部分，其精度和稳定性直接关系着行车安全。

转角传感器用来测量转向机的转动角度、转向角速度以及转向（左、右）参数，提供给线控转向系统 ECU 及智能网联汽车轨迹规划系统，以此进行输入控制以及车身姿态的监测，如图2-3-2所示为其安装在转向驱动机构内部的位置示意图。

2）工作原理。如图2-3-3所示，当转子转动时，就改变了励磁绕组与接收绕组之间的磁场强度，从而改变接收绕组输出的电压高低，这个输出电压随转子位置（磁场强度）而变化。

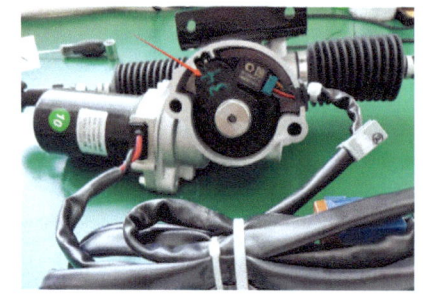

图2-3-2 转角传感器安装位置示意图

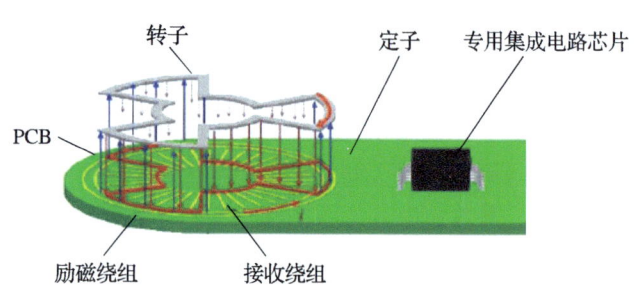

图2-3-3 转角传感器工作原理示意图

3）工作过程。如图2-3-4所示，在 PCB 上安装有1个励磁绕组和3个接收绕组，3个接收绕组的角度差值为量程的1/3（即20°），这些绕组与专用集成电路（ASIC）芯片相连接。励磁绕组是 LC 振荡器的一部分，并产生一个同心磁场，这个磁场在转子中产生电流。

整个图解过程为60°的一个变化过程。励磁绕组中电流产生的电磁场在转子中产生感应电流。第一次感应耦合与角位置无关，其作用仅是通过感应耦合将能量传递给转子。传感器的相关信息是通过转子与接受绕组之间的第二次感应耦合来实现的，这次感应与转子相对于定子的相对位置有关，即接收机绕组中的感应电压水平对应于转子的位置。在第二次感应中，定子上的电压幅值随相对位置而变化，ASIC 芯片接收绕组的电压信号进行整流、放大，并成对地将其按比例输出至 ECU，ECU 计算出当前转向机转动的转角、方向以及速度。

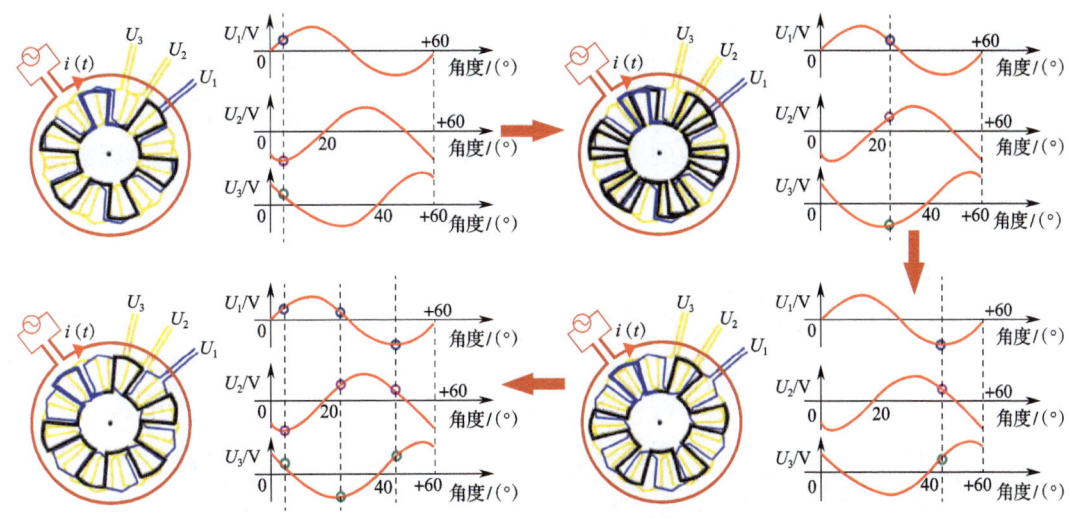

图 2-3-4 传感器感应耦合原理

4）线路结构。转角传感器由 20°信号盘（18 齿）、励磁绕组（PCB 印刷）、3 组接收绕组（PCB 印刷）、ASIC 芯片组成，如图 2-3-5 所示。当驱动电机驱动转向机传动机构运转时，输出轴信号盘随转向轴转动，从而改变励磁绕组与感应绕组之间的磁场强度，使接收绕组输出相应的信号电压，通过 ASIC 芯片处理，输出 PWM-P 信号。同时，绕组测量齿轮组跟随旋转，从而输出 PWM-S 信号。控制单元根据这两组信号计算当前转向机转动的转角、方向以及速度，其转角测量范围为 ±740°（1480°）。

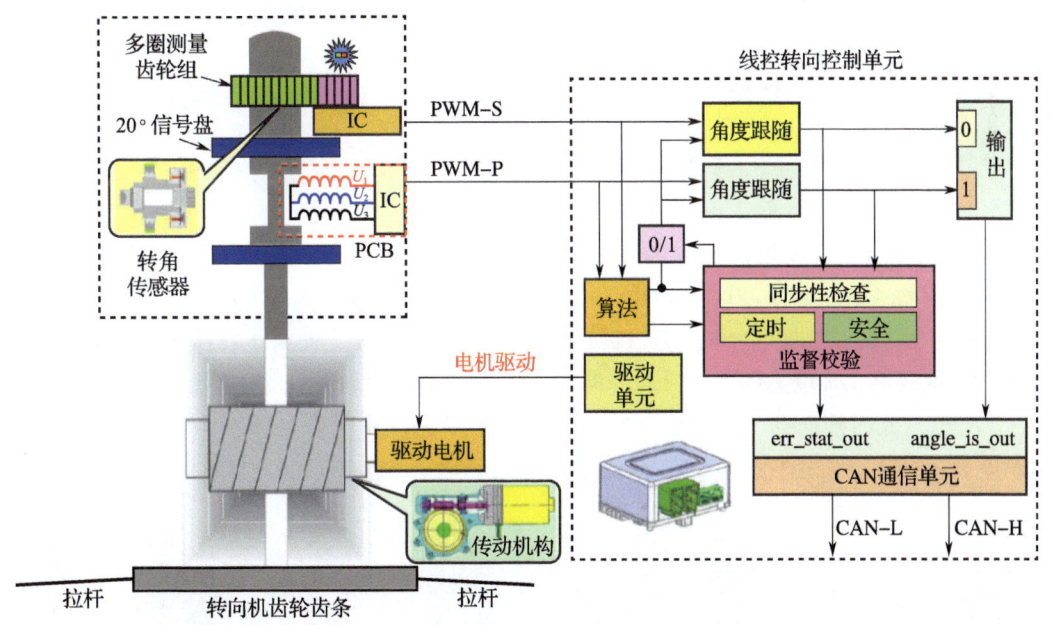

图 2-3-5 转角传感器线路结构

图 2-3-6 所示为转角传感器输出的两组信号波形，其中 PWM-S 信号占空比为 12.5%～87.5%，代表 0°～296°，高电平有效；PWM-P 信号占空比 12.5%～87.5%，代表 0°～40°，低电平有效。ASIC 芯片就是根据这两个信号的组合确定转向机的转角、方向和速度。

（2）转向机构

转向机构主要由转向电机、减速机构、转向机和传感器四个主要部分组成。

1）转向电机。线控转向系统的动力源来自永磁式直流电机，如图2-3-7所示，其功能是根据ECU的指令产生相应的输出转矩。电机是影响转向系统性能的主要因素之一，要求低速转矩大、波动小、惯量小、尺寸小、质量轻、可靠性高、控制性能好，并且正反转可控。

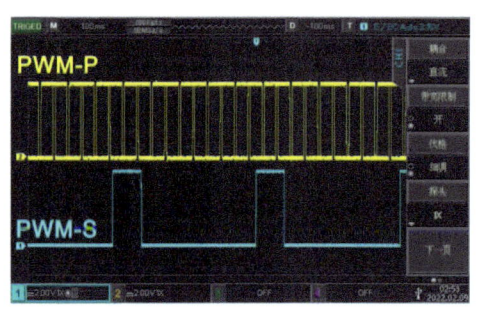

图2-3-6 转角传感器输出的两组信号波形

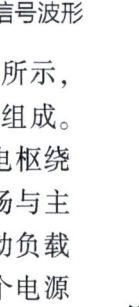

图2-3-7 转向电机

①结构组成。其结构如图2-3-8所示，主要由磁极、电刷、转子（带换向器）组成。直流电源的电能通过电刷和换向器进入电枢绕组，产生电枢电流，电枢电流产生的磁场与主磁场相互作用产生电磁转矩，使电机带动负载旋转。电机在控制时，改变电机上的两个电源线方向（+、-），电机的转动方向将改变，随之，车辆的转动方向也发生改变。

②工作原理。图2-3-9所示为电机工作过程。由左手定则可知图2-3-9a中ab受力向上，cd受力向下，在这两个力的作用下，绕组顺时针转动；绕组转了90°，如图2-3-9b所示，此时换向器与电刷没有接触，绕组不受力，由于惯性绕组继续转动；绕组转过90°后，如图2-3-9c所示，换向器换向，绕组上电流发生变化，ab受力向下，cd受力向上，绕组顺时针继续转动；绕组转了270°，如图2-3-9d所示，此时换向器又没与电刷接触，绕组不受力。由于惯性绕组继续转动，使电流不断地通入绕组，绕组便按一定方向继续不停地转动。

图2-3-8 电机结构组成示意图

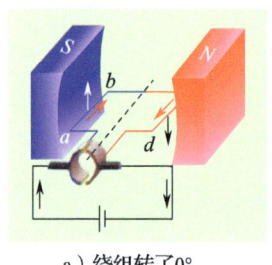
a）绕组转了0°

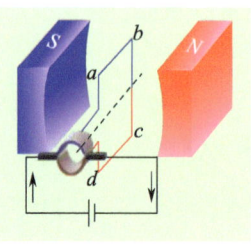
b）绕组转了90°

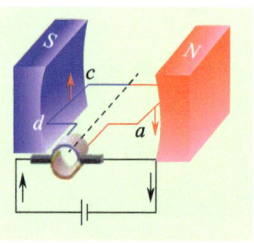
c）绕组转了180°

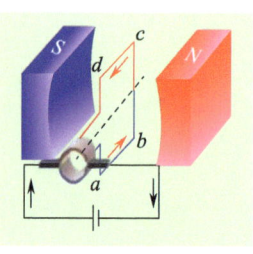
d）绕组转了270°

图2-3-9 电机工作过程

③控制逻辑。图2-3-10所示为控制直流电机正反转的控制线路,其中a_1、a_2为触发信号端。当a_1端得到输入信号时,晶体管VT_3导通,VT_2得到基极电流而导通,电流经VT_2、电机M、VT_3、搭铁而构成回路,电机正转;当a_2端得到输入信号时,电流经VT_1、M、VT_4、搭铁而构成回路,电机则因电流方向相反而反转。

由此可以看出,只要控制触发信号端电流的大小,就可以控制通过电机电流的大小,也就可以控制电机输出转矩的大小。

④控制线路。图2-3-11为转向电机与线控转向系统的连接电路,从中可以看出,线控转向系统通过双源控制来调整电机的转速和方向。当驱动电流较大时,转向电机转速提高;当驱动电流方向发生变化时,转向电机的旋转方向发生切换。

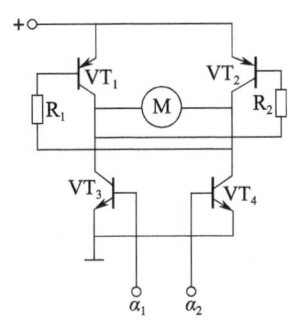

图2-3-10 控制直流电机正反转的控制线路

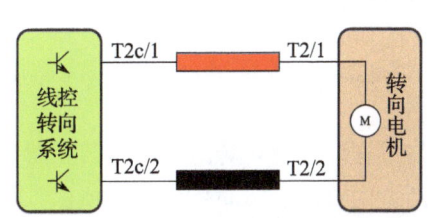

图2-3-11 转向电机与线控转向系统的连接电路

2)减速结构。减速机构是线控转向系统不可缺少的部件。目前使用的减速机构有多种组合方式,一般采用蜗轮蜗杆与转向轴驱动组合式,也有的采用两级行星齿轮与传动齿轮组合式。图2-3-12所示为本平台使用的蜗轮蜗杆与转向轴驱动组合式减速机构。为了降低噪声和提高耐久性,减速机构中的齿轮有的采用特殊齿形,有的采用树脂材料制成。蜗杆的动力来自于线控转向系统的驱动电机,经蜗轮减速增矩后,传送给转向轴,然后再通过拉杆等部件传送给转向轮,以实现车辆自主转向的功能。

3)转向机。以齿轮和齿条作为动力传动元件的转向器称为齿轮齿条式转向器。齿轮齿条式转向结构简单,与其他转向机相比成本低、转向力和路感传递直接,因此,现在乘用车上基本都采用齿轮齿条式转向器(转向机),如图2-3-13所示。

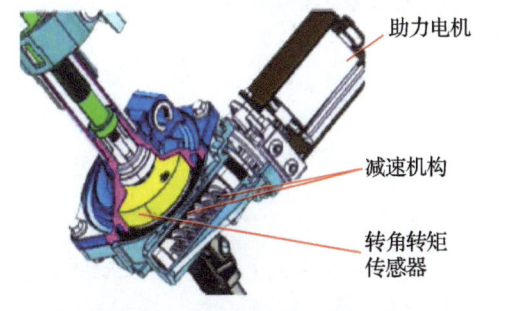

图2-3-12 减速机构

图2-3-13 转向机

①结构组成。图2-3-14所示为齿轮齿条式转向机结构组成示意图,它主要由转向齿轮、转向齿条、转向器壳体等组成,转向齿轮位于转向主轴的下端,与转向齿条啮合。

转向机具有齿轮与齿条之间无间隙啮合的特点，从而保证转向盘在转向极限内无自由间隙存在。

②工作原理。图 2-3-15 所示为齿轮齿条的工作原理示意图。转向盘通过转向管柱传来的转向力矩使转向齿轮转动，驱动与齿轮啮合的齿条向左、向右移动。

图 2-3-14　齿轮齿条式转向机结构组成示意图

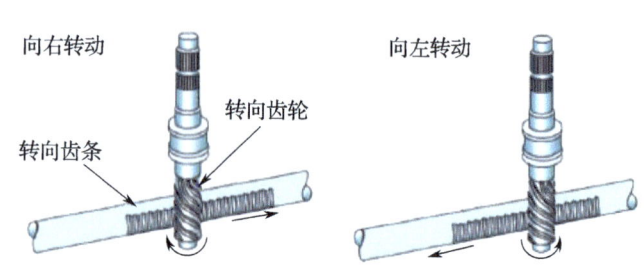

图 2-3-15　齿轮齿条工作原理

③工作过程。当旋转转向盘时，转向器中的小齿轮便转动，带动转向器中的齿条朝转向盘转动的方向移动。转向器齿条的动作，通过转向器齿条端头和转向拉杆端头，传递到转向节臂上，从而使车轮转动，如图 2-3-16 所示。

（3）线控转向系统控制单元（ECU）

线控转向系统控制单元（ECU）的功能是对接收智能网联汽车计算平台发送的转向控制指令以及自身采集的转向盘转角、驱动电机转矩等信号，进行分析处理，判别汽车的运动状态，向转向电机发送控制指令，控制电机的工作，保证各种工况下都具有理想的横向控制响应，自动进行稳定控制，使汽车稳定行驶及转向。

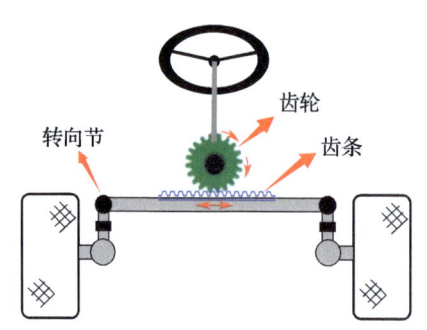

图 2-3-16　转向系统工作过程

图 2-3-17　线控转向系统控制单元

2. 典型车型线控转向系统的工作原理

智能网联汽车利用外部环境感知系统传感器（前、后单线激光雷达、16 线激光雷达、超声波雷达、毫米波雷达、深度摄像头），经智能网联汽车计算平台运算，通过整车控制 VCU，向线控驱动系统发出控制指令，来完成车辆的方向（左转、右转、直行等）控制功能，其系统控制结构如图 2-3-18 所示。

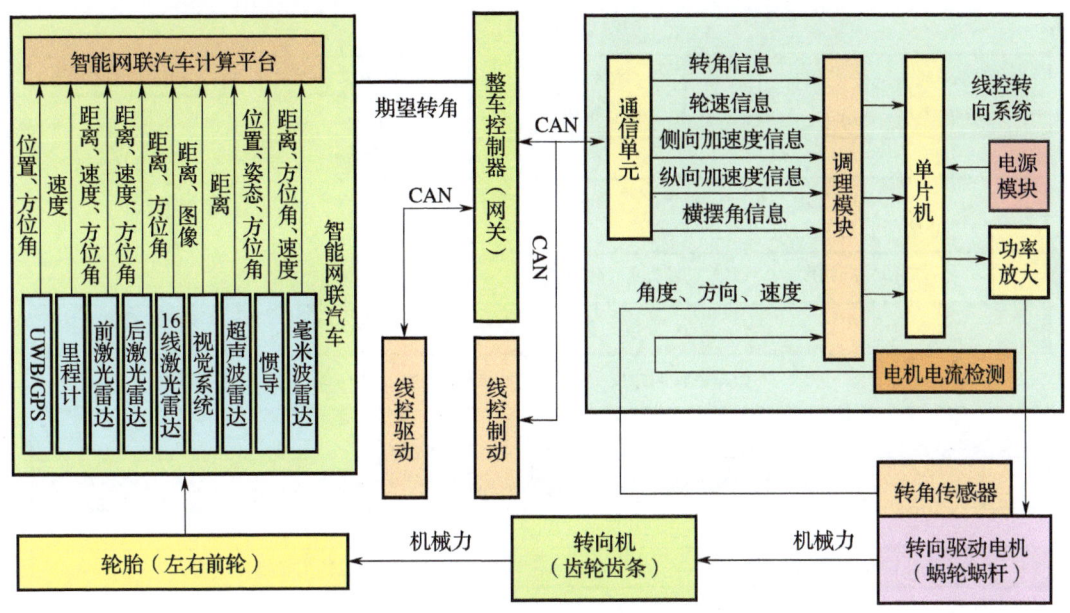

图2-3-18 线控转向系统控制结构

智能网联汽车计算平台通过环境传感器数据来计算车辆转向信息，通过USB转CAN总线发送给线控转向系统，线控转向系统接收到此转角消息并进行解析，如转动方向、转动角度等。

（二）典型车型线控转向系统的控制过程

1. 线控转向系统的控制内容

底盘线控中线控转向系统在工作时分为两种，一种为自动转向控制，另一种为驾驶员干预转向控制。

（1）自动转向控制

图2-3-19所示为台架系统的线控转向自动控制流程，线控转向系统收到智能网联汽车计算平台通过VCU发送的期望转角信息，综合车辆转向盘转角传感器、轮速（车速、速度）传感器、纵向及侧向加速度传感器、横摆角速度传感器等数据，控制转向电机的方向和电流，同时监测转向盘的转动方向、速度和电流等来调整最终的转向角度，保证车辆行驶的安全性、稳定性及舒适性。

（2）驾驶员干预转向控制

图2-3-20所示为台架系统的驾驶员干预转向控制流程，线控转向系统检测到转矩传感器信息，通过车速信息、转向盘转角信息、电机电流信息控制转向机完成转向控制、阻尼控制、回正控制功能，保证车辆行驶的安全性、稳定性及舒适性。

2. 线控转向系统的控制策略

线控转向系统的主要控制策略有转向控制、回正控制、阻尼控制三种。线控转向系统接收到智能网联汽车计算平台通过VCU发送的期望转角信息，综合车辆转向机转角传感器、轮速传感器、纵向及侧向加速度传感器、横摆角传感器等数据，控制转向电机的方向和电流，同时监测转向机的转动方向、速度和电流等来调整车轮最终的转向角度，保证车辆行驶的安全性、稳定性及舒适性。

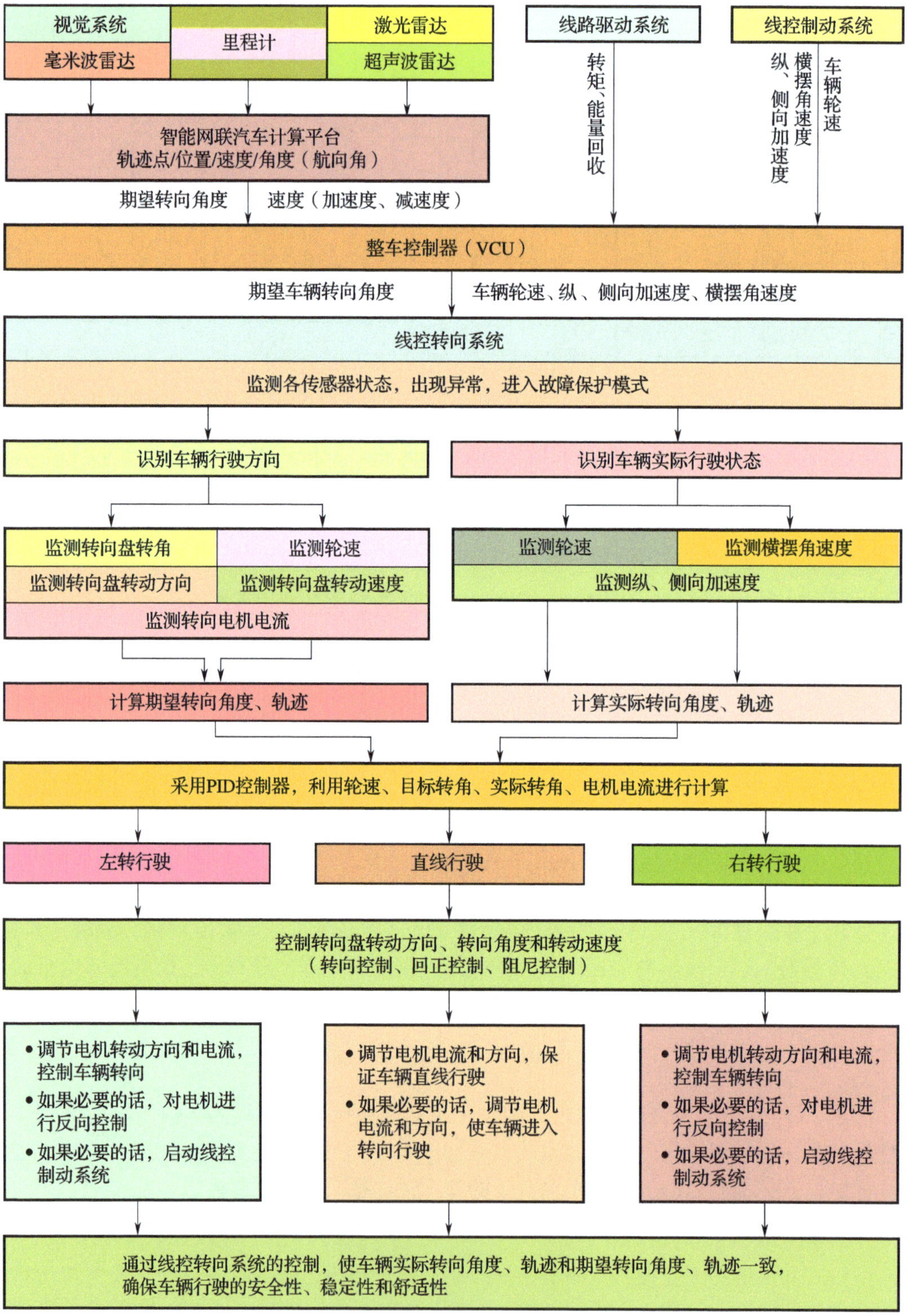

图 2-3-19 线控转向自动控制流程

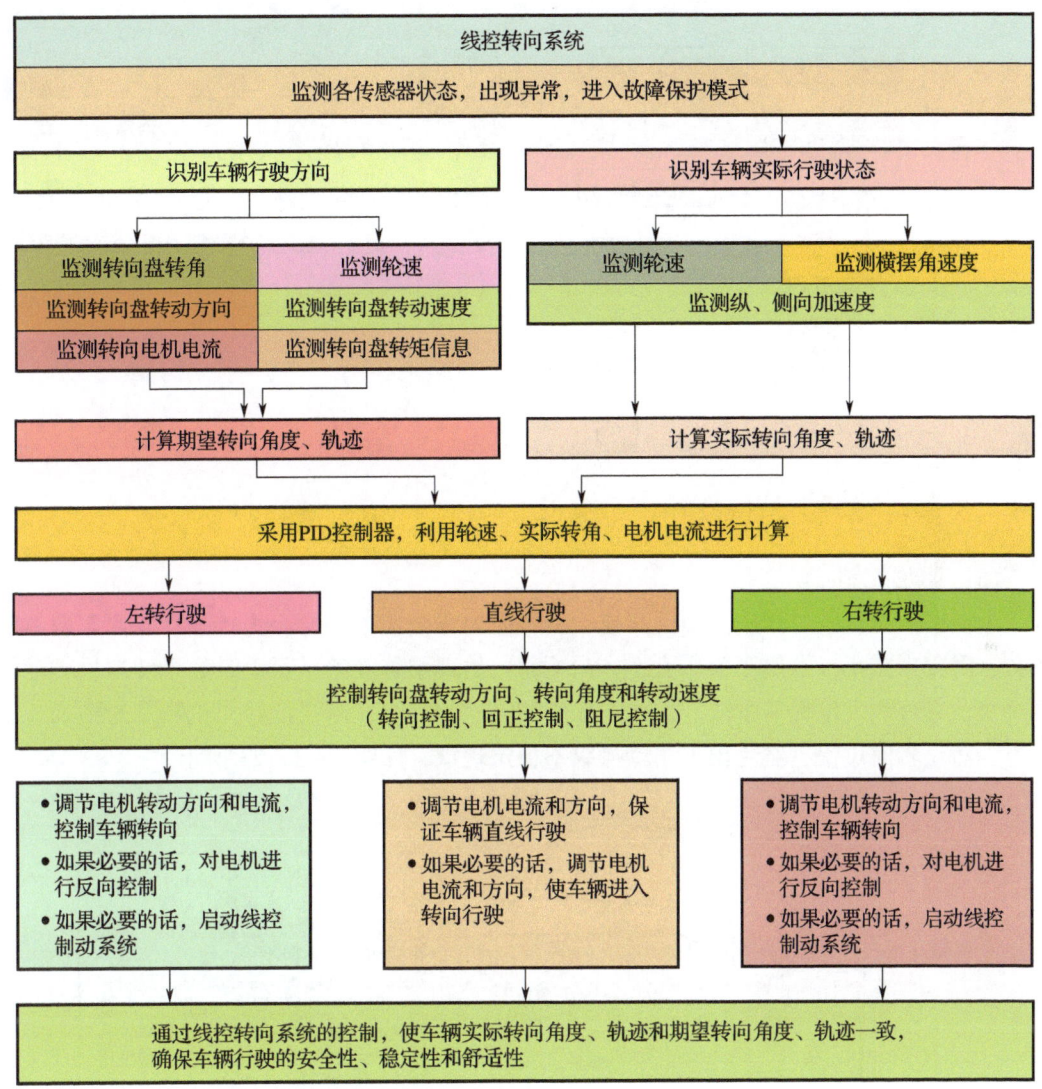

图2-3-20 驾驶员干预转向控制流程

(1) 转向控制

线控转向系统结合期望的转向角度（转角）信息、传感器数据信息、车辆模型约束信息、机械补偿信息等，计算转向电机的驱动电流，控制转向电机运转，克服回正力矩、转向系统摩擦力矩和转向系统阻尼，将作用力矩施加到转向机以及车轮上，使车辆完成左右转向功能，如图2-3-21所示。

(2) 回正控制

车辆在完成左转或右转时，转向盘需要回正，此时转向机以及车轮上的回转力矩主要由转向驱动电机、车辆转向轮定位参数（主销后倾角、主销内倾角、车轮外倾角、前轮前束）、悬架橡胶变形等的回正力矩共同作用，来完成转向盘的回正，如图2-3-22所示。

因此，底盘线控在控制转向机回正的过程中，结合期望转向角度信息、传感器数据信息、车辆模型约束信息、机械补偿信息等，计算转向电机的电流，控制转向电机运转，来控制车辆转向盘回正过程中车轮的转速和转向角度，完成车辆转向盘回正功能。

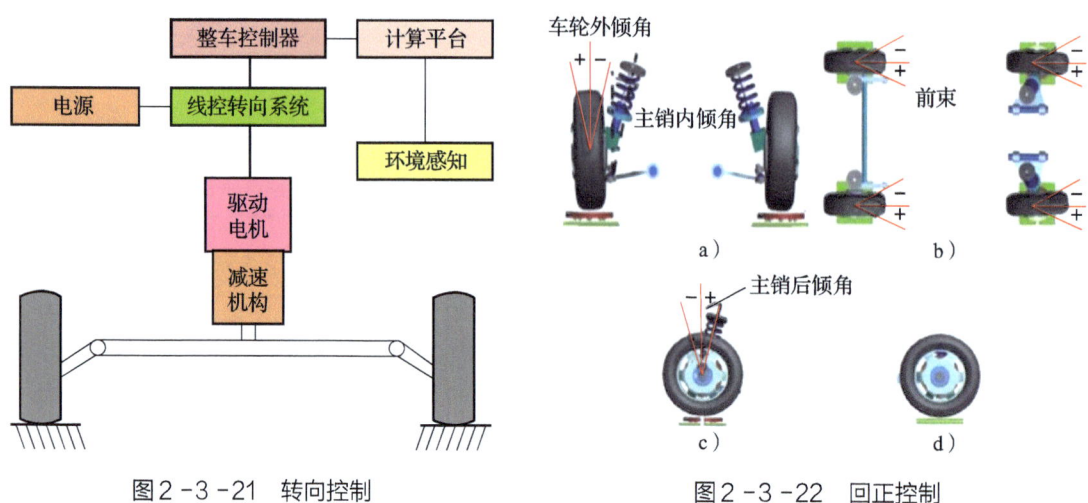

图2-3-21 转向控制　　　　图2-3-22 回正控制

(3) 阻尼控制

车辆在高速行驶过程中，由于车速、空气阻力等造成车辆离心力增加，导致车轮的摩擦力、附着力减小，致使车辆质心、方向不稳，出现漂移现象。而此时如果转向机转动速度过快，有可能发生交通事故。因此，在车辆高速行驶时，需要给转向机和车轮施加一个阻力，防止转向过快，避免出现车辆操纵不稳定现象，如图2-3-23所示。

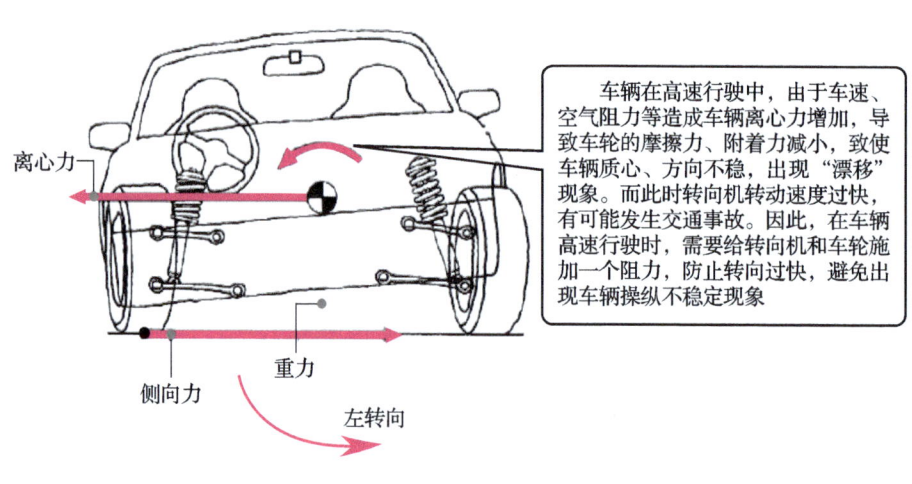

图2-3-23 阻尼控制

在转向过程中，控制系统结合期望的转向角度信息、传感器数据信息、车辆模型约束信息、机械补偿信息等，计算转向电机的电流，控制转向电机运转，控制车辆转向盘的转动速度和角度，完成车辆高速阻尼控制功能。

(三) 典型车型线控转向系统的电路分析

根据台架试验系统，线控转向系统电路原理图如图2-3-24所示，其主要包含电源、CAN通信、转角传感器、转矩传感器和转向电机等电路组成。

项目2　智能网联汽车线控转向系统装调与测试

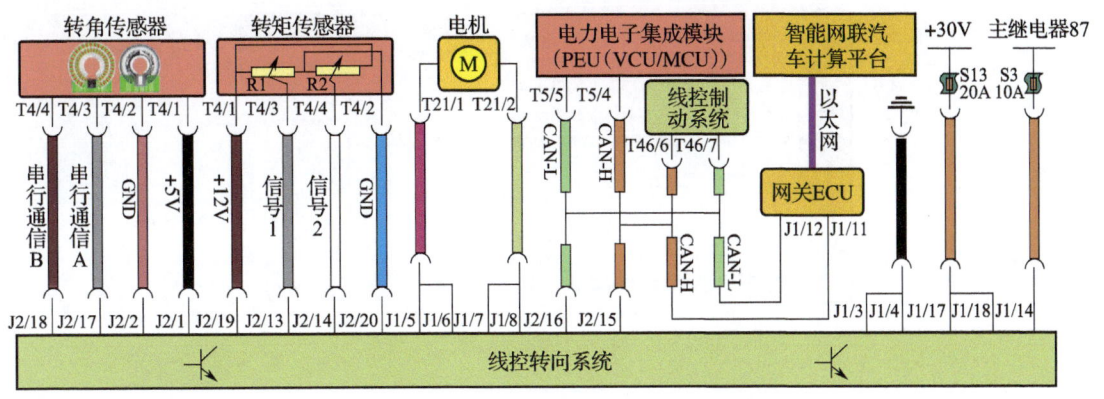

图2-3-24　线控转向系统电路原理图

1. 电源线路

+30V电源为线控转向系统提供工作电源，同时也为模块提供功率电源，此电源保证模块正常工作，即通信、控制器（电机）、传感器电源供给及数据采集。线控转向系统控制模块电源电路主要由接地、常火电源、主继电器电源线路组成，如图2-3-25所示。

2. CAN通信线路

在整车的网络管理中，整车控制器（VCU）是信息控制的中心，负责数据信息的解析和运算、组织与传输、网络状态的监控与管理、信息优先权的动态分配等功能，其通信方式主要为CAN总线，如图2-3-26所示为数据总线系统图。

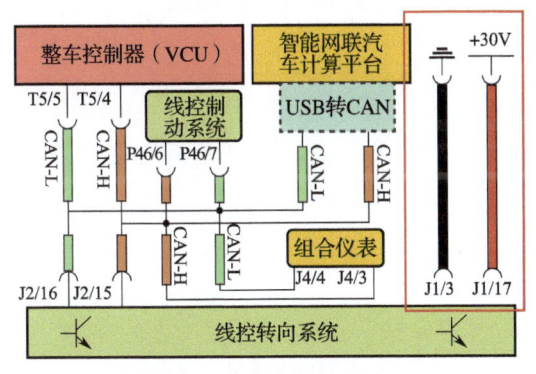 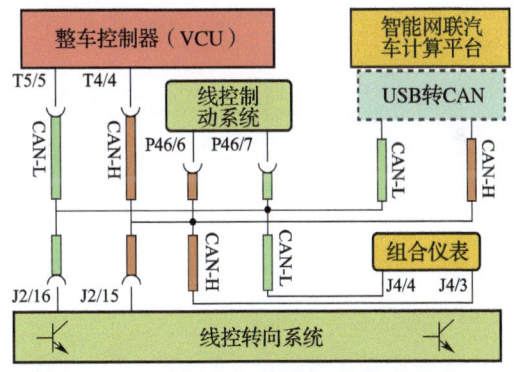

图2-3-25　电源线路　　　　　　　　图2-3-26　数据总线系统图

3. 转角传感器

如图2-3-27所示，转角传感器由5V供电，内部ASIC芯片集成信号解析线路，将编码盘的位置信息解析为角度信息，通过PWM-S和过PWM-P线路输出至线控转向系统。转向系统接收到此信息后，计算当前转向机角度、方向以及转向速度。

转向系统通过CAN总线、网关ECU和以太网将当前车辆转向机转角信息上传至智能网联汽车计算平台（PEU），计算平台结合此消息规划下一步车辆运行轨迹，并将轨迹信息转为转向机转角控制信息，通过以太网、网关ECU、CAN总线下发至线控转向系统，线控转向系统结合此转角信息，通过控制转向电机的方向和力矩，实现车辆转向运动。

069

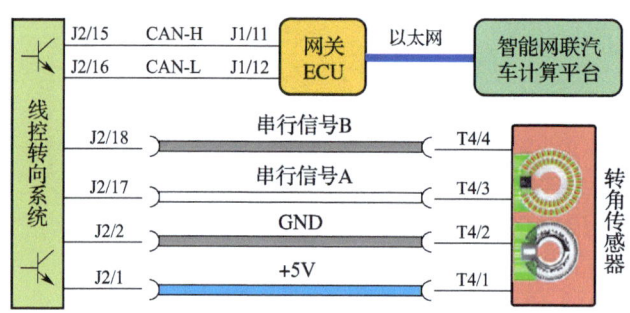

图 2-3-27 转角传感器工作线路

4. 转矩传感器

图 2-3-28 所示为转矩传感器电路原理图,从中可以看出,转矩传感器是由两个传感器组成,共用供电电源、接地。信号 1 的信号电压范围由 0.73~4.49V 之间变化,信号 2 电压范围在 0.35~2.25V 之间变化。

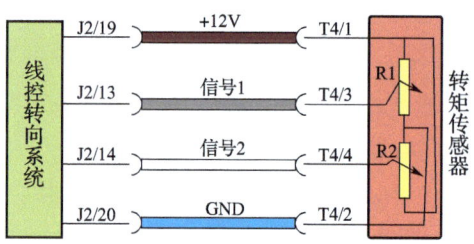

图 2-3-28 转矩传感器电路原理图

三、任务实施

(一)任务实施的要求

1. 任务实施的目的

1)熟悉线控转向系统的电路图。

2)能够对线控转向系统进行故障诊断与排除。

2. 实训仪器和设备

智能网联底盘线控实训平台、万用表等。

(二)任务实施的步骤

1. 故障现象

智能网联汽车行驶过程中,转向突然不受控制,无法进行转向运行,如图 2-3-29 所示。

2. 故障分析

(1)知识准备

线控转向系统电路主要由电源、CAN 通信、转向盘转角传感器、转矩传感器(选配)、转向电机等电路组成其电路原理结构,如图 2-3-30 所示。其中,转角传感器尤为主要。

图 2-3-29 智能网联汽车

项目 2　智能网联汽车线控转向系统装调与测试

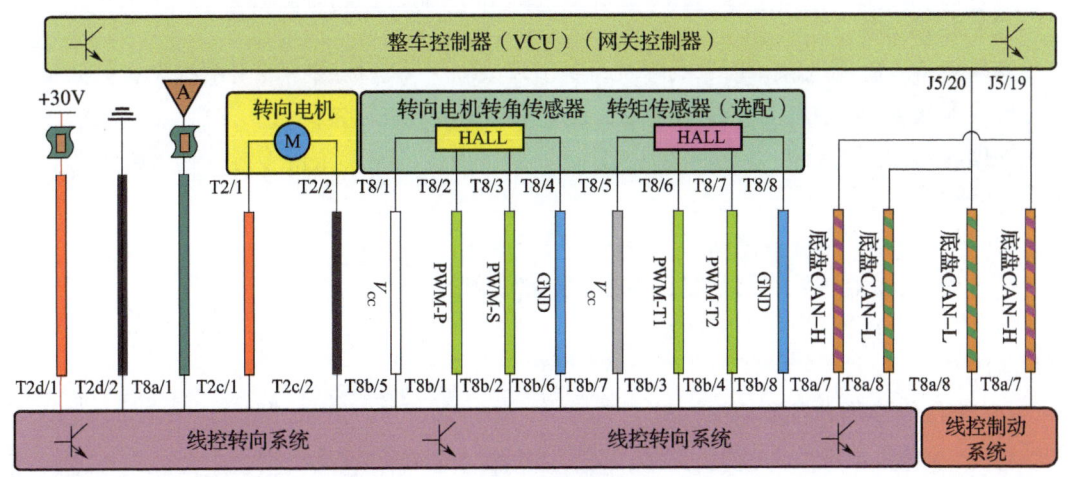

图 2-3-30　线控转向系统电路原理图

1）线控转向系统转角传感器的结构组成。转角传感器将检测到的转向盘的旋转角度和旋转速度，以占空比信号的方式送至线控转向系统，线控转向系统根据转角传感器的信号控制助力电机的工作。

转向系统的转角传感器通常采用非接触型感应位置传感器（Contactless Inductive Position Sensor、CIPOS）。

2）转角传感器工作原理。当转子转动时，改变了励磁绕组与接收绕组之间的磁场强度，即改变接收绕组输出电压，这个输出电压随转子随位置（磁场强度）以及时间变化，输出一个正弦的波形信号。

3）转角传感器工作过程。在 PCB 上有 1 个励磁绕组和 3 个接收绕组，3 个接收绕组的角度差值为量程的 1/3（即 20°），这些绕组与 ASIC 芯片相连接。励磁绕组是 LC 振荡器的一部分，并产生一个同心磁场，这个磁场在转子中产生电流。

4）转角传感器电路结构。从转角传感器电路结构原理图（图 2-3-31）上可以看出，线控转向系统模块通过 T8b/5 输出 5V 电压至转角传感器端子 T8/1，通过转角传感器端子 T8/2 至线控转向系统模块端子 T8b/6 搭铁构成回路。转角传感器通过端子 T8/2 和 T8/3 输出两组波形信号 PWM-P 和 PWM-S。

5）转角传感器信号特点。图 2-3-32 所示为转角传感器输出的两组信号波形，其中 PWM-S 信号占空比为 12.5%~87.5%，代表 0°~296°，高电平有效；PWM-P 信号占空比 12.5%~87.5%，代表 0°~40°，低电平有效。转角传感器根据两组波形信号占空比解析转向盘的转向角度、转动方向以及转动速度。

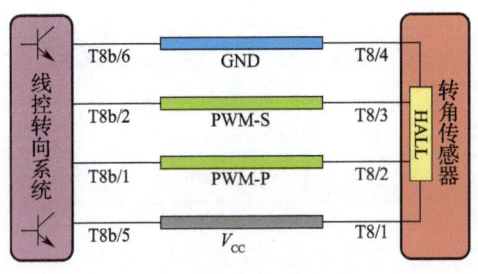

图 2-3-31　转角传感器电路结构原理图

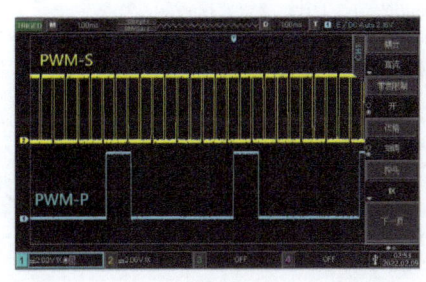

图 2-3-32　转角传感器信号特点

（2）诊断分析

如果转角传感器电源、信号线路及自身出现故障，将造成线控转向系统无法判知转向盘位置（角度）、转动方向、转动速度，致使车辆丧失转向功能。

根据转角传感器结构及电路原理图分析可以得出，影响转角传感器故障的因素有以下信号、元件及线路：

1）转角传感器电源线路断路、虚接、短路故障。

2）转角传感器信号线路断路、虚接、短路故障。

3）转角传感器搭铁线路断路、虚接故障。

4）转角传感器自身及插头故障。

5）线控转向系统自身及插头故障。

3. 故障检测

（1）传感器电压测试

如图2-3-33所示，用万用表测量线控转向系统模块端T8b/2、T8b/1端子波形信号。打开点火开关，正常情况下应测得5V电压，否则说明存在故障。

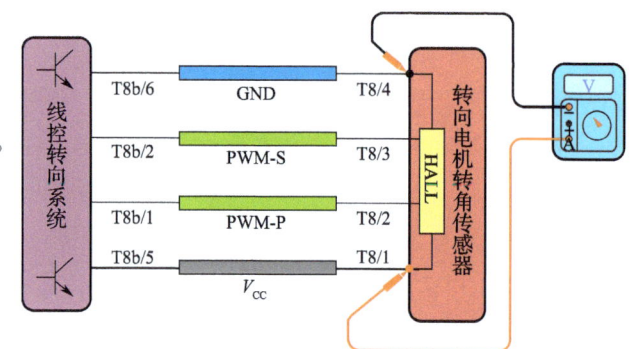

图2-3-33 传感器电压测试连接图

实际测量：测量转角传感器供电线路T8/1与T8/4间电压，见表2-3-1。

表2-3-1 转角传感器供电线路T8/1与T8/4的电压测试

测试标准：用万用表测量转角传感器端子T8/1与T8/4间电压，标准应为5V			
可能性	检测结果	结论	下一步操作
1	实测5V	正常	确认传感器输出电压，测试T8b/5的对地电压
2	如果高于0V且小于5V	异常	说明线路存在虚接故障，下一步测试线控转向系统模块端子T8b/5的对地电压
3	如果为0V	异常	说明线路存在断路、电源无输出或搭铁异常故障，下一步测试测量线控转向系统模块端子T8b/5的输出电压

（2）线控转向系统输出电压测试

测量线控转向系统模块端子T8b/5输出电压，见表2-3-2。

表2-3-2 线控转向系统模块端子T8b/5输出电压测试

测试标准：用万用表测量线控转向系统模块端子T8b/5输出压电压，标准应为5V			
可能性	检测结果	结论	下一步操作
1	实测5V	正常	测量传感器波形
2	如果高于0V小于5V	异常	更换线控转向系统模块或检查供电电压
3	如果0V	异常	更换线控转向系统模块或检查供电电压

（3）线控转向系统和传感器连接线路测试

测量端子"T8b/5与T8/1"以及"T8b/6与T8/4"之间线路的导通性，见表2-3-3。

表2-3-3 测量端子"T8b/5与T8/1"以及"T8b/6与T8/4"之间线路的导通性

测试标准：拔掉线控转向系统模块端子T8b插头、转角传感器T8插头，测试电阻应小于2Ω					
可能性	实测结果	状态	可能原因	操作
1	小于2Ω	正常	插头故障	检修插头
2	无穷大	异常	线路断路	维修线路
3	大于5Ω	异常	线路虚接	

（4）线控转向系统输出信号波形测试

图2-3-34和图2-3-35所示连接示波器，测量线控转向系统模块端T8b/2、T8b/1端子波形信号。打开点火开关，转动转向盘，正常情况下应测得随转向盘转动幅值为5V的占空比变化信号，否则说明存在故障。

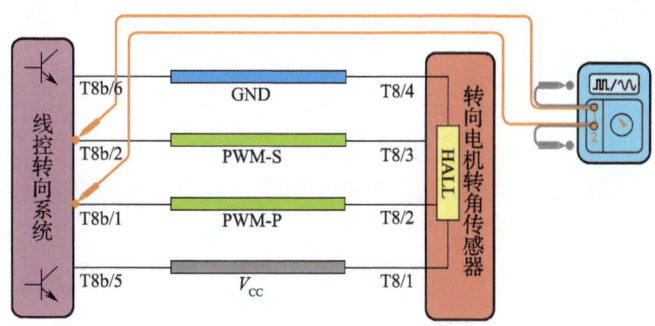

图2-3-34 示波器连接1

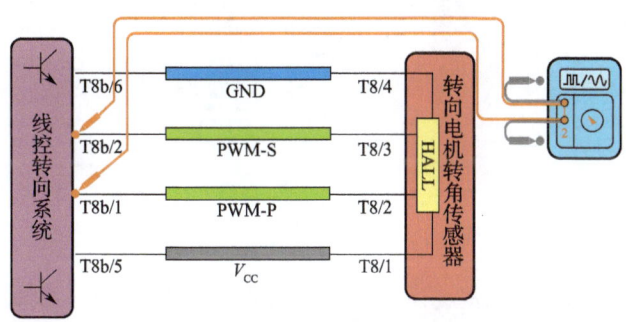

图2-3-35 示波器连接2

实测过程见表2-3-4。

表2-3-4 测量T8b/2、T8b/1端子波形

实测结果（波形）	状态	说明	操作
（PWM-S波形图）	异常	当前信号PWM-S信号正常，而PWM-P的信号为0V的一条直线，异常。说明转向传感器PWM-P线路或传感器自身存在故障	测试传感器端子的信号波形

（5）转角传感器信号波形测试

图2-3-36所示连接示波器，测量传感器端T8/3、T8/2端子的波形信号。打开点火开关，转动转向盘，正常情况下应测得随转向盘转动幅值为5V的占空比变化信号，否则说明存在故障。

实测过程见表2-3-5。

表2-3-5 测量T8/3、T8/2端子波形

实测结果（波形）	状态	说明	操作
	正常	当前信号PWM-S、PWM-P信号正常。结合前期信号的测试结果，说明PWM-P信号线路存在开路故障	测试传感器PWM-P信号线路的导通性

（6）线控转向系统和转角传感器连接线路测试

关闭点火开关，如图2-3-37所示连接万用表，测量传感器端T8b/1与T8/2端子间电路的导通性。

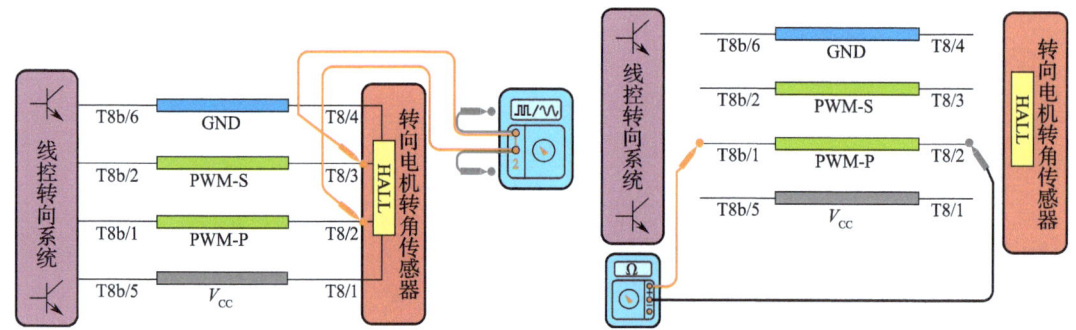

图2-3-36 示波器连接3　　　图2-3-37 导通性测试

如果测试电阻小于2Ω，正常；无穷大，电路断路；大于2Ω，电路虚接。

实测结果见表2-3-6。

表2-3-6 T8b/1与转向角度传感器端子T8/2之间的导通性测试

测试标准：拔掉线控转向系统模块端子T8b插头、转角传感器T8插头，测试电阻应小于2Ω				
实测结果	状态	可能原因	操作
无穷大	异常	线路开路	检修线路

视频13
线控转向系统的故障检修

4. 故障排除

经检查，发现转角传感器端线束由于质量问题，内部存在断路故障，更换一条线束，试车后故障排除。

任务工单 4　智能网联汽车线控转向系统典型故障诊断检修

任务名称	智能网联汽车线控转向系统典型故障诊断检修		
"1+X" 智能网联汽车测试装调职业等级证书			
小组成员：		班级：	
自评：□合格　　□不合格		师评：□合格　　□不合格	
日期：		日期：	
一、实训信息记录			
实训设备		实训场所	
工具准备		资料准备	
二、故障现象			
三、电路分析			
四、故障检测			
检测步骤	标准值	实测值	是否正常
步骤一			□正常　　□异常
步骤二			□正常　　□异常
步骤三			□正常　　□异常
…			
五、现场整理与评价			

序号	项目及评价标准	占比分数	实际得分
1	小组成员是否明确任务	10	
2	知识准备是否充分	20	
3	小组工作流程是否完整规范	30	
4	实训工单是否认真填写	15	
5	设备归位及场地整理得分	10	
6	小组合作得分	15	
总分			

四、任务小结

1）转向机构主要由转向电机、减速机构、转向机和传感器四个主要部分组成。

2）转角传感器用来测量转向机的转动角度、转向角速度以及转向（左、右）参数，提供给线控转向系统 ECU 及智能网联汽车轨迹规划系统，以此进行输入控制以及车身姿态的监测。

3）转角传感器输出的两组信号波形，其中 PWM–S 信号占空比为 12.5% ~ 87.5%，代表 0° ~ 296°，高电平有效；PWM–P 信号占空比 12.5% ~ 87.5%，代表 0° ~ 40°，低电平有效。

4）线控转向系统控制单元的功能是对接收智能网联汽车计算平台发送的转向控制指令以及自身采集的转向盘转角、驱动电机转矩等信号，进行分析处理，判别汽车的运动状态，向转向电机发送控制指令，控制电机的工作，保证各种工况下都具有理想的横向控制响应。

5）线控转向系统的主要控制方式有转向控制、回正控制、阻尼控制三种。

6）线控转向系统线路主要由电源、CAN 通信、转向盘转角传感器、转矩传感器、转向电机等电路组成。

拓展课堂 1
线控转向新技术——线控四轮转向技术

前轮转向系统虽然在结构及布置方面相对简单，但是转向性能差。前轮转向的汽车在低速时，表现出转弯的半径大；高速时，表现出操纵稳定性较差等特点。为了寻求解决的措施，国外从 20 世纪初就开始对四轮转向技术进行了研究。目前，对四轮转向的研究分为三个方面，即结构方案、控制策略以及失效容错。按照四轮转向结构的布置方案，可将其划分为"随动式""主动式"。

一、"随动式"四轮转向系统

1. 机械式四轮转向系统

机械式四轮转向系统的转向盘与前、后轮之间靠着纯机械相耦合。其后轮转向的大小只和转向盘的转角有关，功能相对单一。机械式四轮转向系统的汽车具有结构紧凑、精巧、廉价等特点。但是在高速行驶时，如果车辆的转向盘转角也大，车辆可能会出现过度转向，这时不但不会提高汽车的转向性能，反而会导致车辆失稳。1907 年，德国戴姆勒公司，开发了相对较早的基于纯机械的四轮转向汽车 Dernburg Wagen，如图 2-4-1 所示。其具有良好的机动性和操纵稳定性，给驾驶员带来良好的体验。1978 年，日本本田 Prelude 车型如图 2-4-2 所示，也采用这样一套纯机械的四轮转向系统，不仅增强车辆的操纵的灵活性，并且提高了行驶的稳定性。四轮转向系统在汽车 Prelude 车型的成功应用，标志着日本四轮转向技术的成熟。其机械式四轮转向系统结构，如图 2-4-3 所示。

图2-4-1 Dernburg Wagen 车型

图2-4-2 Prelude 车型

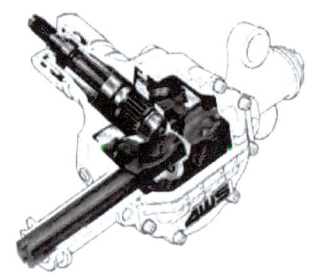

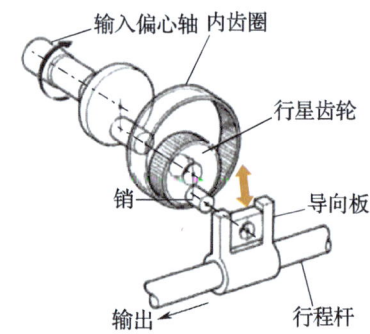

图2-4-3 机械式四轮转向系统结构

2. 液压式四轮转向系统

液压式四轮转向系统在前轮转向的基础上，增加了一套液压动力控制装置。后轮转角的大小由速度决定。当低速或油压系统发生故障时，后轮自动偏转恢复到原始状态，只有前轮维持转向。液压式四轮转向系统具有结构复杂、密封性差、能耗大，效率低下以及响应迟滞等方面的缺点。在1985年，日本的日产汽车公司首次把液压四轮转向技术用在了客车上，很好的减小了转弯半径。在电子控制系统不发达的时期，"随动式"四轮转向技术不仅是解决车辆转向问题最有效的方法，还是最直接的方法。

二、"主动式"四轮转向系统

主动式四轮转向，即简化中间的传动机构，通过电信号完成前、后轮的控制。电动电控式的四轮转向系统的前、后转向系统之间去掉了复杂的机械或液压的连接装置，转向盘与转向机构相对独立。这套系统具有结构简单、布置容易以及控制方面的特点，也是未来四轮转向技术的发展趋势。"主动式"四轮转向系统可再分为：主动后轮转向（ARS）、主动四轮转向（4WAS）以及四轮独立转向（4WIS），其结构如图2-4-4所示。

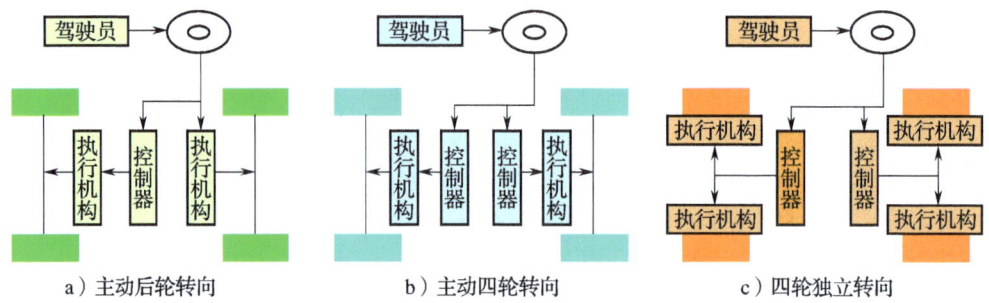

图2-4-4 "主动式"四轮转向系统结构示意图

1. 主动后轮转向系统

在前轮转向的基础上,通过控制器对后轮转角进行控制,保持车身姿态稳定。虽然主动后轮转向在一定程度上提升了汽车的转向性能以及主动安全性能,但由于受成本、空间和可靠性的限制,目前这种技术主要应用在高端车型上,如宝马的5系、7系,奥迪的A6、A7、A8、Q7等。

2. 主动四轮转向系统

主动四轮转向系统即线控四轮转向系统,就是把线控技术与四轮转向相结合,是对四轮转向系统深入开发的一项新技术。与主动后轮转向系统相比,增加了主动前轮转角控制,车辆控制状态控制量更多,对转向性能和操纵稳定性改善更显著。在多轮转向的研究中,主动四轮转向系统因其简单的结构和显著的控制效果,深受国内外学者的喜爱,系统结构如图2-4-5所示。主动四轮转向系统具有车辆网路辅助系统、自动防故障系统以及前后轴转向执行装置等。传感器采集的信息(例如,转向盘输入的转角、转矩以及车辆的状态信息),通过车载网络的总线,送到控制单元ECU中,最后通过所设计的控制策略,实时计算前、后轮转角。

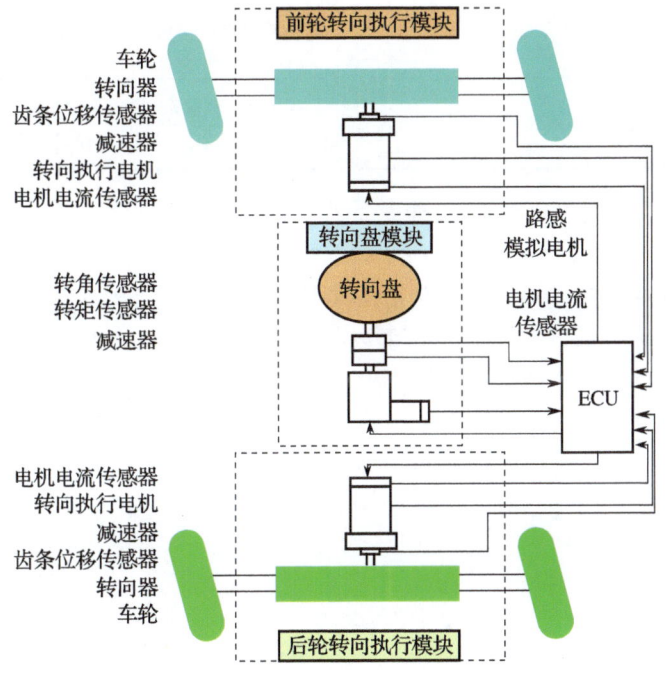

图2-4-5 主动四轮转向系统结构示意图

3. 四轮独立转向系统

与主动四轮转向系统相比,其四个轮边搭载了独立转向执行机构,在结构上满足阿克曼原理,使其控制精度更高,转向更加灵活。然而,四个轮子之间的协调更难,技术更难实现。成功应用的案例,主要在个别概念车和试验车上。例如,丰田的pivo2、同济大学"春晖三号"、吉林大学试验车平台等。

拓展课堂 2
线控转向新标准——《汽车转向系 基本要求》（GB 17675—2021）

2021 年 12 月 7 日，线控转向工作组首次会议上中国汽车技术研究中心汽车标准化研究所宣布：集度（已改名：极越）、蔚来、吉利牵头制定线控转向相关国家标准见表 2-4-1，补足了我国线控转向技术领域的标准空白，为量产装载奠定了基础。

表 2-4-1 线控转向系统新旧标准对比一览表

项目	GB 17675—1999	GB 17675—2021
转向盘	转向盘必须左置	删除了转向盘必须左置的要求
转向结构	不得装用全动力转向机构	删除了不得装用全动力转向机构的要求
电池兼容	无表述	与汽车转向相关的车辆电气控制系统不得因电磁干扰而影响转向功能，并应满足 GB 34660—2017 中的技术要求
可调节部件	无表述	转向传动系统中的可调部件应能锁止
能源供应	当助力转向装置本身无独立的辅助动力源时，必须设有蓄能器	转向系统可以和其他系统共同用同一能源供应
功能安全	无表述	转向电子控制系统的功能安全要求，应按照 GB/T 34590—2022（所有部分）制定，并满足附录 B 的要求

2022 年 1 月 1 日，《汽车转向系 基本要求》（GB 17675—2021）正式实施，取代已经执行超过二十年的 GB 17675—1999，由于线控转向根据其技术原理属于全动力转向机构，放开相关领域为线控转向技术的量产应用提供了先行条件。

线控转向作为高级别自动驾驶必不可少的核心技术，国家法规取消了对线控转向产品使用的限制，法规层面已具备量产条件。由于产品的成熟度及安全性问题，无论是国际厂商还是本土厂商均未实现 SBW 技术的量产，在本土企业大举研发投入的背景下，具备 EPS 领先地位和技术沉淀的厂商有望在 SBW 技术上实现更好的表现，自主品牌有望依靠 SBW 实现弯道超车。

项目检测 2

一、填空题

1. 能适应智能网联汽车转向系统要求的主要有电动助力转向系统（EPS）和_____。
2. 根据助力电机的安装位置不同，可分为：_____、小齿轮轴助力式（P-EPS）、_____。
3. 齿条助力式（R-EPS）中伺服单元直接与转向齿条相连，可产生更大的齿条驱动力，目前主流的有平行轴式和_____两种。
4. 线控转向系统主要由转向机总成、_____、_____以及传感器等组成。
5. 前轮转向模块包括_____、转向执行电机、前轮转向组件等。

二、判断题

1. 机械转向系统（MS）的转向力全部来源于驾驶员。（ ）
2. 线控转向系统更容易实现低速轻便、高速稳定。（ ）
3. 线控转向系统的通信主要是 VCU 向 EPS – ECU 发送的转向指令。（ ）
4. Byte0 用来设置 EPS – ECU 的状态，当 bit0 = 1，ECU 进入工作模式。（ ）
5. 电机是影响转向系统性能的主要因素之一，要求低速转矩大、波动小、惯量小、尺寸小、质量轻，可靠性高、控制性能好，并且正反转可控。（ ）
6. 只要控制触发信号端电流的大小，就可以控制通过电机电流的大小，也就可以控制电机输出转矩的大小。（ ）
7. 转向器具有齿轮与齿条之间实现有微小间隙啮合的特点。（ ）
8. 转向系统的转角传感器通常采用接触型感应位置传感器。（ ）
9. 控制单元根据这两组信号计算当前转向机转动的转角、方向以及速度，其转角测量范围为 ±720°。（ ）
10. 车辆在高速行驶过程中，由于速度、空气造成车辆离心力增加，导致车轮的摩擦力、附着力减小，致使车辆质心、方向不稳，出现"漂移"现象。（ ）

三、选择题

1. 下列哪项不是线控转向系统的主要控制方式（   ）。
   A. 转向控制   B. 回正控制   C. 稳定控制   D. 阻尼控制
2. 线控转向系统中的转角传感器供电是（   ）V。
   A. 5   B. 8   C. 12   D. 16
3. 电控液压助力转向系统的英文缩写是（   ）。
   A. MS   B. HPS   C. EHPS   D. EPS
4. （   ）的功能是将测得的前轮转角信号反馈给主控制器，并接受主控制器的命令，控制转向执行电动机完成所要求的前轮转角，人工驾驶模式时，实现驾驶员的转向意图。
   A. 前轮转向模块   B. 主控制器模块   C. 转向盘模块   D. 其他装置
5. 控制器发送给转向盘总成的信号是（   ）。
   A. 转向盘力矩   B. 路感电机电流   C. 转向盘转角   D. 控制电压
6. VCU 与 EPS – ECU 之间的通信波特率为（   ）kbit/s。
   A. 128   B. 256   C. 250   D. 500
7. 一般 CAN 报文中的数据段为（   ）字节。
   A. 4   B. 8   C. 12   D. 16
8. EPS – ECU 向 VCU 发送 CAN 报文中，Byte0 的 bit3 = 1 代表（   ）。
   A. ECU 检测到故障   B. ECU 未检测到故障
   C. ECU 检测到 ECU 温度过高（≥90℃）   D. ECU 未检测到 ECU 温度过高

9. 在PCB上安装有1个励磁绕组和3个接收绕组,3个接收绕组的角度差值为量程的(　　)。

   A. 1/2　　　　　B. 1/3　　　　　C. 1/4　　　　　D. 1/5

10. 在整车的网络管理中,整车控制器(　　)是信息控制的中心,负责数据信息的解析和运算、组织与传输、网络状态的监控与管理、信息优先权的动态分配等功能。

    A. SBW　　　　B. CAN　　　　C. EPS　　　　D. VCU

四、简答题

1. 简述转向系统的发展历程?

2. 线控转向系统关键部件有哪些功用?

3. 线控转向(SBW)系统的工作原理是什么?

项目 3
智能网联汽车线控驱动系统装调与测试

随着人工智能和移动互联网技术的蓬勃发展，其已经在诸多领域和行业实现了广泛应用。智能网联汽车是科技革命下的新兴产物，是互联网和自动化融合的科技，不仅可以带给驾驶员优质的驾驶体验，同时具有减少拥堵、节能减排等社会效益，有助于拉动社会管理、通信、电子及汽车的协同发展。线控驱动系统广泛应用于智能网联汽车，是智能网联汽车的重要组成部分，它是汽车的关键部件，直接影响汽车的动力性和可靠性。

智能网联汽车控制系统主要由信号输入装置（各种传感器）、中央控制单元（包括计算平台、整车控制器两部分）、各种电机及其控制器、机械传动装置等组成。线控驱动系统作为其中的核心部件，接收上层服务器的位置信息，转化为电信号通过整车控制器（VCU）和电机控制器（MCU）控制加速踏板、换档机构、驱动电机等执行机构，从而控制车辆行驶。汽车智能化、网联化是汽车发展的必然趋势，线控驱动系统技术已经成为全世界范围内的研究热点。

项目目标

完成本项目学习后，你应当达到以下目标。

（1）知识目标
1) 了解线控驱动系统的功能与分类。
2) 掌握线控驱动系统的结构组成和工作原理。
3) 理解线控驱动系统的特点。
4) 掌握线控驱动系统的性能测试方法。

（2）能力目标
1) 能识别线控驱动系统的主要部件。
2) 能根据操作规范正确调试线控驱动系统。
3) 具备典型车型线控驱动系统线路分析的能力。
4) 能熟练且规范地完成整车线控驱动系统的检测与维修。

（3）素养目标
1) 养成良好的学习习惯，培养探索钻研的科学精神。
2) 能够具备团队合作的意识，与团队成员建立良好的团队合作关系。
3) 通过技能实操，形成热爱劳动、爱岗敬业、安全环保、规范操作的职业素养。

任务 1　智能网联汽车线控驱动系统结构认知

一、任务导入

小明刚入职一家智能网联汽车公司，成为一名智能网联汽车驱动系统工程师，为了使小明更好地完成工作任务，公司组织了"师带徒"的活动，由师傅带领小明学习线控驱动系统的相关知识。师傅带领小明学习了线控节气门系统、线控换档系统、线控驱动系统中的电机、电机控制器的结构、工作原理等理论知识，并通过实车的拆装操作进一步加深对线控驱动系统的理解。通过这次培训，小明收获颇丰，为今后的工作打下了坚实的基础。让我们一起来回顾一下小明的学习任务。

二、新知讲解

（一）线控驱动系统的功能

线控驱动系统（Drive – By – Wire，DBW），是智能网联汽车实现的必要关键技术，为智能网联汽车实现自主行驶提供了良好的硬件基础，也称为线控节气门或者电控节气门（Throttle – By – Wire）。发动机通过线束代替拉索或者拉杆，在节气门侧安装驱动电动机带动节气门改变开度，根据汽车的各种行驶信息，精确调节进入气缸的油气混合物，改善发动机的燃烧状况，大大提高汽车的动力性和经济性；而且，线控驱动系统可以使汽车更为便捷地实现定速巡航、自适应巡航等功能。

车辆的自动驾驶由感知层、决策层、执行层三个部分构成。感知层主要通过摄像头、雷达等感知周围环境信息，并通过导航系统、惯导等实现定位等车辆状态的获取信息，模拟人眼识别道路上的人、物等；决策层依据感知层提供的环境信息和车辆定位情况，通过算法融合、特征提取等数据融合之后做出决策，输出给各种执行层的控制单元；控制层则通过底盘及各种控制附件，驱动车辆执行相应的指令动作。线控驱动系统承担了执行层的任务，接收智能驾驶控制器的转向、加速、制动等命令，代替了驾驶员的操作，实现了自动驾驶，如图 3 – 1 – 1 所示。

针对内燃机汽车，线控节气门系统已取代传统节气门系统。

（二）线控驱动系统的分类

1. 传统内燃机汽车的线控节气门

对于传统内燃机汽车，加速踏板与节气门之间通过电信号进行控制来取代原来的机械传动，这种形式被称为线控节气门（Throttle – By – Wire，TBW）。目前，市面上99%以上的车型都配线控节气门系统。

线控节气门主要由线控加速踏板、线控换档、节气门驱动电机、电控单元 ECU 等构成，如图 3 – 1 – 2 所示。

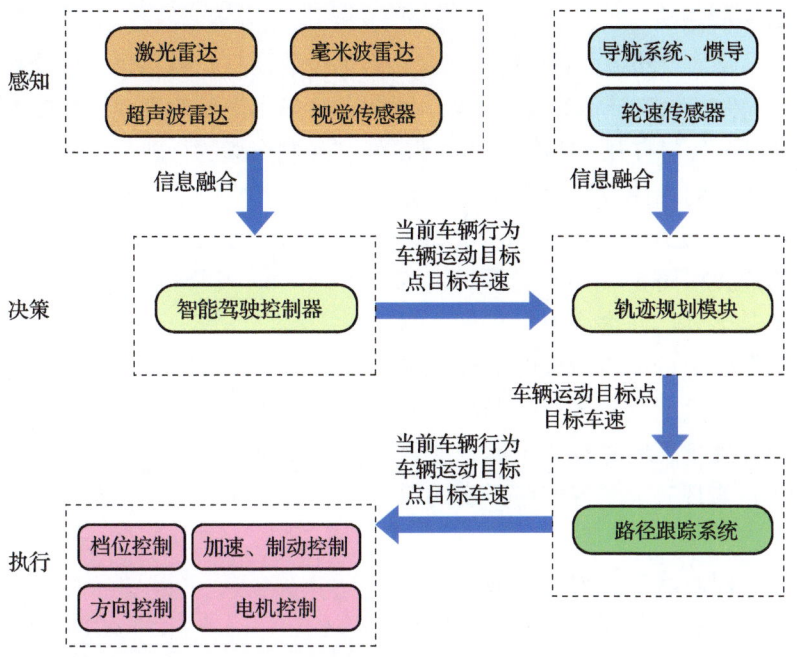

图3-1-1 智能驾驶线控驱动系统工作原理

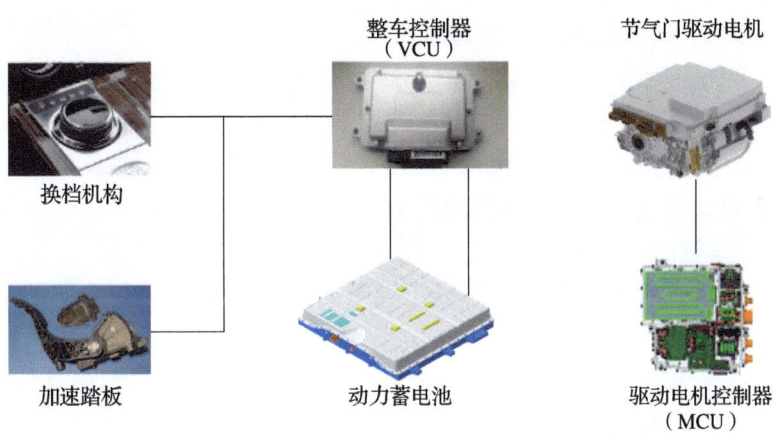

图3-1-2 线控节气门

智能网联汽车处于人工操作模式时，驾驶员通过操作换档机构、加速踏板，将驾驶意图转化为电信号传递给整车控制器（VCU），VCU经过计算判断档位、转矩信息，通过CAN总线发送给驱动电机控制器（MCU），从而控制电机的转向、转速、转矩，经过传动系统将动力传递给车轮使车辆行驶，如图3-1-3所示。

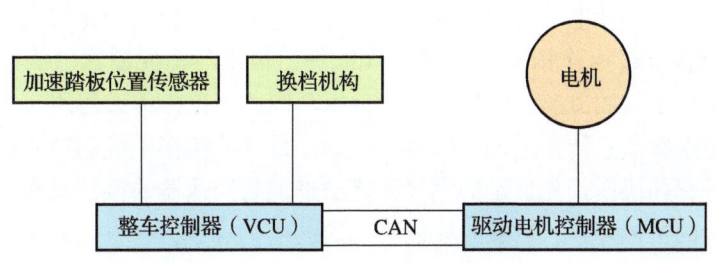

图3-1-3 线控驱动系统工作原理

（1）线控节气门

线控节气门是通过踏板位置传感器采集踏板的位置信息，将信号传递给控制系统，控制系统根据加速踏板深度计算好动力需求，再以此计算出需要的进气量和喷油量或电机的转矩，然后控制节气门打开、喷油嘴喷油或转矩，控制车辆的行驶。

智能网联汽车的线控节气门系统由加速踏板、踏板位置传感器、控制器（ECU）、电子节气门构成，如图3-1-4所示。线控节气门实际上是节气门开度由电机控制，驾驶员的加速意图将通过加速踏板的踏板位置传感器，传给发动机或驱动电机控制器，同时电子节气门开度传感器将检测出的开度信号反馈给ECU，实现对电子节气门开度的闭环控制。

线控节气门控制的是驱动电机的转速和转矩，它接受决策层控制器的信号，和整车控制器（VCU）、驱动电机控制器（MCU）一同实现车辆的加减速。感知层将周围环境信息传递给决策层，决策层经过信息融合计

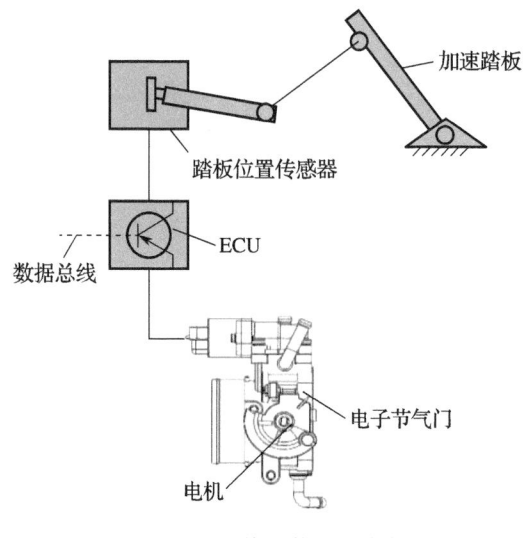

图3-1-4 线控节气门结构

算发送信息给VCU，VCU采集档位、节气门开度等信号，经过计算处理发送给MCU，MCU控制驱动电机的转矩和转速，实现了车辆的驱动行驶。

总结线控节气门的特征，主要包括：

1）响应速度快：线控节气门系统通过电子信号控制节气门开度，可以实现更快的响应速度，提高了车辆的加速性能和操纵稳定性。

2）精准控制：线控节气门系统可以实现更加精准的节气门控制，提高了车辆的经济性。

3）安全可靠：线控节气门系统可以避免传统节气门系统中机械部件的故障和磨损，提高了系统的可靠性和安全性。

4）智能化：线控节气门系统可以与车辆的其他电子系统集成，实现更加智能化的控制和管理，如自适应巡航控制、自动泊车等功能。

5）可编程性：线控节气门系统可以通过编程实现不同的节气门控制策略，适应不同的驾驶模式和路况，提高了车辆的适应性和灵活性。

（2）线控换档

线控换档系统是一种电子换档系统，它是通过电子信号控制变速器的操作，而不是传统的机械换档机构。线控换档系统主要由变速杆、传感器、控制器、执行器、变速器组成。变速杆通常位于驾驶员座位旁边，用于选择不同的档位；传感器用于检测变速杆的位置和操作，并将这些信息转换为电子信号；控制器是线控换档系统的核心部分，它接收传感器发送的信号，并根据预先设定的程序和算法来控制变速器的换档操作；执行器是用于控制变速器换档的机械装置，它接收控制器发送的电子信号，并将其转换为机械动作，从而实现换档操作；变速器是线控换档系统的最终执行部分，它根据执行器的动作来完成换

档操作。

目前，市场上主要的线控换档操纵机构形式有4种：旋钮式、按键式、怀档式、档杆式，如图3-1-5所示。旋钮式的代表车型有捷豹、路虎极光、蒙迪欧、北汽EV200等；按键式的代表车型有林肯MKZ、本田冠道、阿斯顿·马丁等；怀档式的代表车型有奔驰E级、奔驰C级、宝马E56等；档杆式的代表车型有大众迈腾、宝马5系、奥迪A4/A6等。

　　a）旋钮式　　　　　　b）按键式　　　　　　c）怀档式　　　　　　d）档杆式

图3-1-5　线控换档操纵机构形式

驾驶员通过操作变速杆，传感器将换档信号传递给换档控制器，控制器处理信号后将指令发送给执行器，执行器转换为机械动作操纵变速器完成前进档位、空档位、倒档位、驻车档位的切换。智能网联汽车换档是接受智能驾驶控制器的指令，实现档位的切换。优点主要是能使换档更加平稳、快速，减少换档时的冲击和噪声；可以实现更加智能化的换档控制，如自动换档、自适应换档等；可以提高车辆的燃油经济性和排放性能；可以减少机械部件的磨损和故障，提高系统的可靠性和耐久性。

总结线控换档的特征，主要包括以下几方面。

1）更轻便：线控换档系统不需要机械连接，因此它比传统的变速杆更轻便，更容易操控。

2）更灵活：线控换档系统可以根据驾驶员的需求进行定制，如可以设置不同的换档模式，以适应不同的驾驶条件。

3）更安全：线控换档系统可以避免驾驶员在换档时的误操作，从而提高了驾驶的安全性。

4）更高效：线控换档系统可以更快地进行换档操作，从而提高了车辆的加速性能和燃油经济性。

5）更智能：线控换档系统可以与车辆的其他系统进行集成，如与发动机控制系统、制动系统等进行协调，从而提高了车辆的整体性能。

(3) 节气门驱动电机

节气门驱动电机一般为步进电机或直流电机，两者的控制方式也有所不同。驱动步进电机常采用"H桥"电路结构，控制单元通过发出的脉冲个数、频率与方向控制电平对步进电机进行控制。电平的高低控制步进电机转动的方向，脉冲的个数控制电机转动的角度，即发出一个脉冲信号，步进电机就转动一个步进角，脉冲的频率控制电机转速，转速与脉冲频率成正比。因此，通过对上述三个参数的调节可以实现对电机的精确定位与调速。

控制直流电机采用脉冲宽度调制（PWM）技术，其特点有频率高、效率高、功率密度高与可靠性高。控制单元通过调节脉宽调制信号的占空比，来控制直流电机转角的大小；电机方向则是由和节气门相连的回位弹簧控制的。电机输出转矩和 PWM 信号的占空比成正比。当占空比一定时，电机输出转矩与回位弹簧阻力矩保持平衡，节气门开度不变；当占空比增大时，电机驱动力矩克服回位弹簧阻力矩，节气门开度增大；反之，当占空比减小时，电机输出转矩和节气门开度也随之减小。

(4) 电控单元（ECU）

控制单元是整个系统的核心，由信息处理模块和电机驱动电路模块两部分组成。信息处理模块接受来自加速踏板位置传感器的电压信号，经过处理后得到节气门的最佳开度，并把相应的电压信号发送到电机驱动电路模块。电机驱动电路模块接收来自信息处理模块的信号，控制电机转动相应的角度，使节气门达到或保持相应的开度。此外，控制单元还对系统的功能进行监控，如果发现有故障，将点亮系统故障指示灯，提醒驾驶员系统有故障。

2. 电动汽车的单、双电机驱动

对于电动汽车，驱动执行器即为驱动电机，目前主流的驱动方案有集中式电机驱动和分步电机驱动，目前集中式电机驱动方案得到了大量的应用，如图 3-1-6 所示；但正朝着以轮边和轮毂电机为代表的分布电机驱动形式发展，如图 3-1-7 所示。

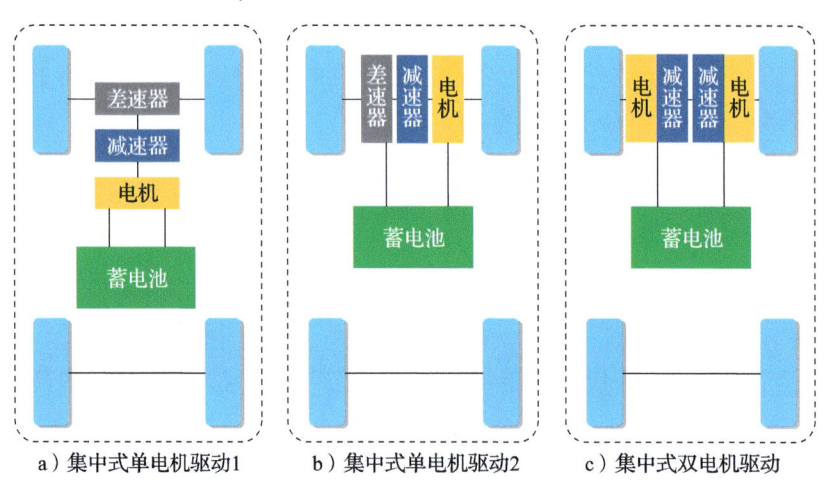

图 3-1-6　集中式电机驱动方案

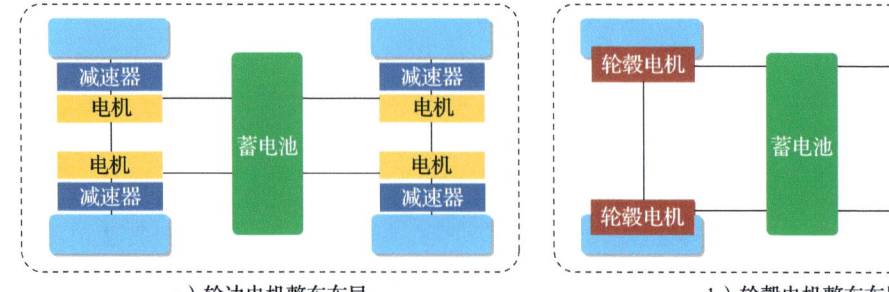

图 3-1-7　分布电机驱动方案

集中式单电机驱动结构主要由电机、减速器、传动半轴和差速器等结构组成，无需离合器和变速器，因此发动机舱空间可以压缩到非常小。

集中式双电机驱动结构主要由电机、减速器、传动半轴等结构组成，通过驱动单元来驱动两侧车轮，可以提供较大转矩，双电机驱动方案一般通过电子程序来控制两车轮之间的差速达到控制转向的目的。

轮边电机驱动系统通过电机加减速器组合对驱动轮单独驱动，且电机不集成在车轮内。电机与固定速比减速器一起安装在车架上，减速器输出轴通过万向节与车轮半轴相连驱动车轮。

轮毂电机驱动系统分内转子式与外转子式，外转子式采用低速外转子电机，无减速装置，车轮的转速与电机相同；内转子式则采用高速内转子电机，在电机与车轮之间配备固定传动比的减速器。

视频14 线控驱动系统的功能分类

三、任务实施

（一）任务实施的要求

1. 任务实施的目的

1) 认识线控驱动系统的组成和结构。
2) 理解线控驱动系统的工作原理。

2. 实训仪器和设备

智能网联汽车线控驱动系统实训平台、常用拆装工具套装等。

（二）任务实施的步骤

1. 准备工作

1) 任务内容：在组织教学的过程中，结合线控驱动实训平台，让学生从实践中认知线控驱动的构造原理；在线控驱动实训平台上，详细介绍每一个零部件的名称、安装位置和主要作用。

2) 组织方式：学生5~6人为一个任务小组，每组选出1名组长，以小组为单位，以此进行技能实训，每组组长根据小组成员任务分工不同，确定不同任务的责任人，保证每位同学都能够参与实践操作。

3) 实操准备：注意人身及设备安全，按照进入实践区域需穿戴劳保防护用品的要求，严格组织学生按照实训区安全作业规程进行实操。

2. 指导步骤

第一步：接好控制柜电源线，打开控制柜侧边的漏电保护开关，给设备通电。

第二步：在线控驱动系统平台中，找到踏板位置传感器并做好标识。

第三步：关闭点火开关，拔下加速踏板位置传感器插头；再将点火开关置于"ON"档，测量线束侧插头端子与搭铁之间电压值是否符合维修手册的要求。

第四步：连接上传感器，用万用表红色测试表笔刺入踏板位置传感器信号端子，黑色测试表笔接刺入感器搭铁端子，踩下加速踏板，使得节气门深度在0%~100%之间变化，观察信号电压值随之的变化情况。

第五步：设备断电，关闭点火开关，拔下加速踏板位置传感器插头。用万用表的电阻档，分别测量加速踏板位置传感器各端子与对应 ECU 端子之间的电阻值，来判断外线路是否存在短路或断路故障；再测量传感器侧端子之间的电阻是否符合维修手册的要求。

第六步：关闭电源总开关，将线控驱动实训平台整理归位。

视频 15
线控驱动系统的
结构认知

任务工单 5　智能网联汽车线控驱动系统结构认知

任务名称		智能网联汽车线控驱动系统结构认知	
\"1+X\"智能网联汽车测试装调职业等级证书			
小组成员：		班级：	
自评：□合格　　□不合格		师评：□合格　　□不合格	
日期：		日期：	
一、实训信息记录			
实训设备		实训场所	
工具准备		资料准备	
二、指出线控转向系统零部件的位置			
零部件名称		实训台架中该零部件所处位置	
节气门驱动电机			
驱动电机控制器（MCU）			
加速踏板			
踏板位置传感器			
电子节气门			
三、线控驱动系统的功能认知			
任务描述	记录踏板位置传感器检测过程		
任务解决			
四、现场整理与评价			
序号	项目及评价标准	占比分数	实际得分
1	小组成员是否明确任务	10	
2	知识准备是否充分	20	
3	小组工作流程是否完整规范	30	
4	实训工单是否认真填写	15	
5	设备归位及场地整理得分	10	
6	小组合作得分	15	
总分			

四、任务小结

1）线控驱动系统由线控节气门、线控换档、节气门驱动电机、电控单元（ECU）等组成。

2）线控节气门系统由加速踏板、踏板位置传感器、控制器 ECU、电子节气门构成，具有响应速度快、控制精准、安全可靠的特点。

3）线控换档操纵机构形式有 4 种：旋钮式、按键式、怀档式、档杆式，线控换档是汽车智能化的基础。

4）线控技术是智能化网联化汽车的重要组成部分，可以提高车辆的安全性、驾驶体验、自动驾驶能力和智能化水平，是未来汽车发展的重要趋势。

任务 2　智能网联汽车线控驱动系统工作原理

一、任务导入

小明是一名驱动系统工程师，工作任务是调试智能网联汽车的驱动系统。有一辆驱动系统故障车需要小明去排查，小明排查完毕后，查看调试界面上 MCU 反馈了一帧报文 "0D0002192540312E（ID：0x216）"，通过对该报文进行解析，得知驱动系统出现了 MCU 模式故障，导致车辆无法行驶。小明是如何通过 CAN 报文排查线控驱动系统的故障的呢？又是如何解析 MCU 反馈的报文得到驱动系统的状态的呢？带着这样的问题，我们一起进入今天的学习任务。

二、新知讲解

（一）线控驱动系统的工作原理

1. 驱动电动机工作原理

智能网联汽车线控驱动系统采用的是永磁同步电动机，它是驱动控制系统的执行单元，其结构主要分为 4 个部分，如图 3-2-1 所示。

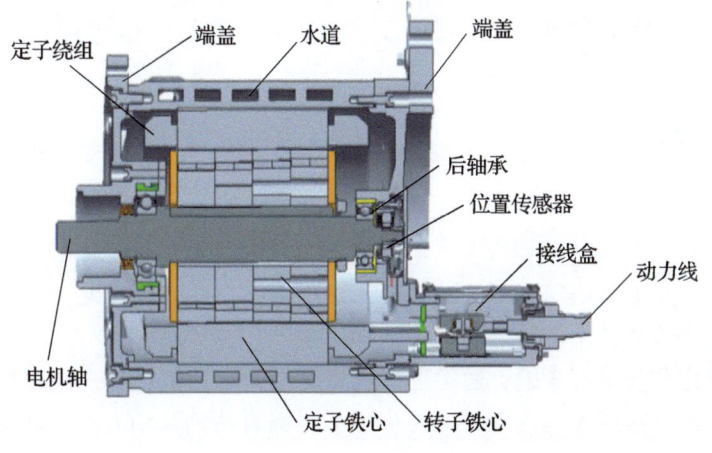

图 3-2-1　永磁同步电动机的结构

（1）电机

普通直流电机常采用在电机绕组内通以电流的方式来产生磁场，而永磁同步电机则采用在转子铁心上装配永磁体的方式产生磁场。用该磁场作为媒介进行机械能和电能相互转换。目前，常用的永磁同步电机有两种：一种是无刷直流电机（Brushless Direct Current Motor，BLDC），是一种供电电流波形与电枢反电动势波形都为矩形或梯形的电机；另一种是正弦波永磁同步电机（Permanent Magnet Synchronous Motor，PMSM），是一种供电电流波形与电枢反电动势都为正弦波的电机。两种电机的信号区别如图3-2-2所示。

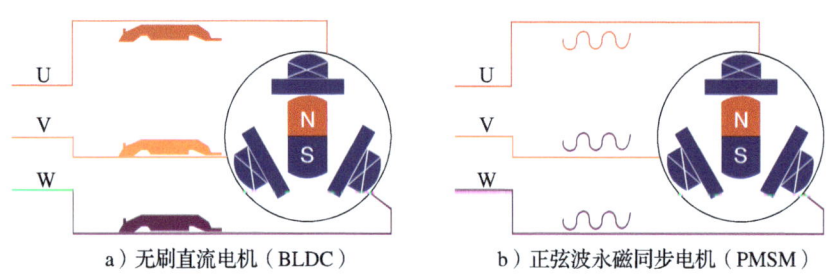

a）无刷直流电机（BLDC）　　b）正弦波永磁同步电机（PMSM）

图3-2-2　永磁同步电机的分类

本任务以正弦波永磁同步电机为主进行讲解，以下简称为永磁同步电机。永磁同步电机的"同步"是指把永磁体转子放在能产生旋转磁场的定子铁心中，当定子绕组流过电流后，将产生一个旋转磁场，转子将会跟随这个旋转磁场同步旋转，其转向、转速与旋转磁场一致，即转子的转速与定子绕组的电流频率始终保持一致。因此，通过控制电机的定子绕组输入电流频率，就可以最终控制汽车的车速，而如何调节电流频率，则是电控部分所要解决的问题。

1）结构。永磁同步电机由定子、转子构成，如图3-2-3所示。定子铁心采用叠片结构以减小电机运行时的铁心损耗；转子铁心大多采用硅钢叠片叠成，不做成实心结构，主要原因是为了减少涡流及其他损耗，避免高速时降低转矩。

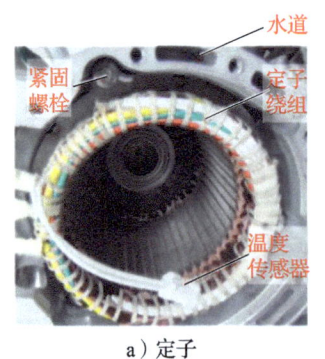
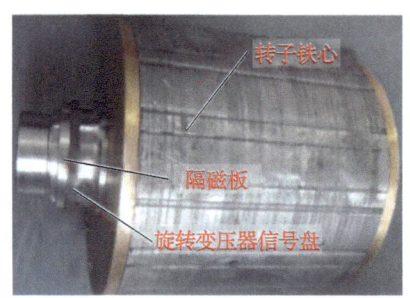

a）定子　　b）转子

图3-2-3　永磁同步电机的结构

①定子。定子是电动机静止不动的部分，由定子铁心、定子绕组、机座和端盖等几部分组成。其主要作用是产生旋转磁场。

三相电机的定子绕组有3组，通常称为三相绕组。这三相绕组一共有6个出线端，把它们做一定方式的连接后才能由三相电源供电。一般有两种联结方法：即星形（Y）联结和三角形（△）联结，如图3-2-4所示。

一般常用 U、V、W 来分别表示三相电机的三相定子绕组。

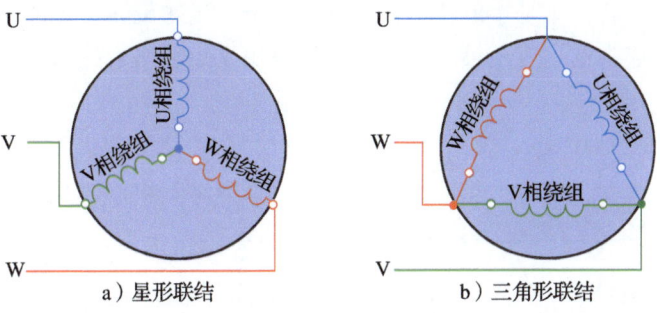

a) 星形联结　　　　　b) 三角形联结

图 3-2-4　电机绕组连接方式

星形（Y）联结：把三相绕组的某 3 个同名端（都是首端或都是尾端）连接成一端，另 3 个同名端接到三相电源上，形似星形，如图 3-2-5 所示，此时每相绕组承受的是电源的相电压。电动汽车用驱动电机一般采用此种联结方式。

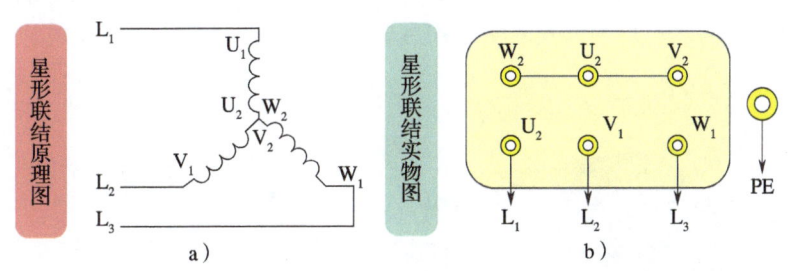

图 3-2-5　星形（Y）联结

三角形（△）联结：三角形（△）联结是把三相绕组首尾相连，形似三角形，成闭合回路，如图 3-2-6 所示。3 个端点接到三相电源上，这时，每相绕组承受的是电源的线电压。

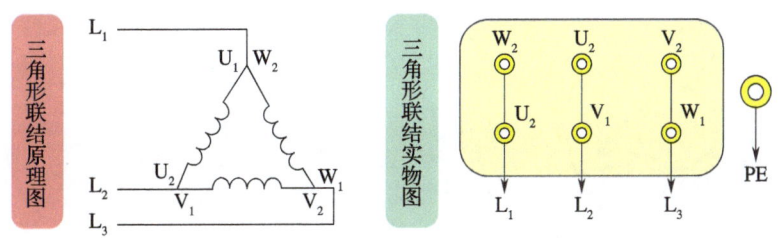

图 3-2-6　三角形（△）联结

②转子。永磁同步电机转子主要由轴、轴承、转子铁心及永磁体等组成，如图 3-2-7 所示。根据永磁体在转子铁心上的装置方式，转子一般可分为表面式（凸装式）和内置式两种结构类型。

表面式（凸装式）：这种永磁体磁极安装在转子铁心圆周表面上，也称为凸装式永磁转子。磁极的极性与磁通走向如

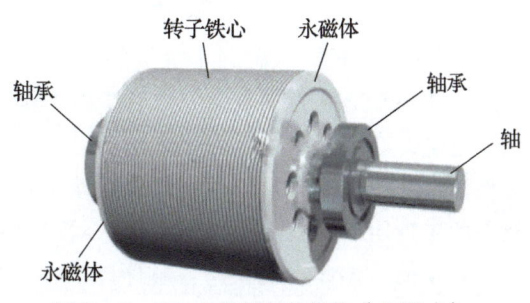

图 3-2-7　电机转子的结构（内置式）

图 3-2-8 所示，根据"磁阻最小原理"，也就是磁通总是沿着磁阻最小的路径闭合，利用磁引力拉动转子旋转，于是永磁转子就会跟随定子产生的旋转磁场同步旋转。这种结构的制造工艺简单、成本低、应用较广泛，尤其适宜用于矩形波永磁同步电机。

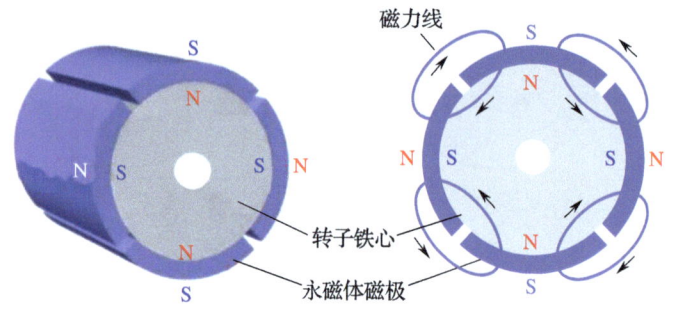

图 3-2-8 电机表面式（凸装式）转子的结构

内置式：这种永磁体位于转子内部，每个永磁体都被铁心包围，如图 3-2-9、图 3-2-10 所示，相比其他结构比较复杂，其磁路结构主要分为 3 种：径向式、切向式、混合式。

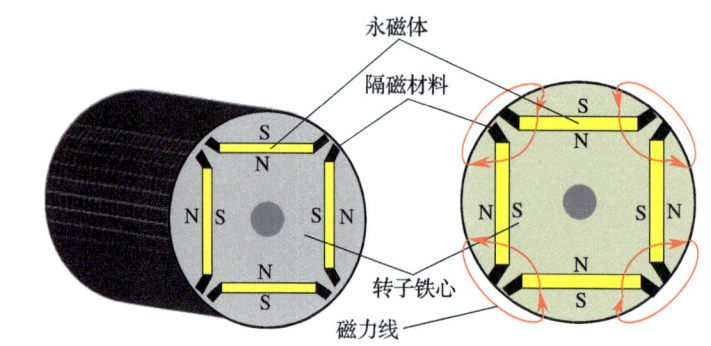

图 3-2-9 电机（内置式）转子的结构

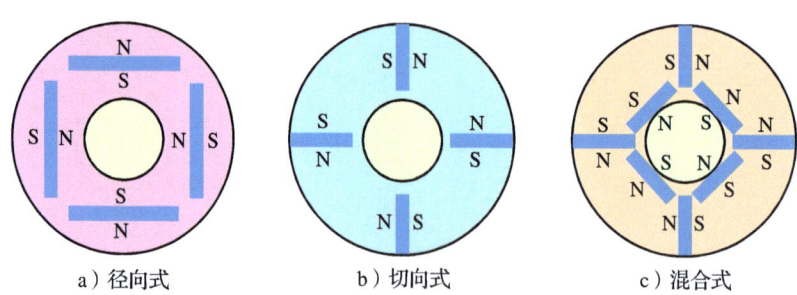

a）径向式　　　b）切向式　　　c）混合式

图 3-2-10 电机（内置式）转子的分类

2）工作原理。永磁同步电机的运行需依靠转子位置传感器检测出转子的位置信号，通过换相驱动电路，来驱动与电枢绕组连接的各功率开关管导通与截止，从而控制定子绕组的通电，在定子上产生旋转磁场，带动转子旋转。随着转子的转动，位置传感器不断地送出信号，以改变电枢的通电状态，使得在同一磁极下的导体中的电流方向不变。因此，就可产生恒定的转矩使永磁同步电机运转起来。

典型的"六步电流换向"顺序图展示了定子内绕组的通电次序，而通电方式有"两两通电"和"三三通电"两种方式。

①两两通电。三个定子绕组通过中心的连接点以星形联结方式被连接在一起。整个电机引出3根线U、V、W,当它们之间两两通电时,有6种情况,如图3-2-11所示,分别是UV、UW、VW、VU、WU、WV。如果认定流入绕组的电流所产生的转矩为正,那么流出绕组所产生的转矩为负,合成转矩分别为T_{UV}、T_{UW}、T_{VW}、T_{VU}、T_{WU}、T_{WV}。

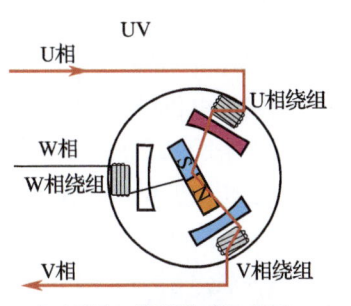

a)电流由U相流到V相,此时U相绕组与V相绕组的合成磁场方向向左,转子顺时针转动

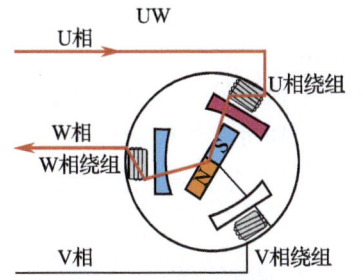

b)电流由U相流到W相,此时U相绕组与W相绕组的合成磁场方向向右,转子顺时针转动

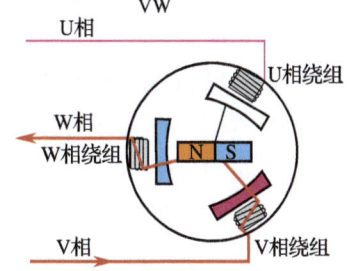

c)电流由V相流到W相,此时V相绕组与W相绕组的合成磁场方向向右,转子顺时针转动

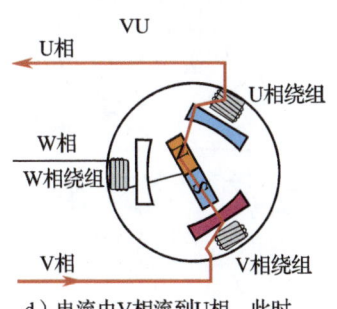

d)电流由V相流到U相,此时V相绕组与U相绕组的合成磁场方向向左,转子顺时针转动

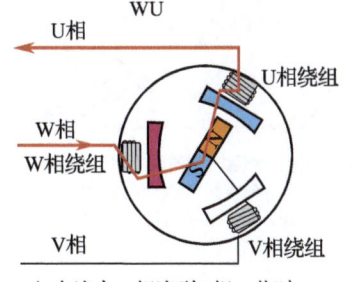

e)电流由W相流到U相,此时W相绕组与U相绕组的合成磁场方向向右,转子顺时针转动

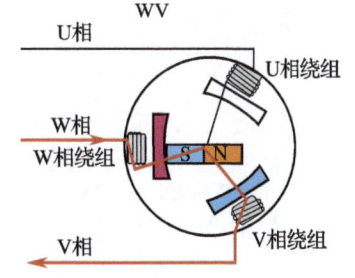

f)电流由W相流到V相,此时W相绕组与V相绕组的合成磁场方向向右,转子顺时针转动

图3-2-11 电机两两通电工作过程

当电流从U相绕组流入,再从V相绕组流回电源时,它们合成的转矩T_{UV}大小为$\sqrt{3}\,T_U$,方向在T_U和$-T_V$的角平分线上;当电机转过60°后,电流流入U相绕组再从W相绕组流回到电源,此时合成转矩T_{UW}大小同样为$\sqrt{3}\,T_U$,但合成转矩T_{UW}的方向转过了60°电角度;而后每换相一次,合成转矩矢量方向就随着转过60°电角度,但大小始终保持$\sqrt{3}T_U$不变。

在两两通电的情况下,其合成转矩增加了$\sqrt{3}\,T_U$倍;每隔60°电角度换相一次,每个绕组通电240°,其中正向通电和反向通电各120°,我们把永磁同步电机的这种工作方式称为两相导通星形三相6状态,这是永磁同步电机最常用的一种工作方式。图3-2-12所示为全部合成转矩的方向。

②三三通电。三三通电方式是指每一瞬间均有3个功率管同时导通,每隔60°电角度换相一次,每次换相一个功率管,一个桥臂上下管之间换相,每个功率管导通180°电角度。当电流流入U相绕组,经V相和W相绕组的电流分别为流过U相绕组电流

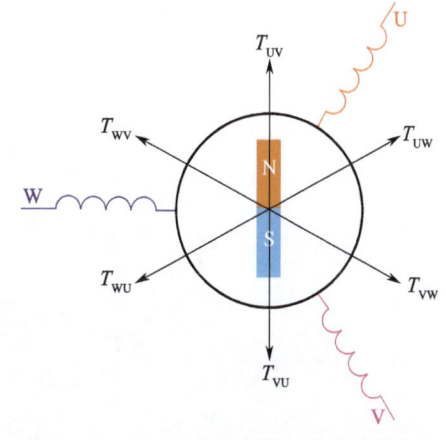

图3-2-12 电机两两通电合成转矩方向

的一半，其合成转矩方向同 U 相，而大小为 1.5 T_U；经过 60°电角度后，换相到电流经 U 相和 V 相绕组（相当于 U 相和 V 相绕组并联），再流入 W 相绕组，合成转矩方向与 –W 相同，转过了 60°电角度，大小仍然是 1.5 T_U；再经过 60°电角度后，换相到 V 相流到 W 相和 U 相，而后依次类推，如图 3 – 2 – 13 所示，它们的合成转矩矢量图如图 3 – 2 – 14 所示。

（2）霍尔位置传感器

直流电机中转矩是通过永磁体磁场和绕组中的电流相互作用产生的，在有刷电机中，换向器通过切换电枢绕组实现电枢电流的换向与合适的磁场。而永磁同步电机中，霍尔位置传感器探测转子旋转磁场的位置，通过逻辑与驱动电路，给相应的绕组激励，霍尔位置传感器结构如图 3 – 2 – 15 所示。总的说来，绕组根据电机永磁体的磁场做出反应，从而产生需要的转矩。

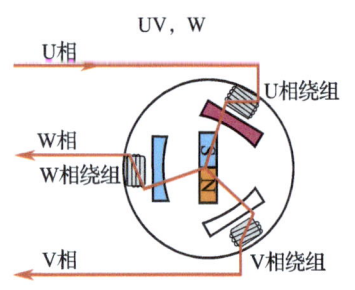
a）电流由U相流到V相和W相，此时U相、V相与W相绕组的合成磁场方向向右，转子顺时针转动

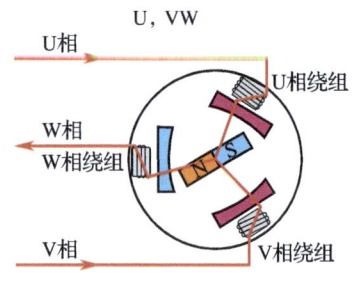
b）电流由U相和V相流到W相，此时U相、V相与W相绕组的合成磁场方向向右，转子顺时针转动

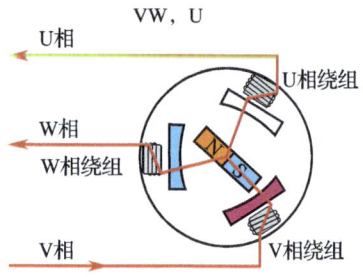
c）电流由V相流到W相和U相，此时U相、V相与W相绕组的合成磁场方向向右，转子顺时针转动

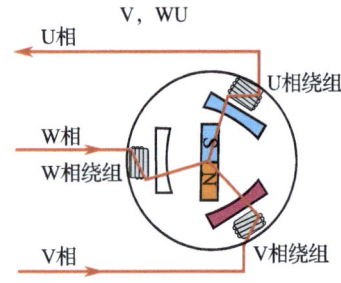
d）电流由V相和W相流到U相，此时U相、V相与W相绕组的合成磁场方向向右，转子顺时针转动

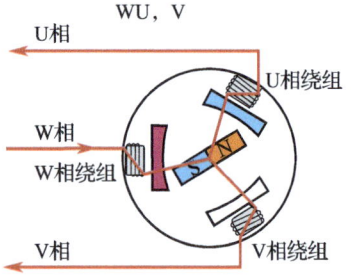
e）电流由W相流到U相和V相，此时U相、V相与W相绕组的合成磁场方向向右，转子顺时针转动

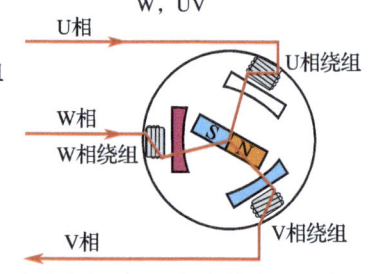
f）电流由W相和U相流到V相，此时U相、V相与W相绕组的合成磁场方向向右，转子顺时针转动

图 3 – 2 – 13　电机三三通电工作过程

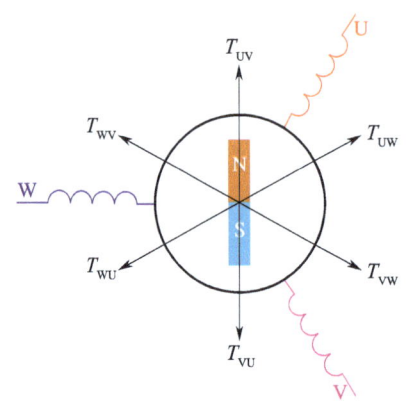

图 3 – 2 – 14　电机三三通电合成转矩方向

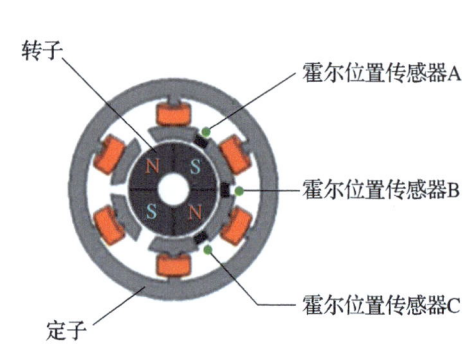

图 3 – 2 – 15　霍尔位置传感器结构

霍尔电流传感器基于磁平衡式霍尔原理，根据霍尔效应原理，从霍尔元件的控制电流端通入电流 I，并在霍尔元件平面的法线方向上施加磁场强度为 B 的磁场，那么在垂直于电流和磁场方向（即霍尔输出端之间），将产生一个电势 U_H，称其为霍尔电势，其大小正比于控制电流 I 与磁场强度 B 的乘积。即 K 为霍尔系数，由霍尔元件的材料决定；I 为控制电流；B 为磁场强度；U_H 为霍尔电势，如图 3-2-16 所示霍尔效应原理。

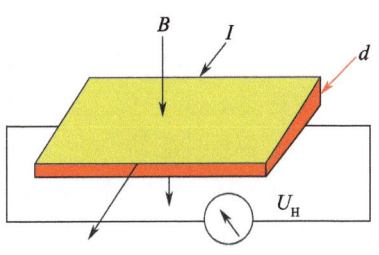

图 3-2-16　霍尔效应原理

1）结构。霍尔位置传感器和电机本体一样，也是由静止部分和运动部分组成，即由定子和转子组成，其转子与电机主转子一同旋转，以获取电机主转子的位置信号，如图 3-2-17 所示。

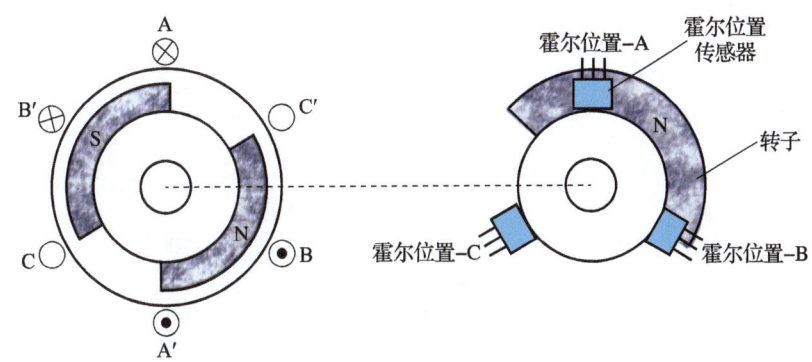

图 3-2-17　霍尔位置传感器的相对位置图

2）工作原理。电机中隔 120° 放置 3 个集成电路在工作时的输出波形，即为霍尔位置传感器的工作原理。

霍尔位置传感器检测所在位置的转子磁场强度，在磁场强度发生变化时，传感器信号也会发生相应的变化。在 360°（电角度）的范围内，每 60° 霍尔信号就会发生一次变化，用 "1" 表示霍尔信号的高电平，"0" 表示霍尔信号的低电平，霍尔信号与转子所在位置的对应关系如图 3-2-18 所示。

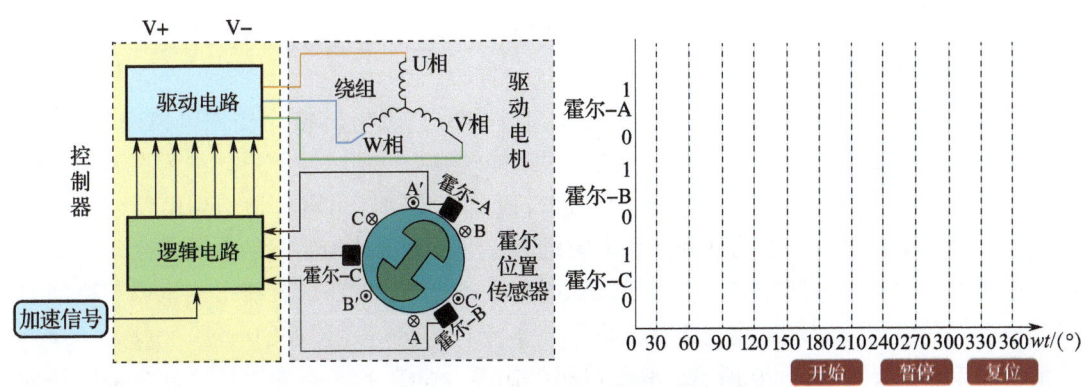

图 3-2-18　霍尔位置传感器的工作原理

电机控制模块根据霍尔传感器的输出与转子之间的相对位置关系,将三个信号输出作为转子位置的编码使用,进而控制驱动电路相应开关的状态,从而使得电流以正确的顺序、在正确的时间为电枢绕组提供电流。

(3) 温度传感器

温度传感器用来感受电机及其控制器的温度变化,并把温度信号转换成电信号输送给电机控制模块。常用的温度传感器主要有热电偶式温度传感器、热敏电阻式温度传感器、数字温度传感器(RTD)、半导体温度传感器(IC)4种类型,而常用的为热敏电阻式温度传感器,它是一种电阻值随着温度变化而发生变化的传感器。而热敏电阻共有两种变化类型,一种是正温度系数,即温度升高,阻值增加;另一种为负温度系数,即温度升高,阻值减小。

1)结构。热敏电阻式温度传感器主要由热敏电阻晶体、烧结电极、引线、探头等部件组成,如图3-2-19所示。

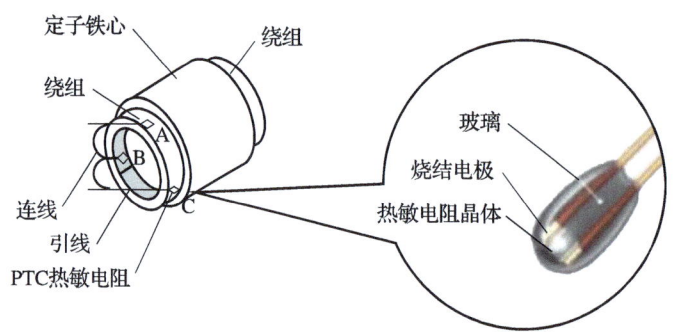

图3-2-19 热敏电阻式温度传感器结构

2)作用。为了保证驱动电机运行安全,系统设置了温度传感器,驱动电机控制器对温度传感器信号实时检测,更精确地控制电控系统散热。如果温度传感器出现故障,电动机控制器(PEU)将启动整车限制功率保护功能,车辆最高车速及加速性能将受限,同时仪表盘将点亮限功率指示灯,警示驾驶员尽快维修。

(4) 散热系统

电动机散热系统包括水道、冷却水管接头、前后端盖、机座等,主要作用是降低驱动电机及控制系统的温度,防止其因温度过高而损坏。

2. 电机控制器工作原理

驱动电机控制器(MCU)既能将动力蓄电池中的直流电转换为交流电以驱动电机,同时在车辆制动或滑行阶段,能将车轮旋转的动能转换为电能(交流电转换为直流电)给动力蓄电池充电;它采用CAN与其他模块进行通信,控制动力蓄电池组到电机之间能量的传输,同时采集电机位置信号和三相电流检测信号,精确地控制驱动电机运行。

驱动电机控制器内部逆变器由绝缘栅双极型晶体管(IGBT)、直流母线电容、驱动和控制电路板等组成,实现直流(可变的电压、电流)与交流(可变的电压、电流、频率)之间的转变,如图3-2-20所示。驱动电机控制器(MCU)是以磁电机自动化控制技术为基础的机电一体化产品,驱动电机控制系统主要包括功率变换电路、控制器(MCU)、转子位置检测模块、电流检测模块、CAN通信模块等五大部分。

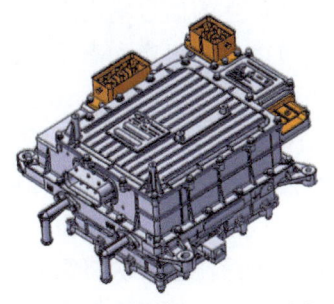 

a）驱动电机控制器（MCU）壳体　　b）驱动电机控制器（MCU）电路板布置图

图3-2-20　驱动电机控制器MCU的结构

（1）电机控制器的结构

1）主控制单元。主控制单元是驱动电机控制器的核心，如图3-2-21所示，其作用是综合处理速度指令、速度反馈信号及电流传感器、位置传感器、温度传感器等的反馈信息，控制功率变换器中主开关元器件的通断，实现对电机运行状态的控制。

在电动车辆上，整车控制器（VCU）根据驾驶员意图发出各种指令，驱动电机控制器（MCU）响应并反馈，实时调整驱动电机的输出，以实现整车的怠速、前行、倒车、停车、能量回收以及驻车等功能。同时还包含通信和保护，实时进行状态和故障检测，保障驱动电机系统和整车安全可靠运行。

2）速度、位置检测单元。位置传感器向驱动电机控制器提供转子位置及速度、方向等信号，使驱动电机控制器能正确的决定各相绕组的导通和截止的时刻。采用霍尔元件进行位置检测。图3-2-22所示为位置传感器信号检测分析过程。

 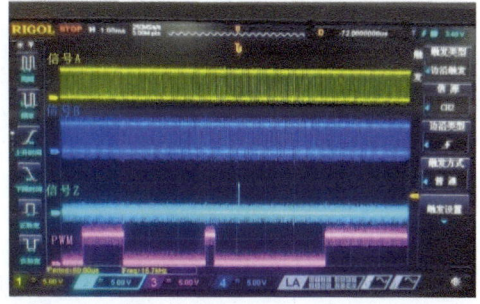

图3-2-21　驱动电机控制系统主控制单元　　图3-2-22　位置传感器信号检测分析过程

3）电流、电压检测单元。电流、电压检测单元的主要作用有以下两点。

①将检测得到的实时电流作为电流调节的控制参量，在启动、低速运行或加速运行时进行电流调节和导通角度的限制。

②检测功率变换电路，判断电路是否存在过流、过压、欠压故障，以便进行过流、过压、欠压保护和故障处理。

常用的电流、电压检测方法是通过电阻采样或霍尔采样。电阻采样功耗高，且检测灵敏度较低，此外对电流检测的线性度不好；而霍尔采样灵敏度更高，本身还有自保护功能，因而适用更广。

图3-2-23所示为霍尔电流传感器工作原理示意图，当主回路有一电流通过时，在

导线上产生的磁场被磁环聚集并感应到霍尔元件上，所产生的信号输出用于驱动功率管并使其导通，从而获得一个补偿电流 I_s，这一电流再通过多匝绕组产生磁场，该磁场与被测电流 I_p 产生的磁场正好相反，因而补偿了原来的磁场，使霍尔元件的输出逐渐减小；当 I_p 与匝数相乘所产生的磁场相等时，I_s 不再增加，这时的霍尔元件起到指示零磁通的作用，此时可以通过 I_s 来测试 I_p；当 I_p 变化时，平衡受到破坏，霍尔元件有信号输出，即重复上述过程重新达到平衡。被测电流的任何变化都会破坏这一平衡，一旦磁场失去平衡，霍尔元件就有信号输出，经功率放大后，立即就有相应的电流流过二次绕组以对失衡的磁场进行补偿。从磁场失衡到再次平衡，所需的时间理论上不到 $1\mu s$，这是一个动态平衡的过程。因此，从宏观上看，二次的补偿电流安匝数在任何时间都与一次被测电流的安匝数相等。

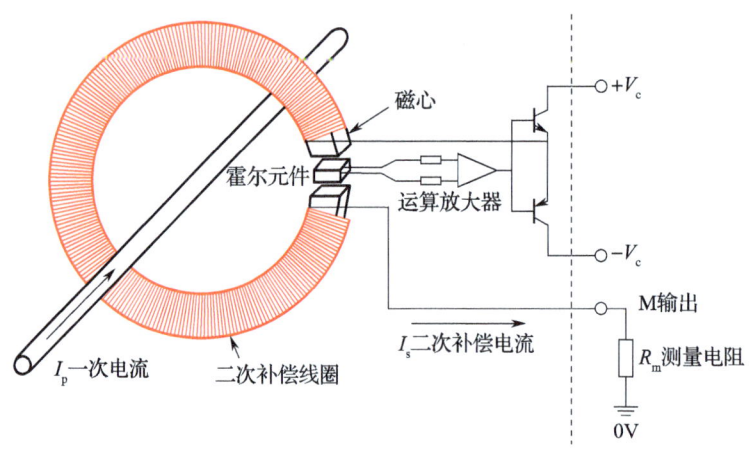

图 3-2-23　霍尔电流传感器工作原理

4）功率变换器。功率变换是指能有效地将直流供电电源的能量转化为负载所需要的交流电能能量，如图 3-2-24 所示。

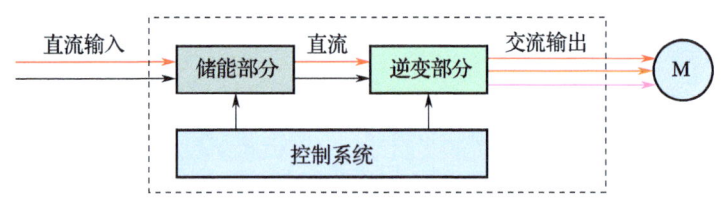

图 3-2-24　驱动电机控制系统功率变换器

功率变换技术是一门新兴的应用于电力领域的电子技术，就是使用电力电子器件对电能进行变换和控制的技术，这些电力电子器件包括晶闸管（晶体闸流管的简称，又被称作可控硅整流器或可控硅）、门极可关断晶闸管（GTO）、绝缘栅双极晶体管（IGBT）、金氧半场效晶体管（MOSFET）。功率变换技术所变换的"电力"功率可大到数百兆瓦甚至吉瓦，也可以小到数瓦甚至 1W 以下，其中以 IGBT 使用较多，本任务主要讲解的是以 IGBT 组成的功率变换模块。

功率变换器是连接电源和电动机绕组的开关部件，通过它将电源能量送入电机，也可将电机内的磁场储能反馈回电源，其功率变换电路所用的开关部件有快速绝缘栅双极型晶体管（IGBT）模块、续流二极管、散热板，如图3-2-25所示。

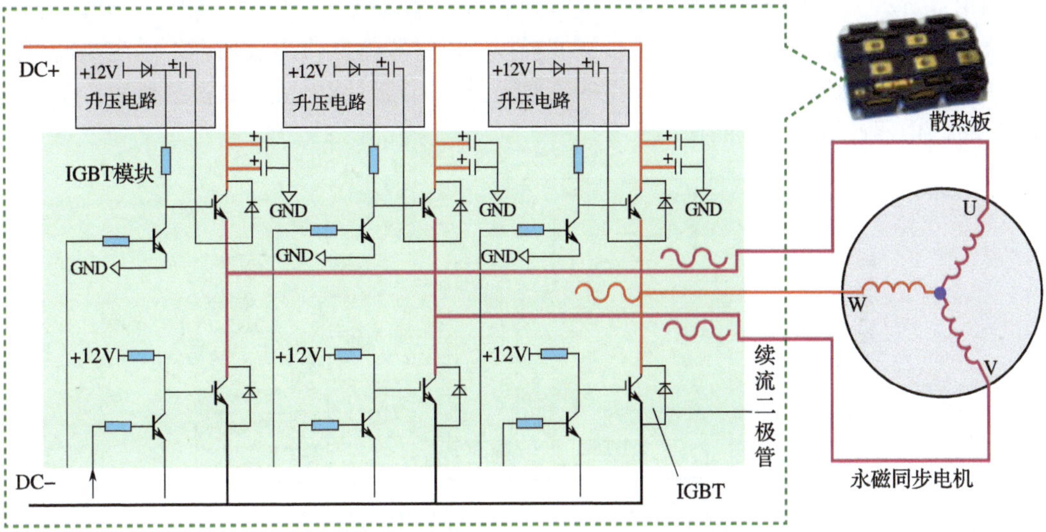

图3-2-25 驱动电机控制系统功率变换器结构

①IGBT和IGBT模块。IGBT（Insulated Gate Bipolar Transistor）是绝缘栅双极型晶体管的简称，是由BJT（双极型晶体管）和MOS（绝缘栅型场效应管）组成的复合全控型电压驱动式功率半导体器件，兼有MOSFET的高输入阻抗和GTR的低导通压降两方面的优点。GTR饱和压降低，载流密度大，但驱动电流较大；MOSFET驱动功率很小、开关速度快，但导通压降较大、载流密度小。IGBT正好综合了以上两种器件的优点，驱动功率小而饱和压降低。非常适合应用于直流电压为600V及以上的变流系统，例如交流电机、变频器、开关电源、照明电路、牵引传动等领域。

IGBT模块是由IGBT芯片与FWD（续流二极管）芯片通过特定的电路桥接封装而成，封装后的IGBT模块直接用于变频器、UPS不间断电源等设备上。

IGBT模块具有节能、安装维修方便、散热稳定等特点；当前市场上销售的多为此类模块化产品，一般所说的IGBT也指IGBT模块；随着节能环保等理念的推进，此类产品在市场上将越来越多见；同时，IGBT是能源变换与传输的核心器件，俗称电力电子装置的"CPU"，作为国家战略性新兴产业，在城市轨道交通、智能电网、航空航天、电动汽车与新能源装备等领域应用极广。图3-2-26所示为IGBT和IGBT模块实物图。

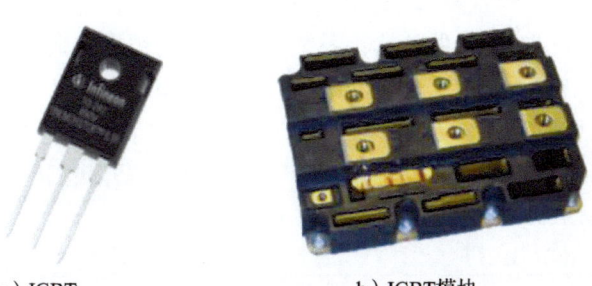

a）IGBT　　　　　　　b）IGBT模块

图3-2-26　IGBT和IGBT模块实物图

②续流二极管。"续流二极管"由于在电路中起到续流的作用而得名,如图 3 - 2 - 27 中圆圈位置所示。一般选择快速恢复二极管或者肖特基二极管来作为"续流二极管",它在电路中用来保护器件不被感应电压击穿或损坏,以并联的方式连接到产生感应电动势的器件两端,并与其形成回路,使其产生的高电动势在回路以续电流方式被消耗掉,从而起到保护电路中器件不被损坏的作用。

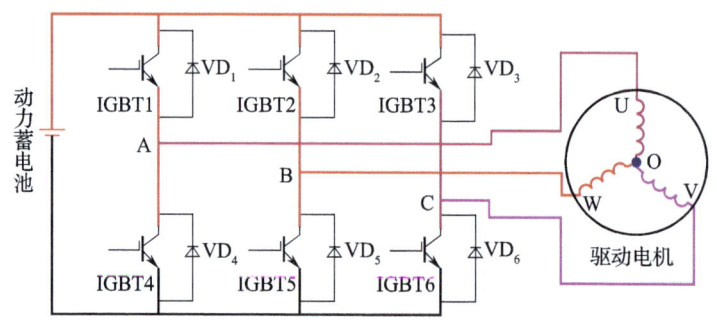

图 3 - 2 - 27　续流二极管电路结构示意图

大电感负载(电机绕组)在通过电流时,会在其两端产生感应电动势;而当电流消失时,其感应电动势会对电路中的器件产生反向电压;当反向电压高于器件的反向击穿电压时,会对器件如晶体管、晶闸管、IGBT 等造成损坏。

续流二极管并联在大电感负载(电机绕组)的两端,所以在这些反向电压通过续流二极管和绕组构成的回路做功,将电压(电流)消耗掉,从而保护了电路中的其他元器件的安全。

其中在电机控制电路中,续流二极管还作为整流二极管使用,将电机输出的交流电整流为直流电,输送至动力蓄电池,为动力蓄电池充电。

5)通信单元。驱动电机控制器根据智能车计算平台、整车 VCU 发送的转矩需求信号、能量回收信号、制动开关(踏板)信号、前进(前进档)、倒车(倒档)、电机转速、电机转子位置、电机温度等信号控制电机转速、电机旋转方向,同时发出故障保护请求(过流、过压、高温等)等。

在整车管理网络中,整车控制器(VCU)是信息控制的中心,负责信息的组织与传输、网络状态的监控、网络节点的管理、信息优先权的动态分配以及网络故障的诊断与处理等功能。通过 CAN 总线协调动力蓄电池管理系统、电机控制系统、线控转向系统、线控制动系统、智能车计算平台等模块间相互通信。

而网关是一种充当转换重任的计算机系统或设备,使用在不同的通信协议、数据格式或语言模式下,甚至在体系结构完全不同的两种系统之间也能使用,即网关相当于一个翻译器。网关将智能汽车计算平台通过以太网发送的速度、转角信息数据转换为 CAN 总线数据,向下发送。同时也将下层的如转角、速度等 CAN 数据信息转换为以太网数据信息,向智能汽车计算平台发送。

(2)电机控制器的工作原理

1)驱动电机的控制过程,见表 3 - 2 - 1。

表 3-2-1 驱动电机的控制过程

永磁同步电机	控制过程
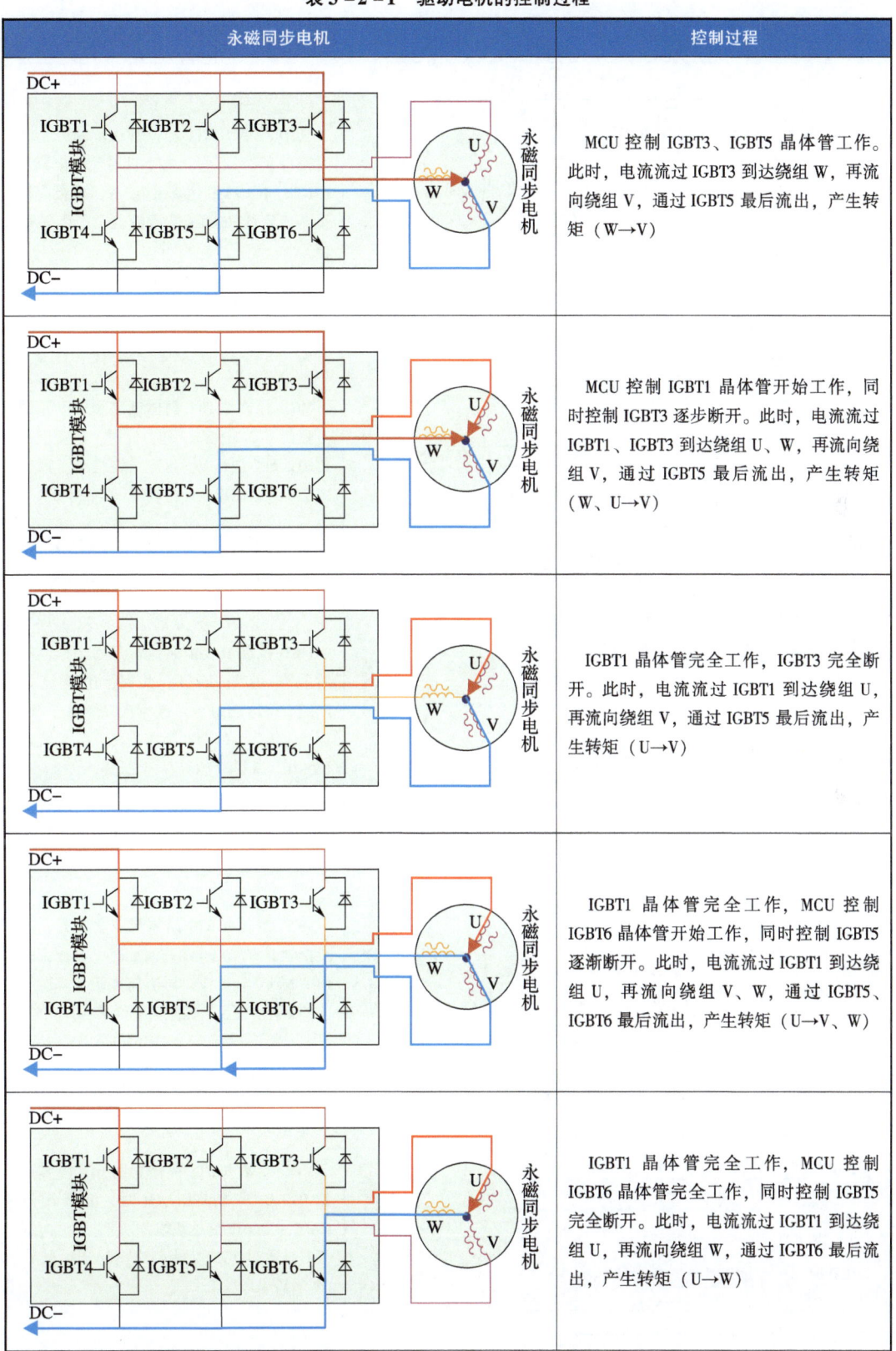	MCU 控制 IGBT3、IGBT5 晶体管工作。此时，电流流过 IGBT3 到达绕组 W，再流向绕组 V，通过 IGBT5 最后流出，产生转矩（W→V）
	MCU 控制 IGBT1 晶体管开始工作，同时控制 IGBT3 逐步断开。此时，电流流过 IGBT1、IGBT3 到达绕组 U、W，再流向绕组 V，通过 IGBT5 最后流出，产生转矩（W、U→V）
	IGBT1 晶体管完全工作，IGBT3 完全断开。此时，电流流过 IGBT1 到达绕组 U，再流向绕组 V，通过 IGBT5 最后流出，产生转矩（U→V）
	IGBT1 晶体管完全工作，MCU 控制 IGBT6 晶体管开始工作，同时控制 IGBT5 逐渐断开。此时，电流流过 IGBT1 到达绕组 U，再流向绕组 V、W，通过 IGBT5、IGBT6 最后流出，产生转矩（U→V、W）
	IGBT1 晶体管完全工作，MCU 控制 IGBT6 晶体管完全工作，同时控制 IGBT5 完全断开。此时，电流流过 IGBT1 到达绕组 U，再流向绕组 W，通过 IGBT6 最后流出，产生转矩（U→W）

（续）

永磁同步电机	控制过程
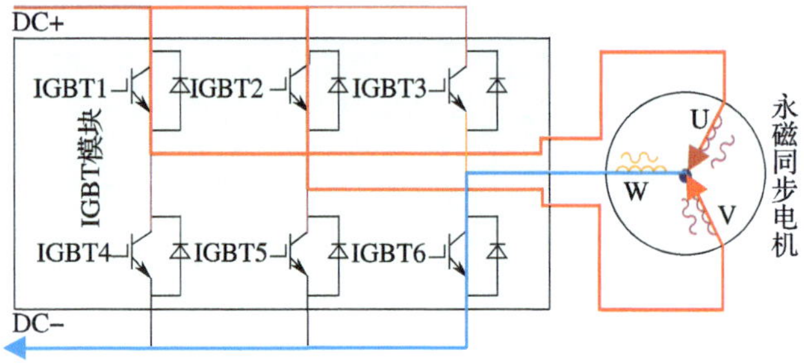	MCU 控制 IGBT1 晶体管逐步断开，同时控制 IGBT2 开始工作。此时，电流流过 IGBT1、IGBT2 到达绕组 U、V，再流向绕组 W，通过 IGBT6 最后流出，产生转矩（U、V→W）
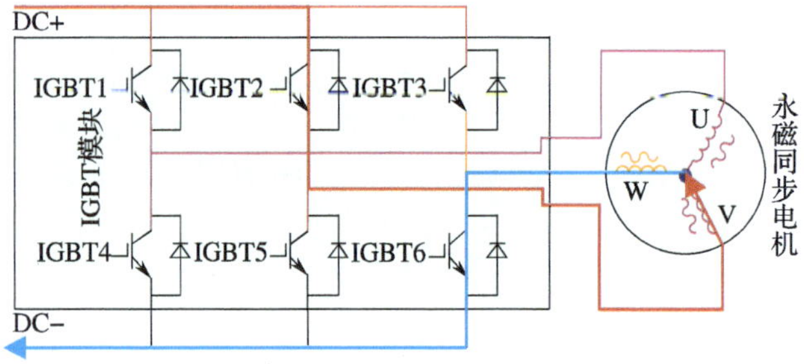	MCU 控制 IGBT1 晶体管完全断开，同时控制 IGBT2 完全工作。此时，电流流过 IGBT2 到达绕组 V，再流向绕组 W，通过 IGBT6 最后流出，产生转矩（V→W）
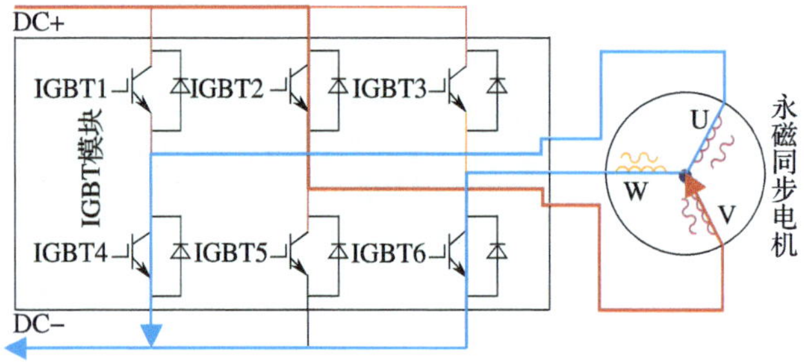	MCU 控制 IGBT4 晶体管开始工作，同时控制 IGBT6 断开。此时，电流流过 IGBT2 到达绕组 V，再流向绕组 U、W，通过 IGBT6、IGBT4 最后流出，产生转矩（V→U、W）
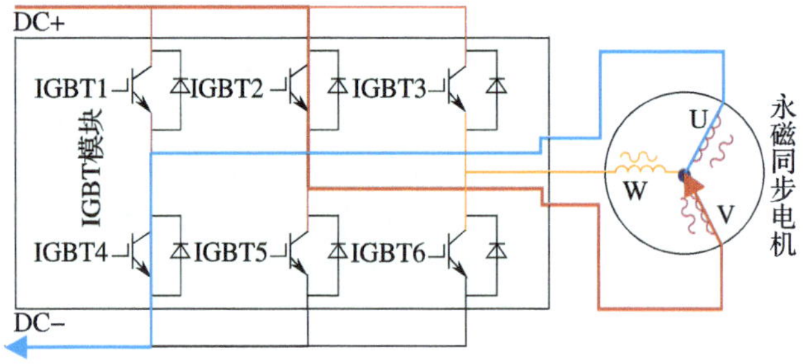	MCU 控制 IGBT6 晶体管完全断开，同时控制 IGBT4 完全工作。此时，电流流过 IGBT2 到达绕组 V，再流向绕组 U，通过 IGBT4 最后流出，产生转矩（V→U）
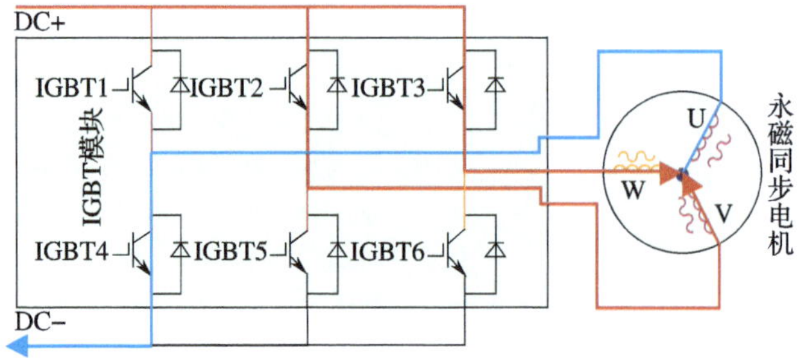	MCU 控制 IGBT2 晶体管断开，同时控制 IGBT3 开始工作，此时，电流流过 IGBT2、IGBT3 到达绕组 W、V，再流向绕组 U，通过 IGBT4 最后流出，产生转矩（W、V→U）

（续）

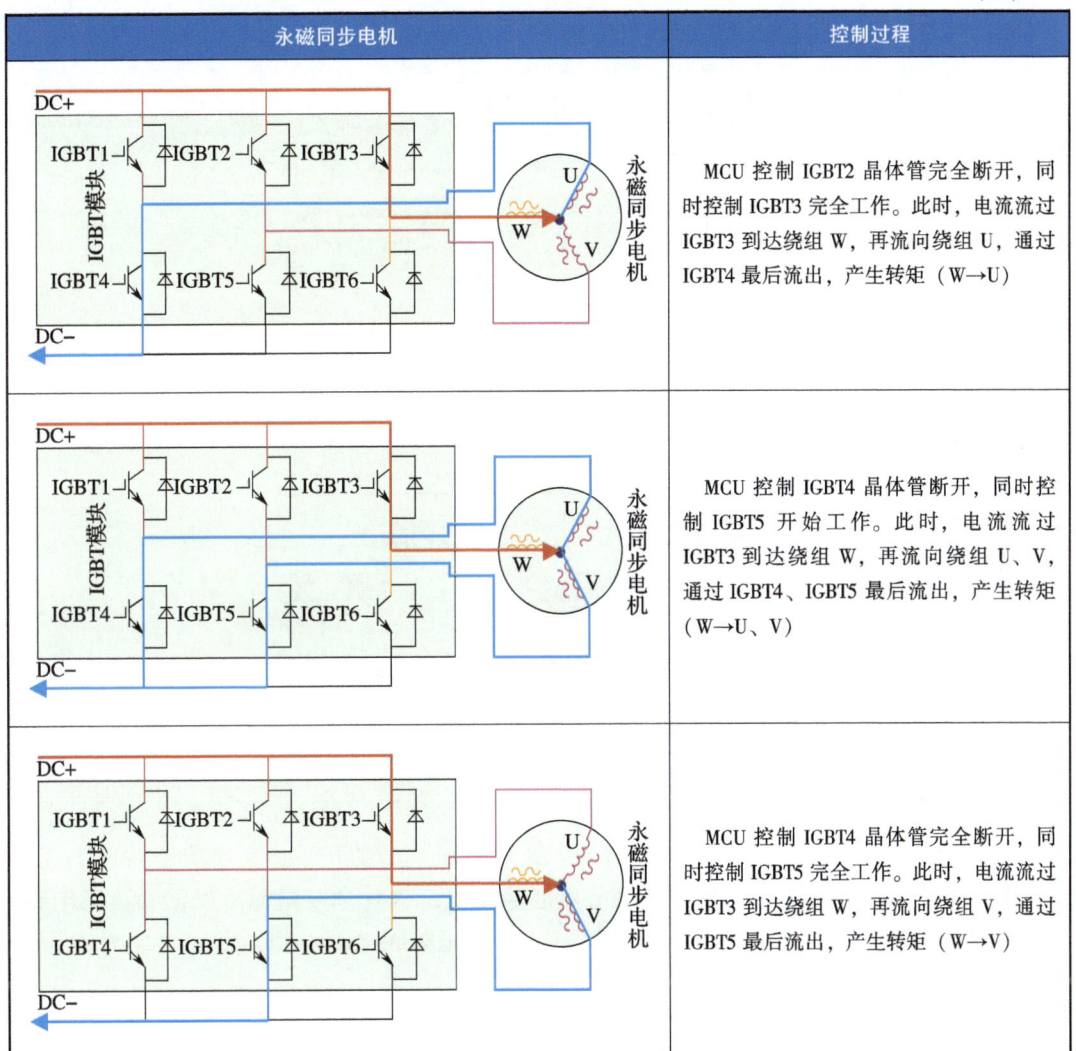

2）调速、调矩原理。电机调速的任务是控制转速，转速通过转矩来改变，若能快速准确地控制转矩，就能很好地控制转速，因此调速的关键是控制转矩。转矩与绕组中流过的电流及其作用位置有关，对电流的控制实际就是对转矩的控制。电流越大，电磁力矩就越密集，从而推动转矩变大，转矩变大了，转速也会随之变大。

3）驱动电机发电原理。在发电状态时，利用主控板的控制信号将功率主电路上半桥的功率管 IGBT1、IGBT2、IGBT3 全关闭，而下半桥的功率管 IGBT4、IGBT5、IGBT6 分别按一定规律进行 PWM 控制，这样，因上半桥续流二极管的存在，其等效电路类似于一个半控整流电路，如图 2-2-28 所示。

另外，因电动汽车的电源是蓄电池，电机在进入发电工作时，其发电电压必须高于蓄电池电压才能给蓄电池供电，所以发电运行的控制方法是采用半控整流的 PWM 升压工作原理，即产生"泵升电压"，当泵升电压高于蓄电池的端电压时就能充电，这一过程全部由驱动电机控制器（MCU）控制。

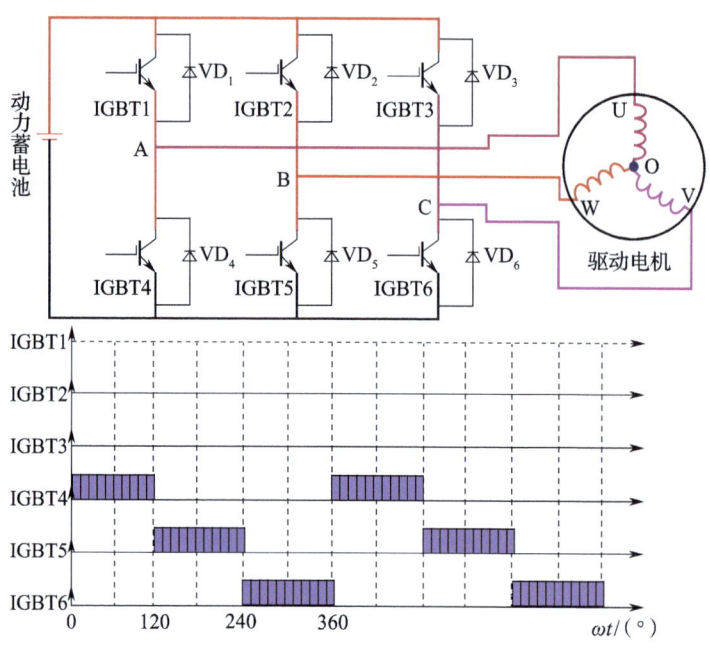

图 3-2-28 驱动电机发电原理

在驱动电机控制过程中,电动机的降速和停机是通过逐渐减小频率来实现的,在频率减小的瞬间,电机的同步转速随之下降,而由于机械惯性(车辆惯性)的原因,电机的转子转速未变。当同步转速小于转子转速时,转子电流的相位几乎改变了180°,电机从电动状态变为发电状态;与此同时,电机轴上的转矩变成了制动转矩,使电机的转速迅速下降,电机处于再生制动状态。电机再生的电能经续流二极管全波整流后反馈到直流电路,通过变频器本身的电容、电感吸收,使电容、电感短时间电荷堆积,形成"泵升电压",促使电压升高。

为了分析问题方便,选择此时是IGBT4导通,且脉宽调制工作,取PWM的一个脉冲周期 T 进行分析,设导通时间为 t_1,则截止时间为 $T-t_1$。

①在 $(0, t_1)$ 时间段内IGBT4导通,其工作回路为U相绕组→IGBT4→VD_5→W相绕组→U相绕组,如图3-2-29所示,此时属电机电感储存磁场能量的过程。

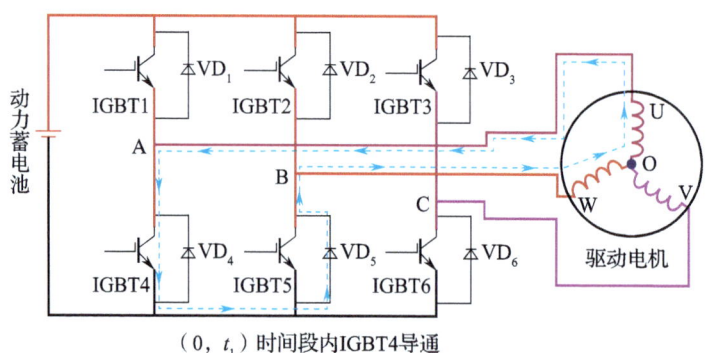

$(0, t_1)$ 时间段内IGBT4导通

图 3-2-29 电机电感储存磁场能量的过程

②在 (t_1, T) 时间段内 IGBT4 截止，其工作回路为 U 相绕组→VD_1→蓄电池→VD_5→W 相绕组→U 相绕组，如图 3-2-30 所示，续流作用向蓄电池充电，此时属电机电感释放磁场能量的过程。

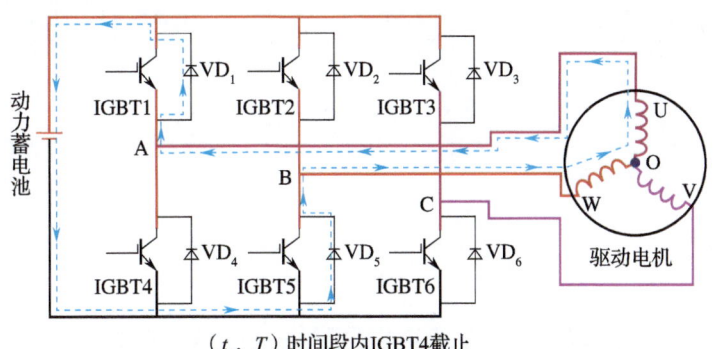

(t_1, T) 时间段内IGBT4截止

图 3-2-30 电机电感释放磁场能量的过程

控制 PWM 占空比的大小，即可使蓄电池两端的电压 $U_{AB} \geqslant$ 回路电压 U_d。当然，在驱动电机控制器 MCU 中以闭环控制的方式自动调整 PWM 的占空比，满足 U_{AB} 电压不超过蓄电池允许的最高充电电压，并满足发电电流不超过蓄电池允许的最大充电电流。

3. 整车控制器工作原理

（1）整车控制器的结构

整车控制器（VCU）是整车控制的核心控制器，通过汽车总线或者硬线，实现对动力蓄电池系统、电驱系统、热管理系统等的管理，具体包括档位、加速踏板、制动踏板的控制，根据实时的动力蓄电池电量，计算出需要输出的转矩、整车的低压、高压的上下电、能量回收等，其结构如图 3-2-31 所示。

a）整车控制器（VCU）外部结构　　b）整车控制器（VCU）内部结构

图 3-2-31 整车控制器（VCU）的结构

（2）整车控制器的工作原理

VCU 是汽车的核心控制部件、大脑，它识别驾驶员的驾驶意图，并做出相应判断后控制下层的各部件控制器执行动作，同时实时监控下层的各部件的状态，在系统出现异常时进行决策，如图 3-2-32 所示。

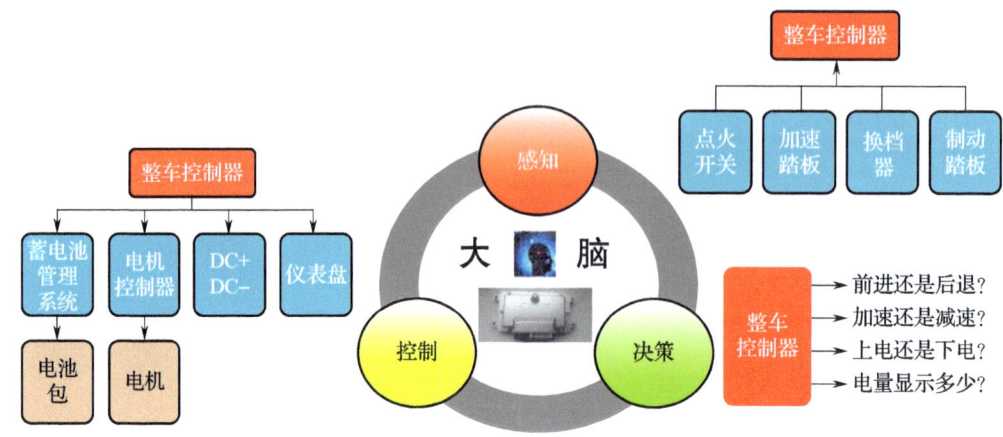

图3-2-32 整车控制器（VCU）的工作内容

整车控制器（VCU）主要接收、处理主动（自动）和被动（驾驶员）的驾驶操作指令，并向各个部件控制器发送控制指令，使车辆按期望的速度、轨迹行驶；同时与驱动电机控制器（MCU）、动力蓄电池管理系统（BMS）等进行可靠通信，以及针对关键信息的模拟量，进行状态的采集及控制指令量的输出。对整车具有保护功能，根据故障的类别对整车进行分级保护，紧急情况下可以关掉驱动电机及切断母线高压系统。

整车控制器是依据整车运行工况，协调发动机和电机能量分配问题、整车工况模式转换、突发事件处理以及蓄电池能量管理协调单元，主要功能如下：

1）识别驾驶员的驾驶意图，实现前进、倒退以及驻车等整车功能。其主要是对计算平台的控制命令进行分析处理，也就是将主动（自动）驾驶过程中的速度需求信息、转角需求信息，根据某种规则转化成电机的转矩以及转角需求指令。因此整车控制器（VCU）对以上信息操作的响应性能，完全取决于整车控制器（VCU）对速度信息和转角信息所分析的结果，这直接影响车辆的控制效果、操控感觉和行驶安全。

2）对整车在不同工况下的能量流动（功率）进行分配、限制管理控制。其通过对整车的电机驱动控制器（MCU）、蓄电池管理系统（BMS）、传动系统以及其他车载能源动力系统（如仪表盘、线控制动、线控转向系统等）的协调和管理，提高整车能量利用效率，延长续驶里程。

3）控制整车实现制动能量回收功能。智能网联汽车计算平台通过外部环境感知传感器（激光雷达、超声波雷达、毫米波雷达、深度摄像头）对车辆周围环境信息进行检测，最终根据检测到的环境信息输出一个期望的车速给整车控制器（VCU），VCU接收到此信息后和当前速度进行比对，如果期望车速小于当前车速，则结合当前车速及动力蓄电池的状态信息（例如，SOC值）来判断某一时刻能否进行制动能量回收，如果可以则计算出制动总能量、再生制动能量和液压制动能量，并将能量回收信息发送至驱动电机控制器（MCU），MCU根据此信息量控制能量回收功能，即制动力矩，在满足安全、舒适性的前提下，启动能量回收系统。

4）充电过程控制。整车控制器（VCU）与蓄电池管理系统共同完成充电过程中的充电功率控制，整车控制器（VCU）接收到充电信号后，应该禁止高压系统上电，保证车辆在充电状态下处于行驶锁止状态。

5）高压上下电控制。根据点火开关的控制指令，以及驱动电机控制器（MCU）等信息，进行动力蓄电池的高压继电器开关控制，以完成高压设备的电源通断和预充电控制，包括协调各相关部件的上电与下电流程，包括电机控制器、动力蓄电池管系统等部件的供电，预充电继电器、主继电器的吸合和断开时间等。

6）车辆状态的实时监测和显示。图3-2-33所示为车辆状态显示示意图，整车控制器（VCU）对车辆的状态进行实时检测，并且将各个子系统的信息发送给车载信息显示系统，其过程是通过传感器和CAN总线，检测车辆状态及其动力系统及相关电气附件，相关各子系统状态信息驱动显示仪表盘，将状态信息和故障诊断信息通过数字仪表盘显示出来。

图3-2-33　车辆状态显示示意图

车辆显示仪表盘是显示车辆状态（蓄电池电量、车速、充电）、警告（驱动、线控转向系统、线控制动、充电）等信息的主要部件，其通过CAN总线接收外部驱动系统、线控转向系统、线控制动系统、充电系统的数据信息进行显示，便于使用户对车辆状态进行实时掌握。

7）故障诊断与处理。整车控制器（VCU）连续监控整车状态信息，进行故障诊断，并及时进行相应安全保护处理。根据传感器的输入及其他通过CAN总线通信得到的电机、蓄电池、充电机等的信息，对各种故障进行判断、等级分类、报警显示，并及时进行相应安全保护处理。根据传感器的输入及其他通过CAN总线通信得到的电机、蓄电池、踏板等的信息，对各种故障进行判断、等级分类、报警显示，供维修时查看。

8）控制冷却风扇、冷却水泵、制动器真空泵等附件。VCU可以通过控制冷却系统的水泵、风扇等部件的工作，来调节冷却系统的流量和温度，从而保证车辆的性能和寿命。VCU可以通过控制制动器真空泵的工作，来保障制动系统的正常工作，从而提高车辆的制动稳定性和安全性。

9）档位控制。VCU的档位管理关系车辆的安全，正确理解车辆运行的意图，以及正确识别车辆的档位，在基于模型开发的档位管理模块中得到很好的优化。能在出现故障时做出相应处理，保证整车安全，在系统出现档位误操作时通过仪表盘等提示使驾驶员能迅速做出纠正。

10）整车控制系统CAN总线网络化管理。在整车的网络管理中，VCU是信息控制的中心，负责信息的组织与传输、网络状态的监控、网络节点的管理、信息优先权的动态分配以及网络故障的诊断与处理等功能。通过CAN总线协调动力蓄电池管理系统（BMS）、电机控制器（MCU）、线控转向系统、线控制动系统以及智能网联汽车计算平台等模块相互通信。

（二）线控驱动系统的特点

智能网联汽车线控驱动系统是指通过电子控制技术实现对车辆驱动系统的控制，具有以下几方面特点。

1. 高精度控制

线控驱动系统可以实现高精度的控制,能够更准确地控制车辆的速度、加速度和转向等参数,提高车辆的操纵性能和行驶稳定性。

2. 快速响应

线控驱动系统的响应速度非常快,可以更快地响应驾驶员的操作,提高车辆的操纵性能和行驶安全性。

3. 高效节能

线控驱动系统可以实现对车辆动力系统的高效控制,提高能源利用率,降低能耗和排放。

4. 智能化

线控驱动系统可以与车辆的其他系统进行集成,实现智能化控制,提高车辆的自动化水平和智能化程度。

5. 可编程性

线控驱动系统可以通过编程实现不同的控制策略和功能,提高了控制系统的灵活性和可扩展性。

6. 安全性

线控驱动系统可以提高车辆的行驶安全性,减小因驾驶员的操作失误或疲劳驾驶等因素所造成的对车辆行驶安全的影响。

总之,智能网联汽车线控驱动系统具有高精度控制、快速响应、高效节能、智能化、可编程性和安全性等特点,是未来汽车发展的主要方向之一。

(三)线控驱动系统的典型应用

目前,很多车型上都运用了线控驱动系统,特别是线控换档技术。线控换档技术是指取消了传统的换档操纵机构与变速器之间连接的拉索或推杆,变速杆和变速器之间无直接机械连接,可以简化系统的部分结构,便于设计变速杆的位置与操作界面(例如,变速杆安装在仪表板上),使换档操作更加轻便。

宝马汽车公司最早引入了线控换档系统,使得驾驶员换档的动作变得简单、轻松,而且不会出现驻车 P 档位的卡滞问题,因此该技术被广泛应用于宝马集团的全系列车型上,其变速杆形式如图 3-2-34 所示。

丰田混动车型的线控换档系统的结构图,由变速杆、驻车开关、混合动力系统 HV ECU、驻车控制 ECU、驻车执行器和档位指示器组成,如图 3-2-35 所示。

图 3-2-34 宝马车型的变速杆形式

车辆正常行驶过程中涉及到 R、N、D 三个档位,驾驶员作用于变速杆的动作转换为执行电信号传递给混合动力系统 HV ECU,经过 HV ECU 计算后向变速器输出对应的档位信号,完成车辆行驶档位的变换,同时仪表盘上的档位指示器对应档位信号灯亮起。

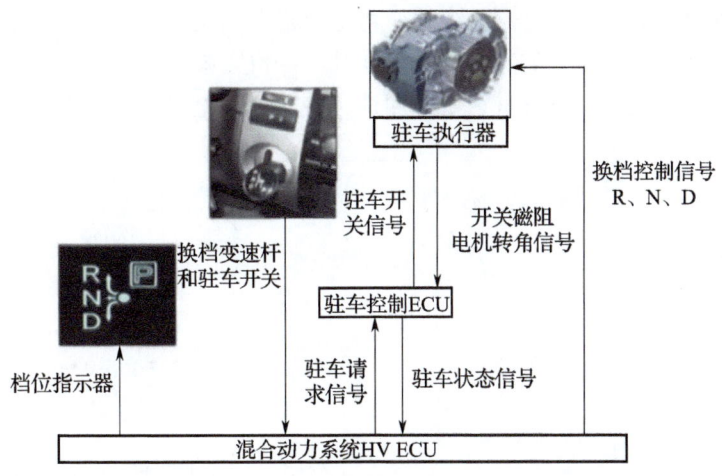

图3-2-35 丰田混动车型的线控换档系统

当驾驶员操控驻车开关时，混合动力系统 HV ECU 将采集到的执行电信号经计算传递给驻车控制 ECU，驻车控制 ECU 通过磁阻式传感器时刻采集驻车执行器电机转角信号以判定车辆是否处于静止状态，若驻车执行器电机转角为0，则执行驻车动作，仪表盘驻车指示灯亮起；反之，驻车控制 ECU 检测到电机转角信号不为0，驻车指令会被驳回到混合动力系统 HV ECU 且无法完成驻车动作。

因此，当驾驶员操纵变速杆换到某个目标档位时，不需要考虑目前的档位状态，在车辆工作过程中，当档位更换完成后，档位指示器会准确显示当前档位，使驾驶员意识到完成了换档操作。由于采用电控系统控制变速器的换档操作，各个部件协同工作实现换档，可以有效防止人为误操作，增强整车的安全性。若换档 ECU 检测到不正确的操作时，会将档位控制在安全的范围内，并且向驾驶员发出警告。

视频16
线控驱动系统的工作原理

（四）线控驱动系统的性能测试

1. 控制模式测试

目前，对加速踏板位置传感器（APPS）信号进行精确控制，主要由踏板机器人控制和线控两种方式。踏板机器人控制是通过机器人根据车速的变化持续对踏板开度进行控制，从而达到控制车辆加速踏板深度的目的。线控是指模拟车辆加速踏板位置传感器信号，将信号传输到VCU，让VCU根据模拟信号对车辆的速度进行控制，优势是设备成本低，安装简单，只要是装备电子节气门的车辆都能够实现对 APPS 的精确控制，达到对车速、转速、加速度等的精确控制，劣势是没有装备电子节气门的车辆无法使用线控。

2. 智能网联汽车线控驱动系统性能测试

如图3-2-36所示，目标车速通过加速踏板位置传感器等传感元件输送给整车控制器（VCU），整车控制器对包括加速踏板位置传感器信号等所有输入信号进行分析处理，并将电机控制系统运行状态的信息发送给整车控制器。根据输入的加速踏板和制动踏板的信号，向电机控制器发出相应的控制指令，采用 PWM 信号通过改变三相交流中的电压和频率，实现驱动电机的转速和转矩的变化，对电机进行启动、加速、减速、制动控制，从而实现汽车在不同目标速度下的安全行驶。在纯电动汽车减速和下坡滑行时，整车控制器配合电源系统的蓄电池管理系统进行发电回馈，使动力蓄电池反向充电。

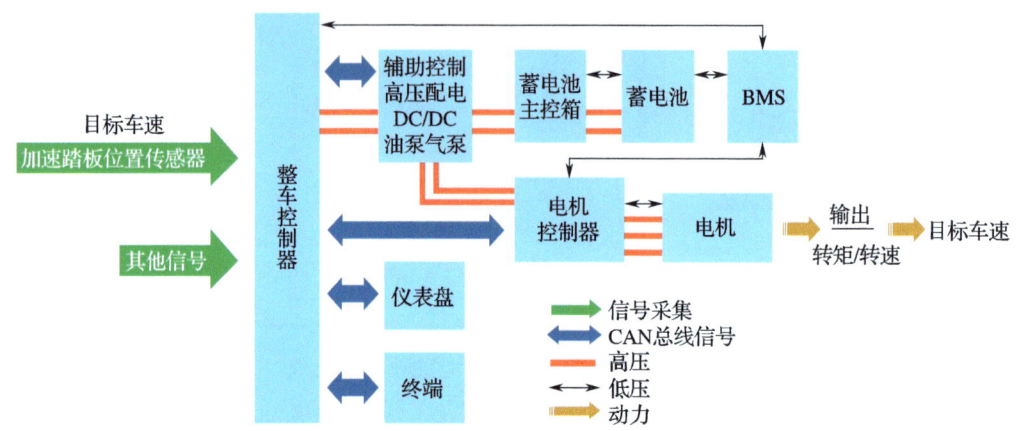

图3-2-36　线控驱动系统控制及工作策略

（1）加速度阶梯变化测试

针对线控驱动系统，为了实现加速度的精确控制，一般应进行多种加速度阶梯变化测试。在不同目标的加速度幅值下，系统应能及时、准确地跟随目标加速度，满足各项测试指标，实现预期的线控驱动目的。在加速度阶梯变化测试试验里，测试了不同加速度的线控驱动性能，绘制试验曲线，进行了详细分析。

（2）CAN总线波形测试及数据分析

目前，线控驱动系统一般通过高速CAN总线进行联网，因此，应使用波形测试仪进行CAN总线波形测试。具体测试步骤如下。

1）将底盘线控实训台架的点火开关置于"ON"档。

2）使用示波器通道1（CH1）和通道2（CH2），检测线连接示波器通道接口。CH1测量端连接CAN-H线，搭铁线连接车身搭铁位置；CH2测量端连接CAN-L线，搭铁线连接车身搭铁位置。

3）打开示波器开关，选择显示CH1与CH2，调节幅值按键，双通道采集CAN总线波形。

4）分析线控驱动系统CAN总线波形。

素养园地

"创"——养成创新思维和创业意识

随着中国大力推动汽车的电动化和智能化革命，我国新能源汽车市场迎来爆发式增长。自主品牌凭借电动化和智能化先发优势在新能源汽车时代实现品牌向上，开始抢占传统合资及外资品牌市场份额。2023年传统自主品牌占国内新能源市场份额提升至56%，占全球新能源汽车市场份额提升至36.3%。在中高端车型中，自主品牌新能源车型智能化配置渗透率相较合资和外资品牌更具优势。

自主零部件企业背靠我国自主整车企业，凭借本土化及快速响应优势，将在电动化和智能化市场获得更多的配套机会，在产业链重塑中迎来更多的发展机遇。传统燃油车的底盘系统机械、液压零部件繁多，结构复杂，能效利用低，无法适应电动化的发展趋势和满足自动驾驶对车辆操控、安全的需求。底盘线控以电信号代替传统的机械、液压或气动式等的连接，具有结构紧凑、响应速度快与控制精度高的优点，更加匹配电动智能汽车。在电动化与智能化转型的推动下，底盘线控发展迅速，自主供应商借助变革机遇奋起直追，叠加中国速度、性价比、整零协同优势，在底盘线控领域或将诞生全球性的零部件龙头企业。

在智能化、电动化的趋势下，汽车零部件技术持续创新，各项新技术层出不穷，各种造车新势力加入其中，零部件行业面临重塑的竞争格局。在新能源汽车领域，国内已建立起较为完善的电动汽车自主产业链，国内动力蓄电池市场中自主企业占据绝对优势，国内主要自主品牌车企新能源电驱及电控系统已基本实现国产化配套。底盘线控处在汽车电动化和智能化两个赛道的交叉点上，市场容量巨大，2025年全球底盘线控市场规模有望达1757亿元。底盘线控市场首先吸引了资本市场的重视，多家底盘线控企业获得大量投资。

汽车行业的创新是一项巨大的系统工程，如果没有技术创新，就不能掌握汽车的核心技术。没有基础研究的长期储备和积累、技术创新与突破，应用与开发就成为无源之水、无本之木，最终只能靠模仿、引进生存。我国汽车企业要想在国际竞争中取得一席之地，必须要加强对基础研究的投入，它将加快汽车企业成为自主创新主体的步伐。

视频17
线控驱动系统的性能试验

三、任务实施

（一）任务实施的要求

1. 任务实施的目的

1）掌握线控驱动系统的通信原理。

2）能够将调试数据解析成CAN报文，完成MCU的调试。

3）能够根据当前MCU反馈的信息，计算出VCU向MCU发送的CAN报文。

2. 实训仪器和设备

智能网联汽车线控驱动实训平台、CAN总线分析仪、调试电脑等。

（二）任务实施的步骤

1. 准备工作

1）任务内容：在组织教学的过程中，让学生学会分析报文含义的方法。线控驱动系统的通信主要存在于 VCU 与 MCU 之间，包括 VCU 向 MCU 发送的驱动指令，以及 MCU 向 VCU 发送的电机状态、电机控制器状态等反馈信息。VCU 与 MCU 之间的通信波特率为 500kbit/s，报文采用 Motorola 格式，帧格式为标准帧。

2）组织方式：学生 5~6 人为一个任务小组，每组选出 1 名组长，以小组为单位，以此进行技能实训，每组组长根据小组成员任务分工不同，确定不同任务的责任人，保证每位同学都能够参与实践操作。

3）实操准备：注意人身及设备安全，按照进入实践区域需穿戴劳保防护用品的要求，严格组织学生按照实训区安全作业规程进行实操。

2. 指导步骤

步骤一：VCU 向 MCU 发送 CAN 报文协议。

VCU 向 MCU 发送 CAN 报文的协议见表 3-2-2，报文 ID 为 0x301，报文周期为 100ms，报文长度为 8 字节（一般 CAN 报文中的数据段为 8 字节，64 位）。

表 3-2-2　VCU 向 MCU 发送 CAN 报文协议（ID：0x301，周期：100ms）

字节		定义	格式
Byte0	bit0	电机控制器工作使能	bit0 = 0 时，未触发工作使能信号 bit0 = 1 时，触发工作使能信号
	bit1	电机控制器放电使能	bit1 = 0 时，未触发放电使能信号 bit1 = 1 时，触发放电使能信号
	bit2 ~ bit3	电机控制器的控制模式	bit2 ~ bit3 = 0 时，为转速控制模式 bit2 ~ bit3 = 1 时，为转矩控制模式 bit2 ~ bit3 = 2 时，为无效信号
	bit4 ~ bit7	预留	bit4 ~ bit7 = 0（默认）
Byte1		预留	Byte1 = 0x00（默认）
Byte2	低字节	加速踏板开度	有效值：0 ~ 1000，精度 0.1%，物理量 0% ~ 100%
Byte3	高字节		
Byte4	低字节	电机转速命令	电机转速命令值 = 加速踏板有效值 × 2.7
Byte5	高字节		
Byte6		档位状态	Byte6 = 0x00 时，表示挂驻车（P）档位 Byte6 = 0x01 时，表示挂倒（R）档位 Byte6 = 0x02 时，表示挂空（N）档位 Byte6 = 0x03 时，表示挂前进（D）档位
Byte7		预留	Byte7 = 0x00（默认）

步骤二：MCU 向 VCU 发送 CAN 报文协议。

MCU 向 VCU 发送 CAN 报文的协议 ID 有 3 个，协议见表 3-2-3 ~ 表 3-2-5。

表 3-2-3　MCU 向 VCU 发送 CAN 报文协议（ID：0x310，周期：200ms）

字节	定义	格式
Byte0	驱动电机状态	Byte0 = 0x01 时，表示驱动电机当前处于耗电状态 Byte0 = 0x02 时，表示驱动电机当前处于发电状态 Byte0 = 0x03 时，表示驱动电机当前处于关闭状态 Byte0 = 0x04 时，表示驱动电机当前处于准备状态 Byte0 = 0xFE 时，表示驱动电机异常 Byte0 = 0xFF 时，为无效信号
Byte1	驱动电机控制器温度	有效值范围为 0~250，数值偏移量 -40，表示 -40~210℃
Byte2	当前驱动电机温度	有效值范围为 0~250，数值偏移量 -40，表示 -40~210℃
Byte3	预留	Byte3 = 0x00（默认）
Byte4	预留	Byte4 = 0x00（默认）
Byte5	驱动电机故障数	精度：1，偏移 0，物理值：1~50（范围）
Byte6	驱动电机故障码	故障码 / 故障 / 故障码 / 故障 0x00 无故障　0x0D 控制器过热 0x01 U 相过电流　0x0E 电机温度传感器故障 0x02 V 相过电流　0x0F 控制器温度传感器故障 0x03 W 相过电流　0x10 电机编码器故障 0x04 硬件过电流　0x11 电机堵转故障 0x05 功率模块故障　0x14 实时故障 1 0x06 母线过电流　0x15 相电流传感器故障 0x07 母线过电压　0x16 母线电流传感器故障 0x08 母线欠电压　0x17 电机失控 0x09 电机超速　0x1C 转向信号故障 0x0A 电机过载　0x1D 通信故障 0x0B 控制器过载　0x28 实时故障 2 0x0C 电机过热　0x29 实时故障 3
Byte7	预留	Byte7 = 0x00（默认）

表 3-2-4　MCU 向 VCU 发送 CAN 报文协议（ID：0x311，周期：200ms）

字节	定义	格式
Byte0	低字节	当前驱动电机转速：有效值范围：0~65531，数值偏移量 -20000，表示 -20000~45531r/min 最小计量单位：1r/min Byte0 = 0xFF、Byte1 = 0xFE，表示异常 Byte0 = 0xFF、Byte1 = 0xFF，表示无效
Byte1	高字节	

(续)

字节		定义	格式
Byte2	低字节	当前驱动电机转矩	有效值范围：0~65531，数值偏移量-20000，表示-2000~4553.1N·m 最小计量单元：0.1N·m Byte2=0xFF、Byte3=0xFE，表示异常 Byte2=0xFF、Byte3=0xFF，表示无效 前进档位时转矩为正值，倒档位时转矩为负值
Byte3	高字节		
Byte4		当前电机旋转状态	Byte4=0x01时，电机反转（倒档位） Byte4=0x02时，电机无转速（N档位） Byte4=0x03时，电机正转（D档位）
Byte5	bit0	预留	bit00（默认）
	bit1	控制模式	bit1=0：转速控制模式 bit1=1：转矩控制模式
	bit2~bit5	预留	bit2~bit50（默认）
	bit6~bit7	预留	bit6~bit70（默认）
Byte6~Byte7		预留	Byte6=0x00（默认） Byte7=0x00（默认）

表3-2-5　MCU 向 VCU 发送 CAN 报文协议（ID：0x312，周期：500ms）

字节		定义	格式
Byte0	低字节	当前电机控制器输入电压	有效值范围：0~60000，表示0~6000V 最小计量单元：0.1V Byte0=0xFF、Byte1=0xFE，表示异常 Byte0=0xFF、Byte1=0xFF，表示无效
Byte1	高字节		
Byte2	低字节	当前电机控制器母线电流	有效值范围：0~20000，数值偏移量-10000，表示-1000~1000A 最小计量单元：0.1A Byte2=0xFF、Byte3=0xFE，表示异常 Byte2=0xFF、Byte3=0xFF，表示无效
Byte3	高字节		
Byte4~Byte7		预留	Byte4~Byte7=0x00（默认）

视频18
线控驱动系统的装调测试

任务工单 6　智能网联汽车线控驱动系统调试

任务名称	智能网联汽车线控驱动系统调试		
"1+X"智能网联汽车测试装调职业等级证书			
小组成员：		班级：	
自评：□合格　　□不合格		师评：□合格　　□不合格	
日期：		日期：	
一、实训信息记录			
实训设备		实训场所	
工具准备		资料准备	
二、VCU 向 MCU 发送 CAN 报文计算			
步骤一	线控系统测试，设置当前 D 档位，目标车速 48km/h		
报文			
步骤二	线控系统测试，设置当前电机模式为转矩模式		
报文			
步骤三	线控系统测试，设置电机转矩为 5N·m		
报文			
三、MCU 向 VCU 发送 CAN 报文计算			
反馈报文	CAN□	CAN1	传输方向	接收
	时间标识	12:25:23	帧 ID	0x311
	帧格式	数据帧	帧类型	标准帧
	数据长度	8	数据 HEX	0852524E03000000
报文分析	Byte0	0x0D		
	Byte1	0x0000		
	Byte2			
	Byte3	0x01		
	Byte4	0xE803		
	Byte5			
	Byte6	0x524E		
	Byte7			
四、现场整理与评价			

序号	项目及评价标准	占比分数	实际得分
1	小组成员是否明确任务	10	
2	知识准备是否充分	20	
3	小组工作流程是否完整规范	30	
4	实训工单是否认真填写	15	
5	设备归位及场地整理得分	10	
6	小组合作得分	15	
总分			

四、任务小结

1）永磁同步电机由定子、转子构成，定子采用叠片结构以减小电机运行时的铁心损耗；转子铁心大多采用硅钢叠片叠成，不做成实心结构。

2）永磁同步电机典型的"六步电流换向"顺序图展示了定子内绕组的通电次序，其通电方式有"两两通电"和"三三通电"两种方式。

3）霍尔位置传感器和电机本体一样，也是由静止部分和运动部分组成，即由定子和转子组成，其转子与电机主转子一同旋转，以获取电机主转子的位置信号。

4）温度传感器用来感受电机及其控制器的温度变化，并把温度信号转换成电信号输送给电机控制模块。

5）线控驱动系统的通信主要存在于VCU与MCU之间，包括VCU向MCU发送的驱动指令，以及MCU向VCU发送的电机状态、电机控制器状态等反馈信息。

6）VCU与MCU之间的通信波特率为500kbit/s，报文采用Motorola格式，格式为标准帧。

7）通过数据解析和计算能够得出当前线控驱动系统的状态。

 智能网联汽车线控驱动系统典型故障诊断检修

一、任务导入

一辆智能网联汽车，上车后发现车辆无法起动，仪表盘提示驱动系统有故障。小明立即联系售后服务中心，车辆被拖到售后服务中心后，维修师傅对驱动系统进行了测试和维修。维修师傅是怎么检测和解决的，带着这个问题，我们一起进入今天的学习任务。

二、新知讲解

（一）典型车型线控驱动系统组成及工作原理

1. 典型车型线控驱动系统的组成结构

以北京中汽恒泰教育科技有限公司智能网联车辆上的线控驱动系统为例，底盘线控试验平台的线控驱动系统包含整车控制VCU、换档控制、驱动电机及控制MCU、充电管理、仪表盘显示、DC/DC变换器等组成，如图3-3-1所示为其组成结构。

（1）整车控制器（VCU）

如图3-3-2所示，底盘线控试验平台的整车控制系统主要围绕整车控制器展开，外部包括各个控制模块及相应的线束。整车控制器（VCU）主要接收、处理主动（自动）和被动（驾驶员）的驾驶操作指令，并向各个部件控制器发送控制指令，使车辆按期望的速度、轨迹行驶；同时与驱动电机控制器（MCU）、动力蓄电池管理系统（BMS）等进行可靠通信，以及针对关键信息的模拟量进行状态的采集及控制指令量的输出。对整车具有保护功能，视故障的类别对整车进行分级保护，紧急情况下可以关掉驱动电机及切断母线高压系统。

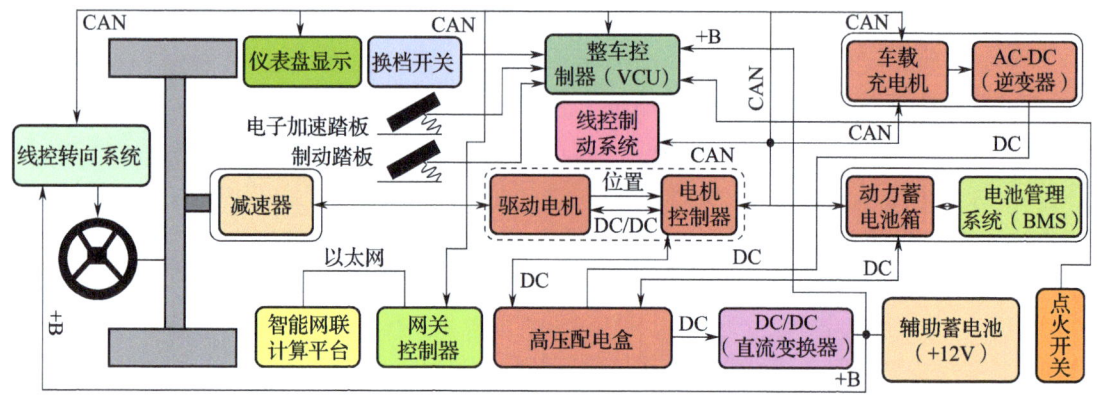

图 3-3-1 线控驱动系统的组成结构

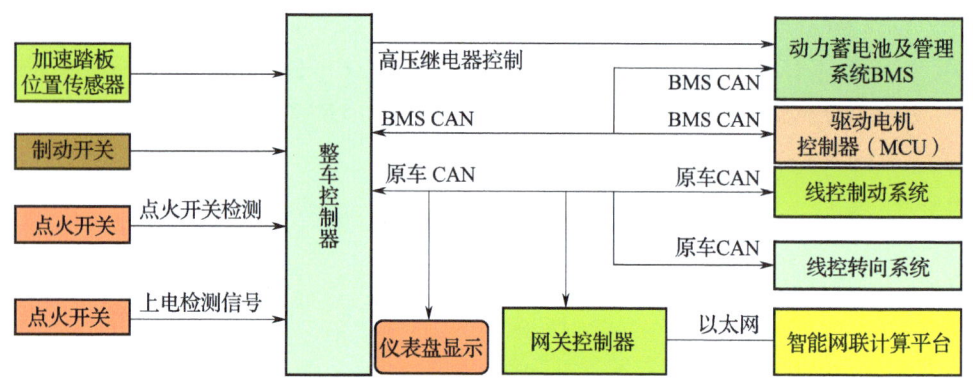

图 3-3-2 线控驱动系统整车控制器（VCU）

底盘线控试验平台的整车控制器（VCU）根据车辆运行的不同情况，包括档位、车速、蓄电池 SOC、转矩信息、制动信息、温度等值来决定电机输出的转矩、功率及旋转方向。同时根据辅助电气信息及充电信息等来控制车辆运行状态，其主要功能见表 3-3-1。

表 3-3-1 底盘线控试验平台的整车控制器 VCU 的主要功能

序号	功能	序号	功能
1	控制意图解析	7	车辆状态实时监测与显示
2	驱动控制	8	行车控制分级
3	制动能量回收控制	9	故障诊断与处理
4	整车能量优化管理	10	DC/DC 变换器
5	充电过程控制	11	整车系统 CAN 总线网络化管理
6	高低压上下电控制	12	档位控制

主要对主动（自动）和被动（驾驶员）操作信息及控制命令进行分析处理，也就是将主动（自动）驾驶过程中的速度信息、转角信息和被动（驾驶员）驾驶过程中的加速信号和制动信号，根据某种规则转化成电机的需求转矩命令以及转角命令。因此整车控制器对以上信息操作的响应性能，完全取决于整车控制器对速度信息和转角信息所解析的结果，这直接影响车辆的控制效果、操控感觉和行驶安全。

（2）换档机构

档位机构影响车辆的安全性能，正确理解车辆的运行意图，以及正确识别车辆的档位，在基于模型开发的档位管理模块中得到了很好的优化。能在出现故障时做出相应处理以保障整车安全，在系统出现档位误操作时，通过仪表盘等提示使驾驶员能迅速做出行为纠正。图3-3-3所示为换档控制结构图。

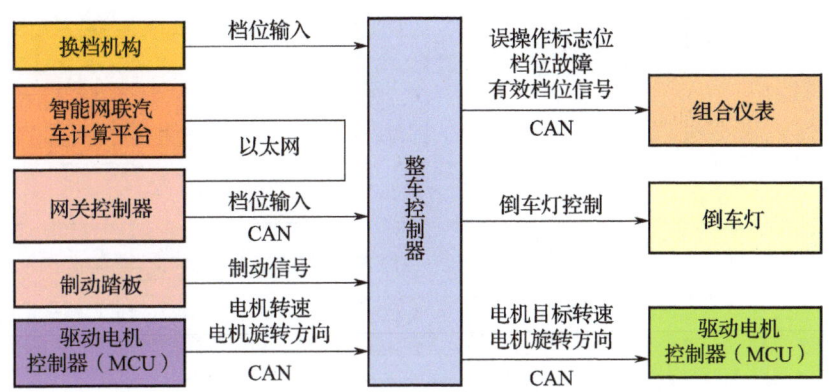

图3-3-3 换档控制结构图

（3）驱动电机控制器（MCU）

驱动电机控制器（MCU）是驱动电机的控制大脑，控制系统由驱动电机控制器（MCU）、集成了紧凑、轻量化带转换器的逆变器组成。它综合了位置传感器、温度传感器、电流传感器（提供电机转子位置、温度、速度和电流等反馈信息）及外部输入指令、信息（如智能网联汽车计算平台、整车控制器、动力蓄电池信息等），通过程序进行分析处理，决定控制方式及故障保护等，向逆变器（功率变换器）发出执行指令，控制驱动电机的运行。图3-3-4所示为驱动电机控制器（MCU）结构示意图。

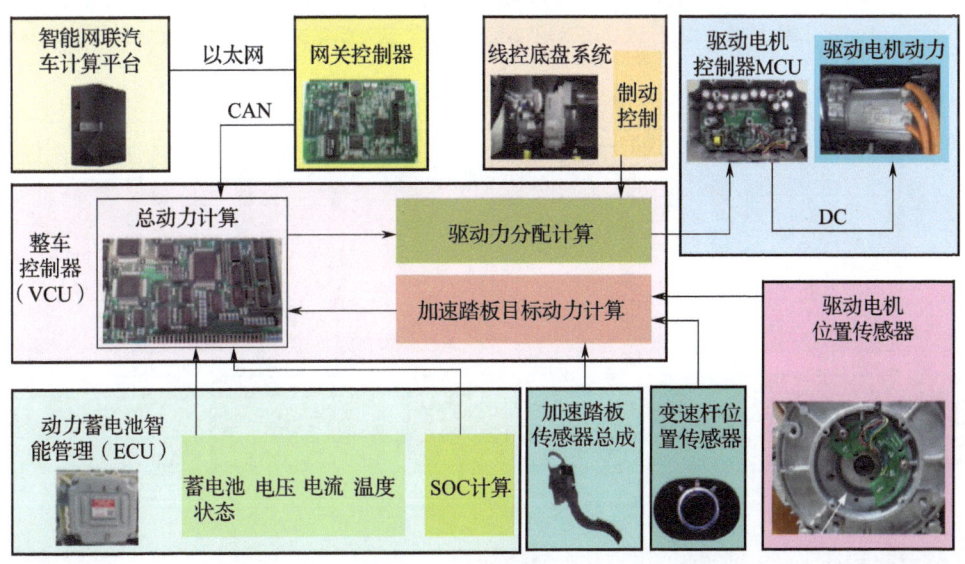

图3-3-4 驱动电机控制器（MCU）结构示意图

（4）充电系统

图3-3-5所示为充电系统连接图。整车控制器（VCU）与蓄电池管理系统共同完成充电过程中的充电功率控制，整车控制器接收到充电信号后，禁止高压系统上电，保证车辆在充电状态下处于行驶锁止状态；并根据蓄电池状态信息限制充电功率，保护蓄电池。

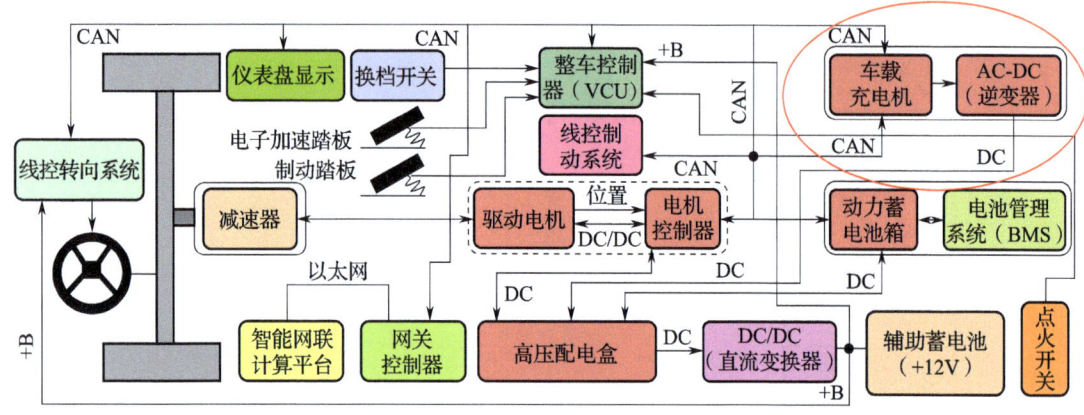

图3-3-5 充电系统连接图

（5）仪表系统

图3-3-6所示为车辆网络通信原理图，在整车的网络管理中，整车控制器（VCU）是信息控制的中心，负责信息的组织与传输、网络状态的监控、网络节点的管理、信息优先权的动态分配以及网络故障的诊断与处理等功能。通过CAN总线协调动力蓄电池管理系统（BMS）、电机控制器（MCU）、线控转向系统、线控制动系统以及智能网联汽车计算平台等之间的相互通信。

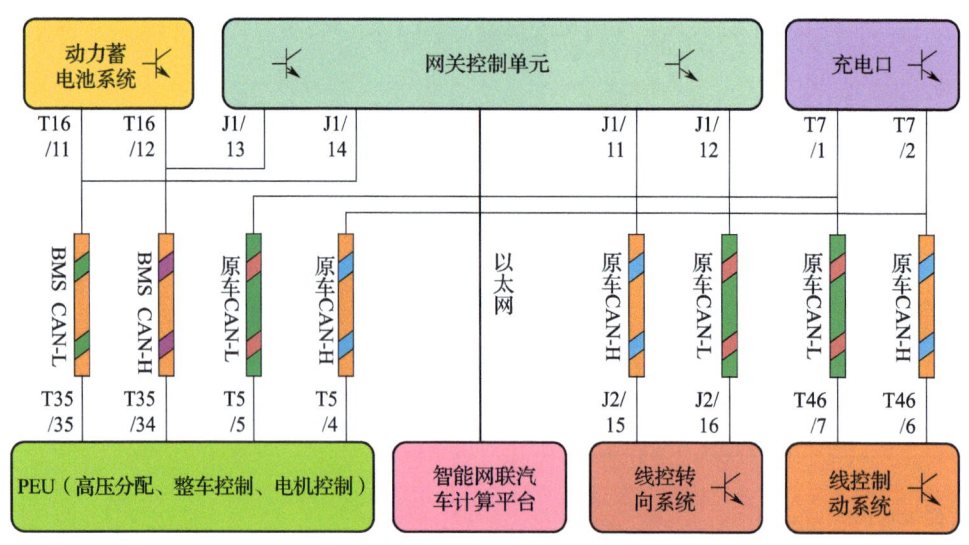

图3-3-6 车辆网络通信原理图

（6）DC/DC

在新能源车辆中，发电机作为电力源泉逐步被取缔或直接舍掉，但车辆在运行时，需要有源源不断的电力供应，因此，DC/DC开始应用并使用。

DC/DC 是将动力蓄电池内的高压电转化为低压 12V，为辅助蓄电池充电，同时为整车低压设备提供电源。在工作过程中，整车控制器（VCU）根据当前电气负载以及辅助蓄电池电压对 DC/DC 的输出功率进行调整，如图 3-3-7 所示为 DC/DC 变换器工作模式（点火开关"ON"）。

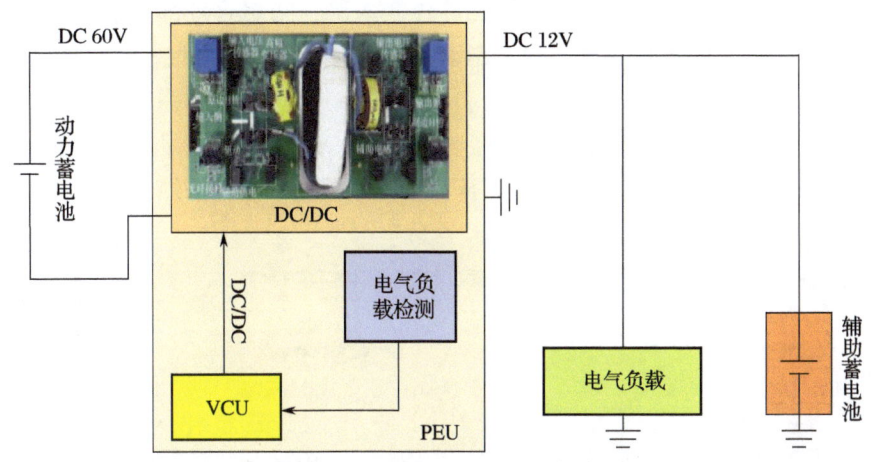

图 3-3-7　DC/DC 变换器工作模式（点火开关"ON"）

DC/DC 变换器工作原理如图 3-3-8 所示，当开关闭合时，加在电感两端的电压为 $(V_i - V_o)$，此时电感由电压 $(V_i - V_o)$ 励磁，电感增加的磁通为 $(V_i - V_o)T_{on}$。

当开关断开时，由于输出电流的连续，二极管 VD 变为导通，电感削磁，电感减少的磁通为 $(V_o)T_{off}$。

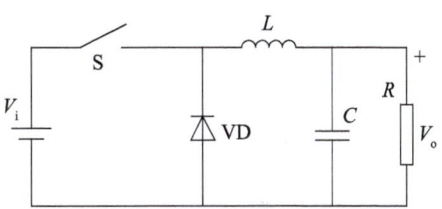

图 3-3-8　DC/DC 变换器工作原理

当开关闭合与开关断开的状态达到平衡时，$(V_i - V_o)T_{on} = (V_o)T_{off}$，由于开关 S 的占空比 D<1，所以 $V_i > V_o$，实现降压功能。

说明：T_{on} 为开关 S 闭合时间，T_{off} 为开关 S 断开时间。

DC/DC 变换工作过程是将原直流电通过调整其 PWM 来控制输出有效电压的大小。电路由开关 S（实际电路中为晶体管或者场效应管）、续流二极管 VD、储能电感 L 及滤波电容 C 等构成。

当开关闭合时，电源通过开关 S、电感 L 给负载供电，并将部分电能储存在电感 L 以及电容 C 中。由于电感 L 的自感，在开关接通后，电流增大得比较缓慢，即输出不能立刻达到电源电压值。

一定时间后，开关断开，由于电感 L 的自感作用，将保持电路中的电流不变，即从左往右继续流。这电流流过负载，从地线返回，流到续流二极管 VD 的正极，经过二极管 VD，返回电感 L 的左端，从而形成了一个回路。

通过控制开关闭合和断开的时间（即 PWM），就可以控制输出电压。通过检测输出电压来控制开、关的时间，以达到保持输出电压不变，实现稳压的目的。

新能源汽车 DC/DC 变换器工作流程：整车"ON"档上电或充电唤醒上电，动力蓄电池完成高压系统预充电流程，VCU 发给 DC/DC 变换器使能信号，DC/DC 变换器开始工作。

2. 典型车型线控驱动系统的工作原理

在线控驱动中，PEU 中的 VCU 是线控的控制大脑，它综合外部智能车计算平台、电机控制器（MCU）、线控转向系统、线控制动系统输入的命令、信息，通过程序进行分析、计算和处理后，决定控制方式，向电机控制器（MCU）、线控转向系统、线控制动系统输出控制指令，其中电机控制器（MCU）接收到加速、减速、能量回收信息后，控制功率变换器工作在所对应的模式下。图 3-3-9 所示为线控驱动的控制结构。

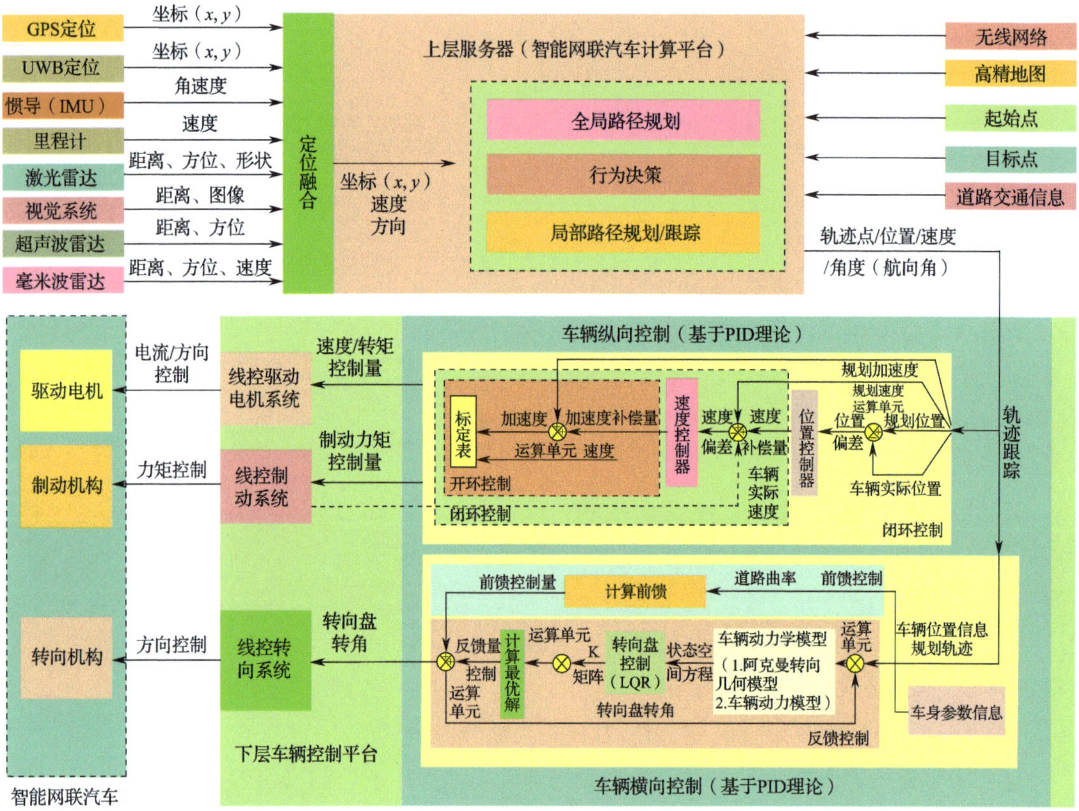

图 3-3-9 线控驱动的控制结构

（二）典型车型线控驱动系统的控制过程

1. 线控驱动系统的控制内容

（1）驱动控制

1）被动驾驶。当驾驶员踩下加速踏板或制动踏板时，驱动电机则要输出一定的驱动功率或再生制动功率。踏板开度越大，驱动电机的输出功率越大。因此，整车控制器要合理解析驾驶员操作，接收整车各子系统的反馈信息，为驾驶员提供决策反馈，对整车各子系统发送控制指令，以实现车辆的正常行驶。

2）主动驾驶。整车控制器（VCU）需要解析智能车网联汽车计算平台发送的速度信息、转角信息，将其中速度信息分解为加速度信息、减速度信息（能量回收、制动力矩），分别通过 CAN 总线发送至线控驱动系统和线控制动系统，对车辆纵向（速度）运动进行控制。将速度信息、转角信息等通过计算，输出一个最终的转角信息发送至线控转向系统，控制车辆向着安全、平稳的方向运动，如图 3-3-10 所示。

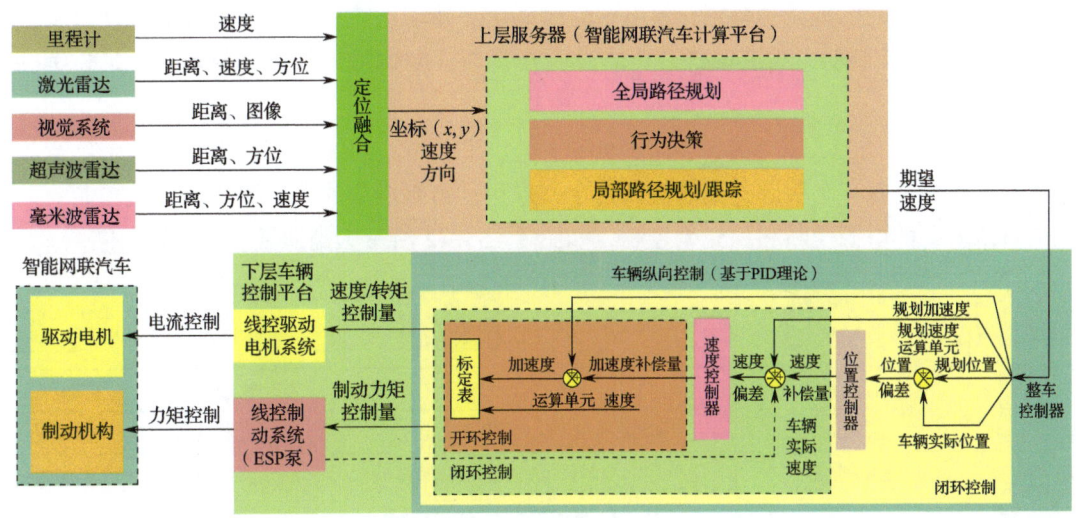

图 3-3-10　驱动控制的工作原理

（2）制动能量回收控制

整车控制器根据智能网联汽车计算平台发送的速度信息、加速踏板和制动踏板的开度信息、车辆行驶状态信息以及动力蓄电池的状态信息（如，SOC 值）来判断某一时刻能否进行制动能量回收。只有在满足安全性能、制动性能以及驾驶员舒适性的前提下，才回收部分能量，如图 3-3-11 所示。

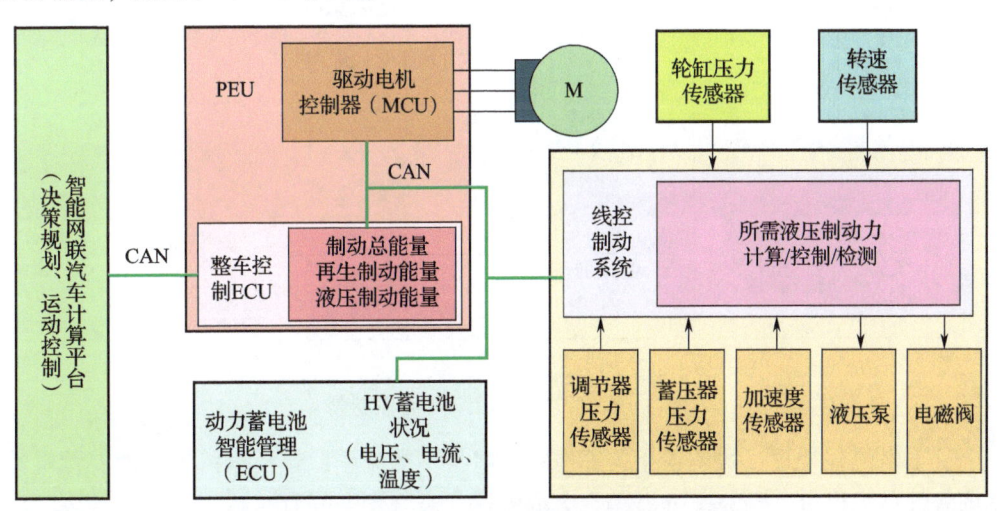

图 3-3-11　制动能量回收控制

智能网联汽车计算平台通过外部环境感知传感器（激光雷达、超声波雷达、毫米波雷达、深度摄像头）对车辆周围环境信息进行检测，最终根据检测到的环境信息输出一个期望的车速给下层车辆整车控制器（VCU），VCU 接收到此信息后和当前速度进行比对，如果小于当前车速，结合当前车速计算制动总能量、再生制动能量和液压制动能量，并将能量回收信息发送至电机控制器（MCU），MCU 根据此信息量执行能量回收功能，即控制制动力矩的大小。

（3）整车能量优化管理

通过对整车的电机驱动系统、蓄电池管理系统、传动系统以及其他车载能源动力系统（如仪表盘、线控制动、线控转向等）的协调和管理，提高整车能量利用效率，延长续驶里程。

（4）整车高压上、下电控制

根据驾驶员对行车钥匙开关的控制指令，进行动力蓄电池的高压继电器开关控制，以完成高压设备的电源通断和预充电控制，如图 3－3－12 所示为高压上、下电控制图。

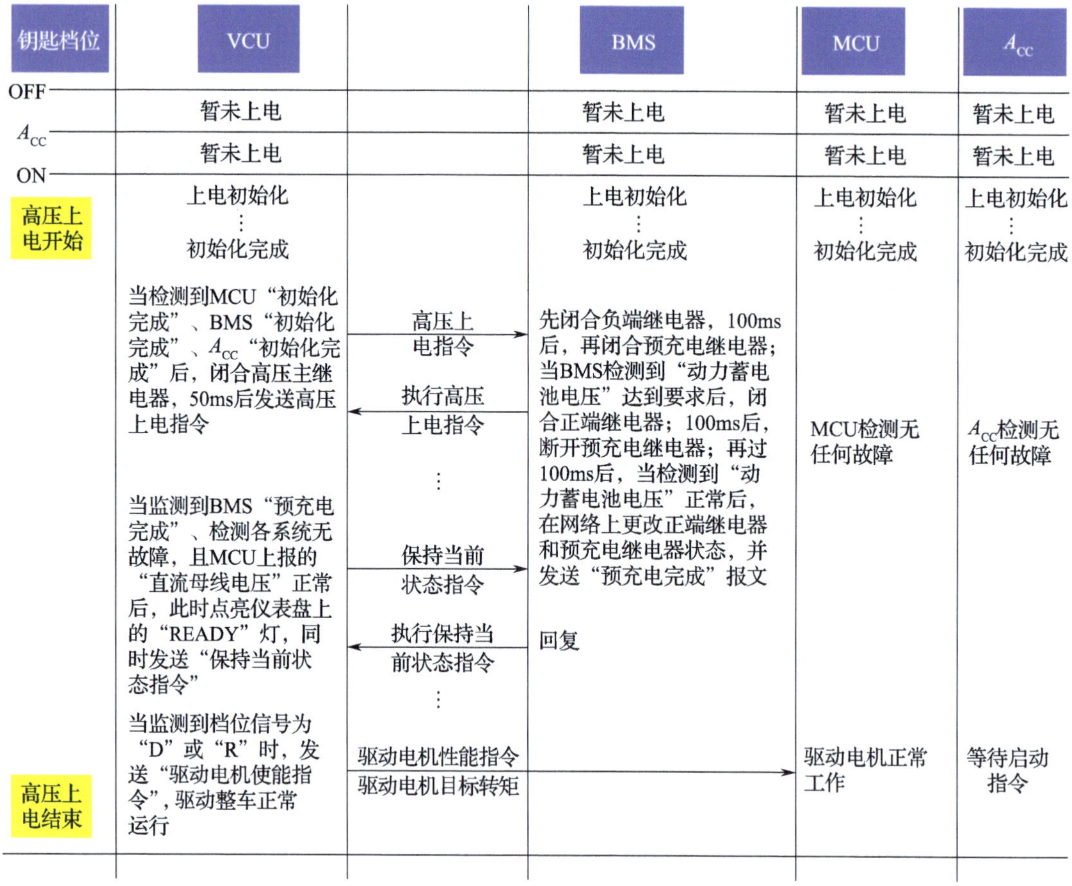

钥匙档位	VCU		BMS	MCU	A_{CC}
OFF	暂未上电		暂未上电	暂未上电	暂未上电
A_{CC}	暂未上电		暂未上电	暂未上电	暂未上电
ON					
高压上电开始	上电初始化 ⋮ 初始化完成		上电初始化 ⋮ 初始化完成	上电初始化 ⋮ 初始化完成	上电初始化 ⋮ 初始化完成
	当检测到MCU"初始化完成"、BMS"初始化完成"、A_{CC}"初始化完成"后，闭合高压主继电器，50ms后发送高压上电指令	高压上电指令 执行高压上电指令	先闭合负端继电器，100ms后，再闭合预充电继电器；当BMS检测到"动力蓄电池电压"达到要求后，闭合正端继电器；100ms后，断开预充电继电器；再过100ms后，当检测到"动力蓄电池电压"正常后，在网络上更改正端继电器和预充电继电器状态，并发送"预充电完成"报文回复	MCU检测无任何故障	A_{CC}检测无任何故障
	当监测到BMS"预充电完成"、检测各系统无故障，且MCU上报的"直流母线电压"正常后，此时点亮仪表盘上的"READY"灯，同时发送"保持当前状态指令"	保持当前状态指令 执行保持当前状态指令			
高压上电结束	当监测到档位信号为"D"或"R"时，发送"驱动电机使能指令"，驱动整车正常运行	驱动电机性能指令 驱动电机目标转矩		驱动电机正常工作	等待启动指令

图 3－3－12　高压上、下电控制图

上、下电流程处理：协调各相关部件的上电与下电流程，包括电机控制器、蓄电池管理系统等部件的供电，预充电继电器、主继电器的吸合和断开时间等。

（5）电动化辅助系统管理

在实际车辆中，电动化辅助系统包括灯光、舒适、空调系统等。整车控制器应该根据动力蓄电池以及辅助蓄电池状态，对 DC/DC、电动化辅助系统进行监控。

(6) 车辆状态的实时监测和显示

整车控制器应该对车辆的状态进行实时检测,并且将各个子系统的信息发送给车载信息显示系统,其过程是通过传感器和 CAN 总线,检测车辆状态及其动力系统及相关电气附件相关各子系统状态信息驱动显示仪表盘,将状态信息和故障诊断信息通过数字仪表盘显示出来,如图 3-3-13 所示为车辆状态显示示意图。

图 3-3-13 车辆状态显示示意图

(7) 行车控制分级

1) 正常模式。按照驾驶员意愿、车载负荷、路面情况和气候环境等变化,实时调节车辆的动力性、经济性和舒适性指标。

2) 跛行模式。当车辆某个系统出现中度故障时,此时将不采纳驾驶员的加速请求;启动跛行模式,最高车速可以限制在 20km/h。

3) 停机保护模式。当车辆某个系统出现严重故障时,控制器将停止发出指令,进入停机状态。

(8) 故障诊断与处理

连续监测整车电控系统,进行故障诊断,实时进行相应的安全保护处理。根据传感器的输入及其他通过 CAN 总线通信得到的电机、蓄电池、充电机等的信息,对各种故障进行判断、等级分类、报警显示;存储故障码,进行故障诊断,并及时进行相应安全保护处理。根据传感器的输入及其他通过 CAN 总线通信得到的电机、蓄电池、踏板等的信息,对各种故障进行判断、等级分类、报警显示;存储故障码,供维修时查看。车辆故障诊断与处理机制见表 3-3-2。

表 3-3-2 车辆故障诊断与处理机制

等级	名称	故障后处理
1 级	致命故障	电机零转矩,1s 紧急断开高压,系统故障灯亮
2 级	严重故障	2 级电机故障,电机零转矩;2 级蓄电池故障,20A 放电电流限功率,系统故障灯亮
3 级	一般故障	进入跛行工况/降功率,系统故障灯亮
4 级	轻微故障	4 级故障属于维修提示,但是 VCU 不对整车进行限制,只是仪表盘显示;4 级能量回收故障,仅停止能量回收,行驶不受影响

2．线控驱动系统的控制策略

驱动电机是纯电动汽车的核心，纯电动汽车按照某一特定工况行驶时要确定电机的工作状态，如转速、输出功率、输出转矩、效率等，在此首先应当确定汽车满足工况行驶所需的驱动力。纯电动汽车在行驶过程中受到滚动阻力、空气阻力、坡度阻力和加速阻力等的作用，汽车驱动力和各阻力之和保持平等，依此建立模型，其电机模块整体工作流程如图3-3-14所示。

（三）典型车型线控驱动系统的电路分析

1．智能网联汽车驱动系统电路

智能网联汽车计算平台结合外部激光雷达、超声波雷达、毫米波雷达、视觉系统等传感器，对车辆运动进行规划和决策。其目标是使车辆像熟练的驾驶员一样产生安全、合理的驾驶行为。

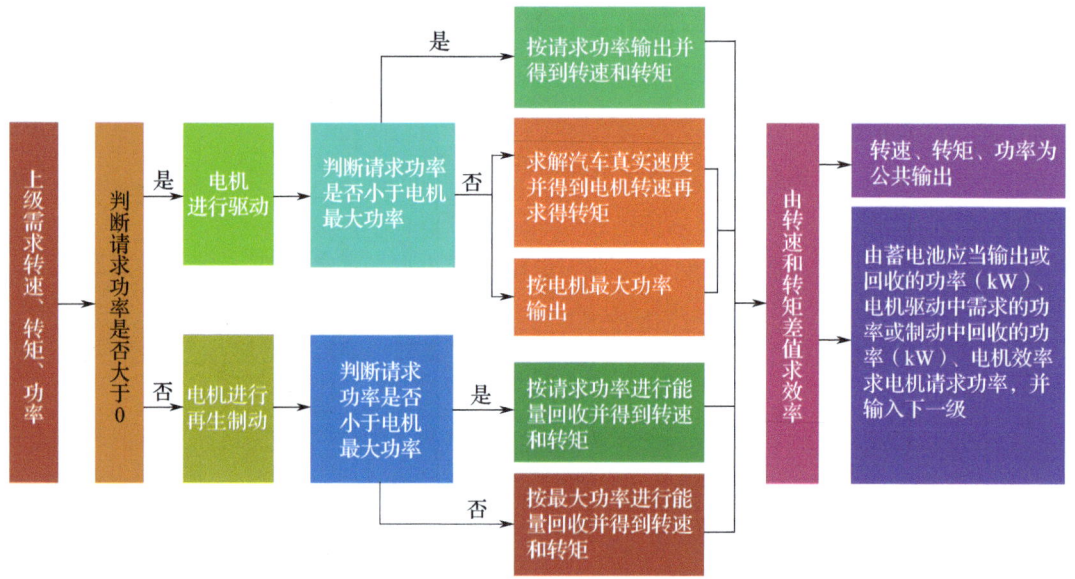

图3-3-14 线控驱动系统电机模块整体工作流程

其设计准则总结为：良好的系统实时性，最高优先级的安全性（车辆具备防碰撞、紧急避障、故障检测等功能），行车效率优先级的合理性，结合用户需求的决策能力（用户对全局路径变更、安全和效率优先级变更等）、乘员舒适性（车辆速度和转向稳定性、平顺性）等，如图3-3-15所示。

2．线控驱动系统控制分析

智能汽车决策层计算出的车辆目标速度作为整个纵向控制算法的输入，然后将反馈的实际速度做减法运算，得到速度偏差，将此偏差输入到两个控制器，将会得到两个控制量，即加速控制量和制动控制量。此时，切换规则将根据两个控制量的状态，选择由谁来进行控制，两者之间是否互斥的逻辑，未被选中的控制器将回归到运动的"零位"，如图3-3-16所示。

项目3 智能网联汽车线控驱动系统装调与测试

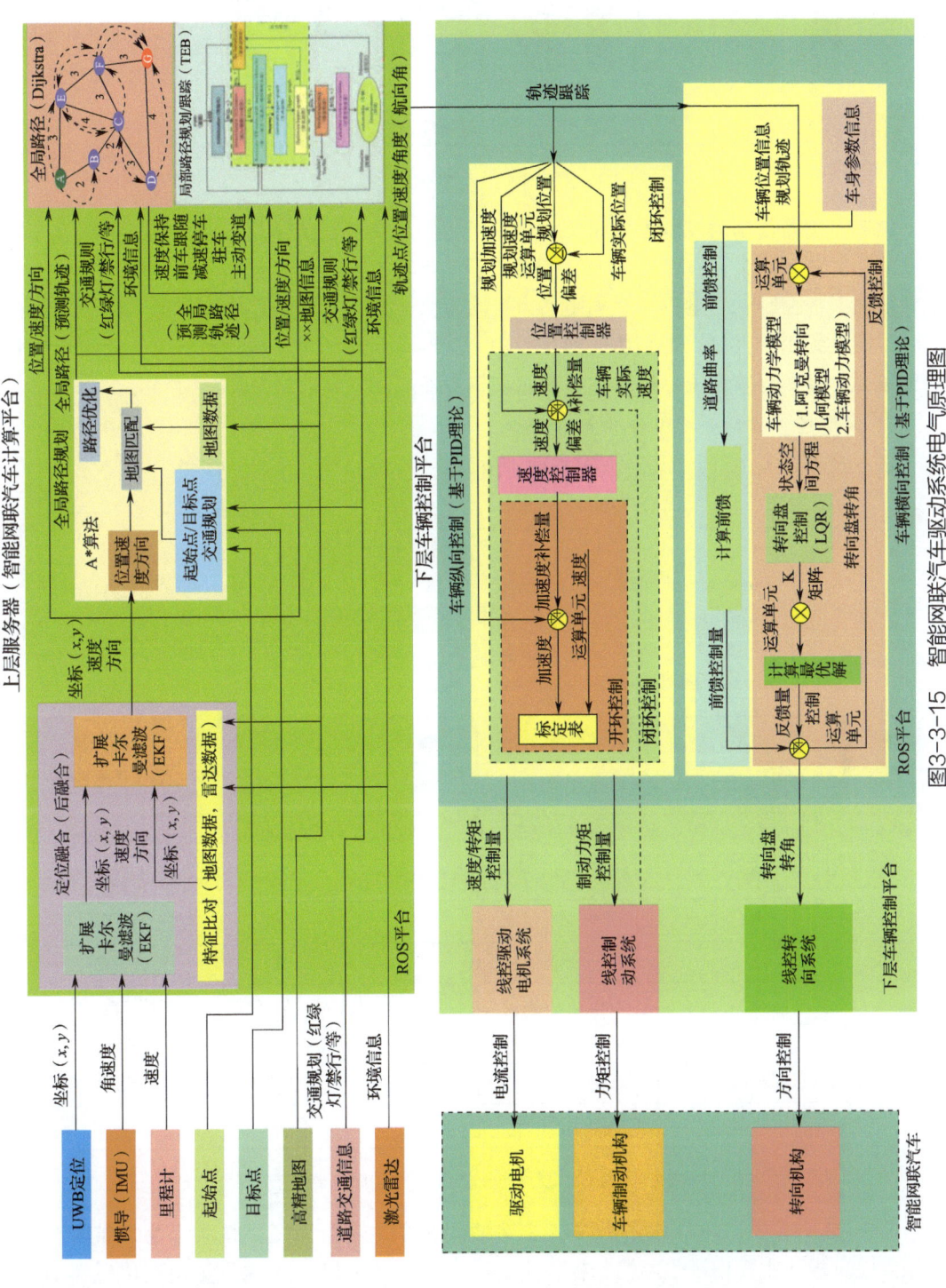

图3-3-15 智能网联汽车驱动系统电气原理图

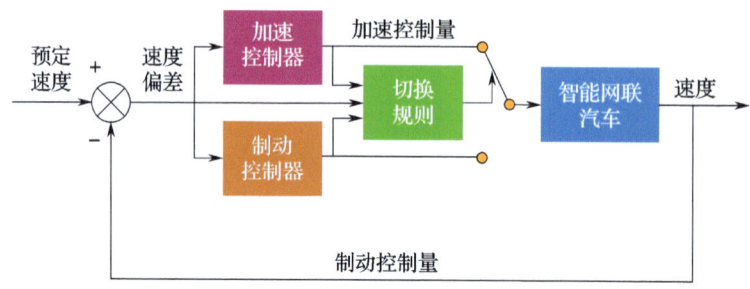

图3-3-16 纵向控制的切换过程

加速控制器与制动控制器之间及时、平稳切换是减少速度偏差和确保智能网联汽车行驶稳定性的关键因素,具体切换控制策略如下:当转矩控制力矩和制动力矩均为正时,切换到加速踏板控制;当电机转矩和制动力矩均为负,并且速度偏差的绝对值大于设定的阈值时,切换到制动控制,否则切换到零控制。这样可充分利用加速踏板开度为 0 时所提供的负输出力矩,有效避免电机执行器和制动执行器之间频繁的切换。

3. 典型线控驱动系统插接件端子分析

结合某车型 MCU 低压插接件来分析其电路含义,如图 3-3-17 所示。

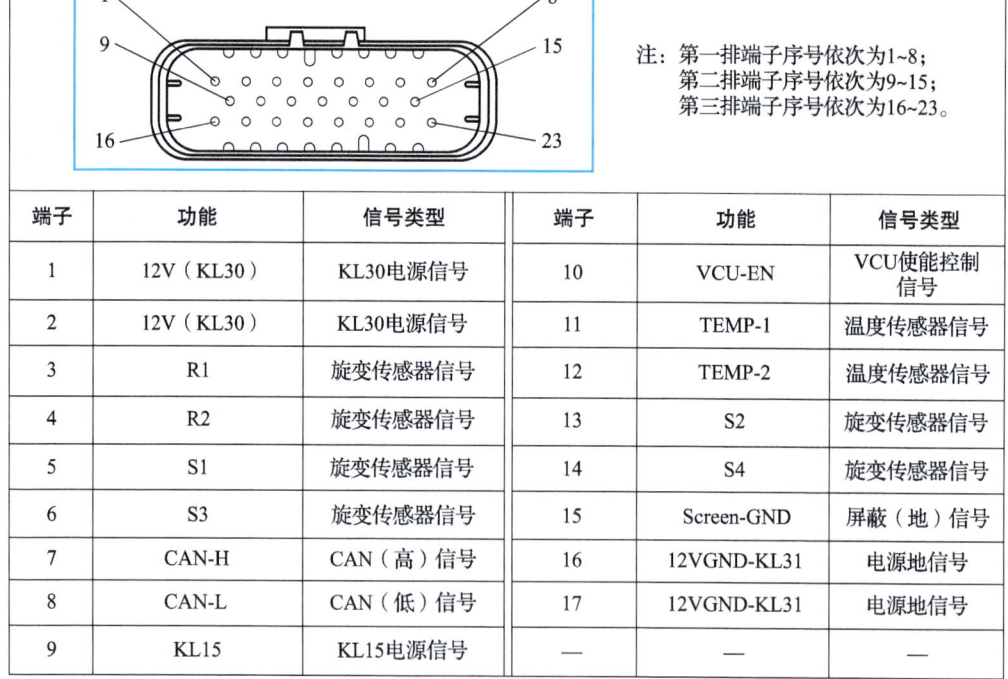

端子	功能	信号类型	端子	功能	信号类型
1	12V(KL30)	KL30电源信号	10	VCU-EN	VCU使能控制信号
2	12V(KL30)	KL30电源信号	11	TEMP-1	温度传感器信号
3	R1	旋变传感器信号	12	TEMP-2	温度传感器信号
4	R2	旋变传感器信号	13	S2	旋变传感器信号
5	S1	旋变传感器信号	14	S4	旋变传感器信号
6	S3	旋变传感器信号	15	Screen-GND	屏蔽(地)信号
7	CAN-H	CAN(高)信号	16	12VGND-KL31	电源地信号
8	CAN-L	CAN(低)信号	17	12VGND-KL31	电源地信号
9	KL15	KL15电源信号	—	—	—

图3-3-17 某车型 MCU 低压插接件原理图

图 3-3-17 中,1、2 端子为 MCU 控制器低压供电正极,16、17 端子为 MCU 控制器低压供电负极,主要作用是给控制器供电。3、4、5、6、13、14 端子为旋变传感器信号。旋变传感器,是一种电磁式传感器,其主要作用是检测转子的位置和速度。这种设备在电机控制中起着至关重要的作用,因为它能够提供关于电机转子位置的精确信息,从而使得

软件能够进行更为精确的电机控制。7、8 为 CAN 信号，用于驱动系统和整车数据的传输和通信。9 号端子为 KL15，是 MCU 的唤醒信号，10 号端子为整车控制器的使能信号，11、12 端子为温度传感器信号，主要用于监测控制器温度。

视频 19
线控驱动系统的电路分析

三、任务实施

（一）任务实施的要求

1. 任务实施的目的

1）熟悉线控驱动系统控制原理。

2）能够对线控驱动系统进行故障诊断与排查。

2. 实训仪器和设备

智能网联汽车线控驱动系统实训平台实车（图 3-3-18）、万用表、绝缘表、诊断仪等。

（二）任务实施的步骤

1. 故障现象

图 3-3-18　智能网联汽车线控驱动系统实训平台实车

智能网联汽车行驶过程中，线控驱动系统、线控转向系统以及线控制动系统突然不受控制，车辆无法正常运行。

2. 故障分析

（1）知识准备

1）线控驱动系统概述。在线控驱动中，VCU 是底盘线控的控制大脑，它综合外部智能网联汽车计算平台、主控制器（线控驱动、线控制动系统）输入的命令、信息，通过程序进行分析、计算和处理后，决定控制方式，向 PEU、主控制器（线控驱动、线控制动系统）输出控制指令，其中 PEU 接收到加速、减速、能量回收信息后，控制功率变换器工作在所对应的模式下。

2）VCU 功能。VCU 需要解析智能车网联汽车计算平台（主控制器）发送的速度信息、转角信息，将其中速度信息分解为加速度信息、减速度信息（能量回收、制动力矩），分别通过总线发送至线控驱动系统和线控制动系统，对车辆纵向运动进行控制。将当前速度信息、转角信息等通过计算，输出一个最终的转角信息发送至线控驱动系统，控制车辆进行安全、平稳的横向运动。

3）整车控制 VCU 电路结构。VCU 系统电路结构原理（图 3-3-19），线控制动、线控转向与整车控制器（VCU）组成底盘 CAN；充电口、驱动/蓄电池管理系统与整车控制器（VCU）组成动力 CAN；组合仪表与整车控制器（VCU）组成仪表 CAN；整车控制器（VCU）与适配器连接，对外接收及发送信息。

同时，VCU 通过 J5/8 连接 +30V 电源，通过端子 J5/7 搭铁为 VCU 提供电源回路。

（2）诊断分析

从电路结构以及控制逻辑图分析，如果 VCU 电源出现异常，将导致线控制动、线控转向、线控驱动都异常，无法正常工作；如果整车控制器（VCU）与适配器连接的 CAN

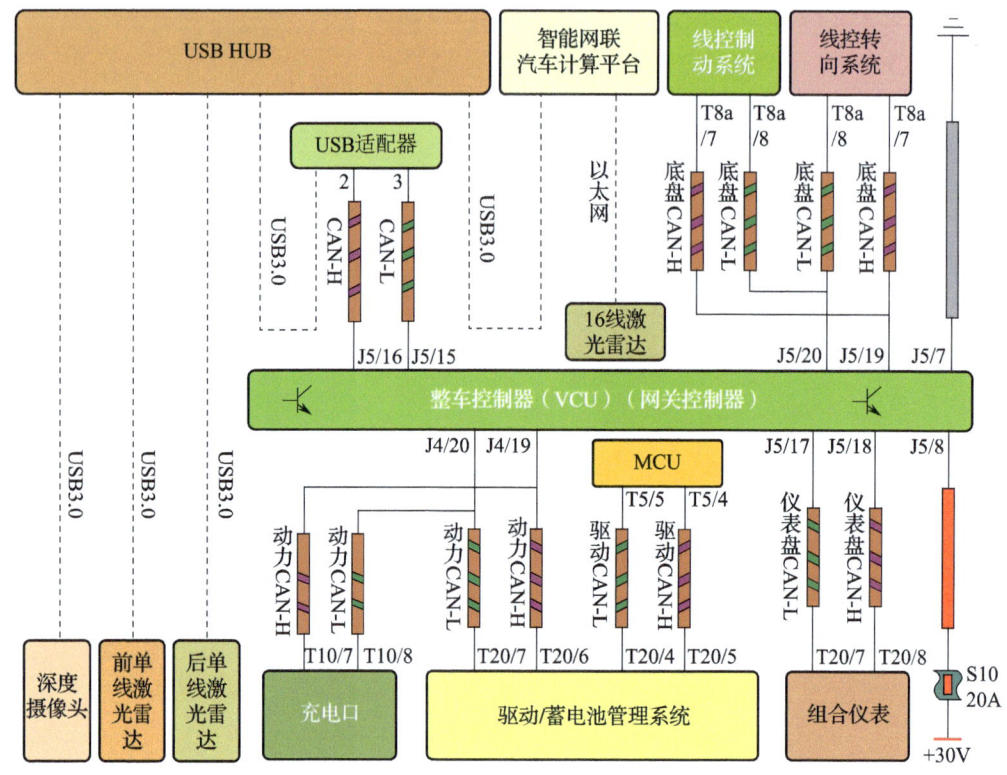

图3-3-19 VCU系统电路结构原理

总线出现异常也会导致整车控制异常;而其他总线异常,只是影响其单个功能,不会影响整车控制,结合以上信息,其故障应为以下一项或多项原因造成。

1) 整车控制 VCU 电源 30V 电路断路、虚接、短路故障。
2) 整车控制 VCU 电源搭铁电路断路、虚接、短路故障。
3) 整车控制器 VCU 与适配器连接的 CAN 总线断路、虚接、短路故障。
4) 通信电路 USB 及插接件故障。

说明:此处只对电源电路进行测量,其他电路检测不在测量。

3. 故障检测

(1) 电源电压测试

图3-3-20所示连接万用表,测量 VCU 模块端 J5/8 端子电压信号。任何时候,都应能够测得 +BV 的电压,否则说明存在故障。

实际测量:测量 J5/8 端子电压,见表3-3-3。

表3-3-3 J5/8 端子对地电压测量

测试标准:打开点火开关或当车辆充电时,用万用表测量 J5/8 端子对地电压,标准值应为 +BV			
可能性	实测结果/V	状态	下一步操作
1	实测为 0	异常	测量熔丝对地电压
2	如果高于 0 小于 +B	异常	说明线路可能存在虚接故障
3	如果为 +B	正常	测量 VCU 搭铁电路

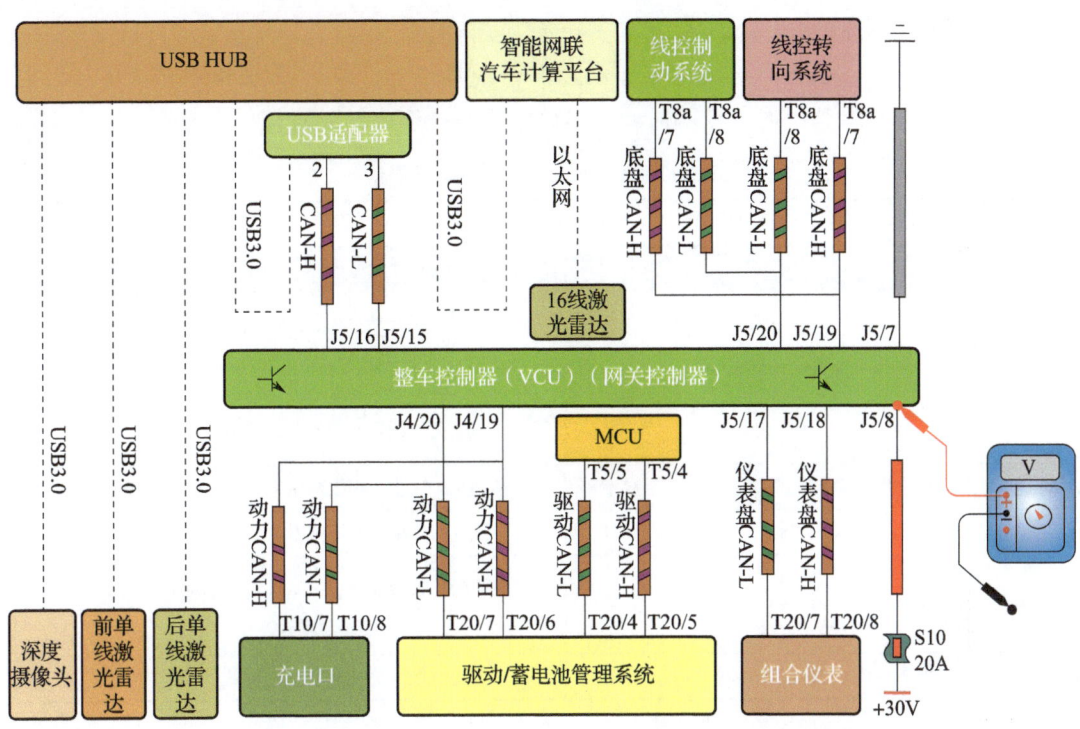

图3-3-20 VCU模块电源电压测试连接图

（2）保险电压测试

图3-3-21所示连接万用表，测量熔丝S10两端对地电压。任何时候，都应测得+BV电压，否则说明故障存在。

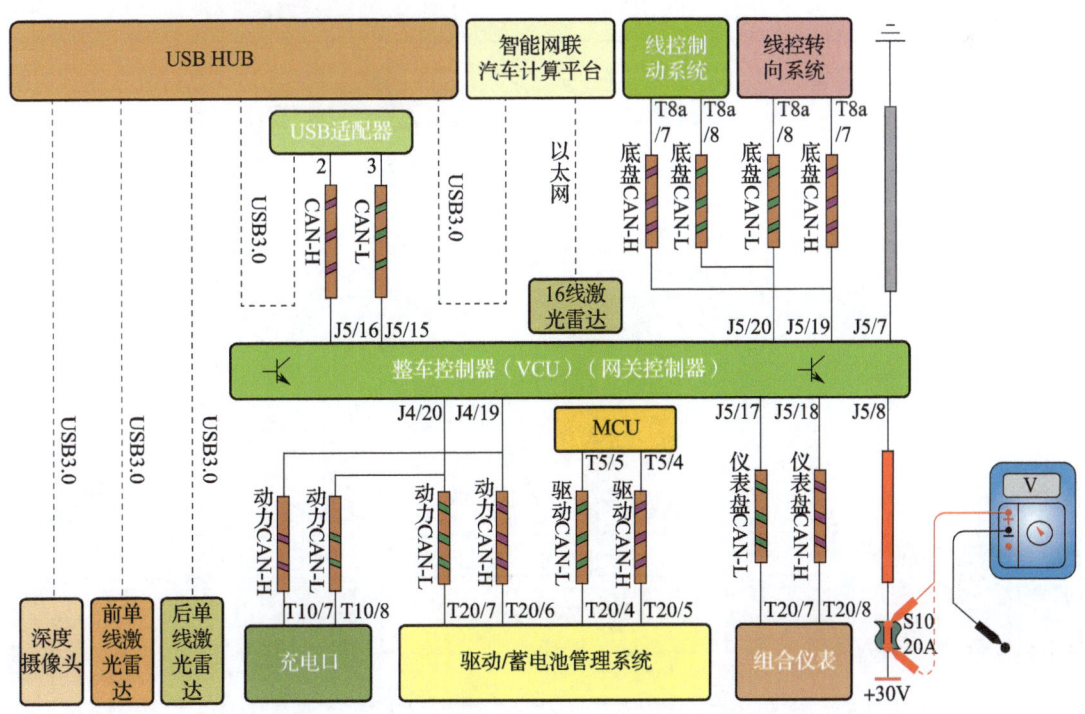

图3-3-21 主整车控制VCU保险电压测试连接图

实际测量：测量熔丝 S10 两端电压，见表 3-3-4。

注意：因为熔丝供电线路是通过熔丝盒内部线路供电，有时很难确定哪端属于供电端，哪端属于用电器端，因此可以同时对熔丝的两个端子进行测量。

表 3-3-4 熔丝两端对地电压测量

可能性	实测结果/V	状态	下一步操作
	测试标准：任何时候，用万用表测量 S10 两端对地电压，标准值为 +BV		
1	+B，+B	正常	如果上一步测试结果为 0V 到 +BV 间，说明熔丝至 VCU 的 J5/8 端子间线路虚接，线路端对端导通性测量 如果上一步测试结果为 0V，说明熔丝至 VCU 的 J5/8 端子间线路断路，线路端对端导通性测量
2	如果均 0 到 +B 间某值	异常	熔丝到 +30V 端子间线路发生故障，检修线路
3	如果为 0，0	异常	熔丝到 +30V 端子间线路发生断路，检修线路
4	实测为 +B，0	异常	熔丝熔断，检查保险至 VCU 线路对地是否短路或异常虚接
5	如果 +B，0 到 +B 间某值	异常	说明熔丝虚接，更换相同规格熔丝

（3）对地电阻测试

断开整车控制器插接件，如图 3-3-22 所示连接万用表，测量线路对地是否短路或异常虚接。任何时候，都应测得无穷大，否则说明存在故障。

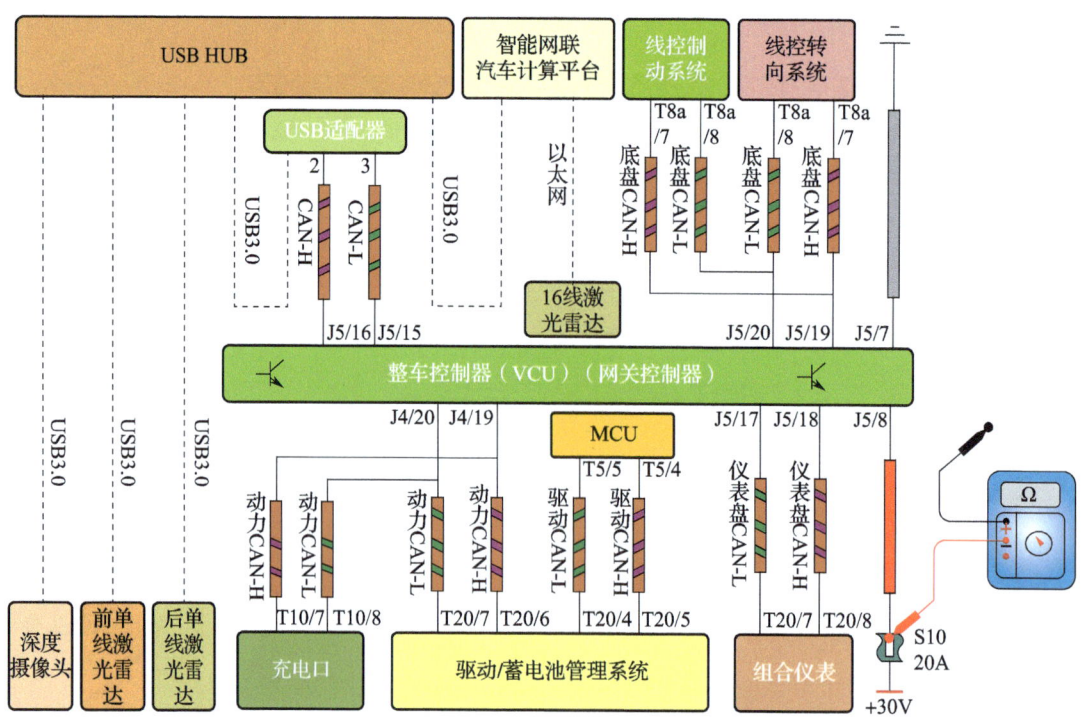

图 3-3-22 对地电阻测试连接图

实际测量：测量线路对地是否短路或异常虚接，见表3-3-5。

表3-3-5 熔丝座无电压端对地电阻测试

步骤	测试条件	实测结果	状态	可能原因	下一步操作
测试标准：关闭点火开关，移除S10熔丝，测量S10熔丝座无电压端对地电阻					
1	拔下整车控制器的J5插接件、S10熔丝，测量S10熔丝座无电压端对地电阻	如果∞	正常	整车控制器用电功率过大或内部电源短路故障	见表3-3-5步骤2
		明显大于0	异常	线路对地虚接	检修线路
		实测近乎为零	异常	线路对地短路	检修线路
2	连接整车控制器的J5插接件，测量S10熔丝座无电压端对地电阻	如果∞	正常	整车控制器用电功率过大故障	更换相同规格熔丝
		如果明显大于0	异常	整车控制器内部对地虚接	更换VCU
		如果近乎为零	异常	整车控制器内部对地短路	

4. 故障排除

经检查，发现整车控制器（VCU）模块端J5/8端子线路在安装熔丝座时，由于螺钉过长，刺破了线束包覆层及绝缘层，导致VCU模块供电线路和固定螺钉短路，熔丝烧毁。处理结果是对线束走向进行重新布置，并对线路进行绝缘包覆处理，更换相同规格熔丝后试车，故障排除。

注意：如果经诊断测量后发现熔丝烧毁，必须对线路的对地电阻进行检测，才可确定是否需更换相同规格的熔丝。

视频20
线控驱动系统的故障检修

任务工单7 智能网联汽车线控驱动系统典型故障诊断检修

任务名称		智能网联汽车线控驱动系统典型故障诊断检修	
"1+X" 智能网联汽车测试装调职业等级证书			
小组成员：		班级：	
自评：□合格　　□不合格		师评：□合格　　□不合格	
日期：		日期：	
一、实训信息记录			
实训设备		实训场所	
工具准备		资料准备	
二、故障现象			
三、电路分析			
四、故障检测			
检测步骤	标准值	实测值	是否正常
步骤一			□正常　　□异常
步骤二			□正常　　□异常
步骤三			□正常　　□异常
…			
五、现场整理与评价			
序号	项目及评价标准	占比分数	实际得分
1	小组成员是否明确任务	10	
2	知识准备是否充分	20	
3	小组工作流程是否完整规范	30	
4	实训工单是否认真填写	15	
5	设备归位及场地整理得分	10	
6	小组合作得分	15	
总分			

四、任务小结

1) 线控驱动系统中，电机控制器是由控制信号接口电路、驱动电机控制电路和驱动电路三部分组成。

2) MCU 控制信号接口电路负责接收来自 VCU 的指令信号；驱动电机控制电路根据接收到的指令信号，生成相应的驱动信号；驱动电路则将驱动信号转换为电流或电压信号，用以驱动电机工作。

3) MCU 低压插件端子主要有供电、旋变传感器、CAN 通信、温度传感器等信号类型。

4) 利用诊断仪可快速锁定故障范围。

拓展课堂 1
线控驱动新技术——电驱系统蓄电池加热技术

随着全球气候变化和环境污染问题的日益严重，电动汽车作为一种清洁、高效的交通工具受到了广泛关注。然而，在低温环境下，电动汽车的续驶里程和性能会受到严重影响，这已经成为制约电动汽车发展的一个关键问题。为了解决这一问题，基于电驱系统的蓄电池加热技术应运而生。

一、电驱系统的蓄电池加热技术的原理

基于电驱系统的蓄电池加热技术是利用驱动系统的电气元件进行电电能量变换，原理如图 3-4-1 所示。以电机磁能作为中间能量，将三相绕组电感作为等效 Boost/Buck 电路的储能电感，引入储能电容与电机中性线相连形成零序通路，作为外部储能设备与蓄电池进行能量交换。通过交变充放电电流利用蓄电池阻抗在蓄电池内部产生电化学热，从而实现对蓄电池的加热。

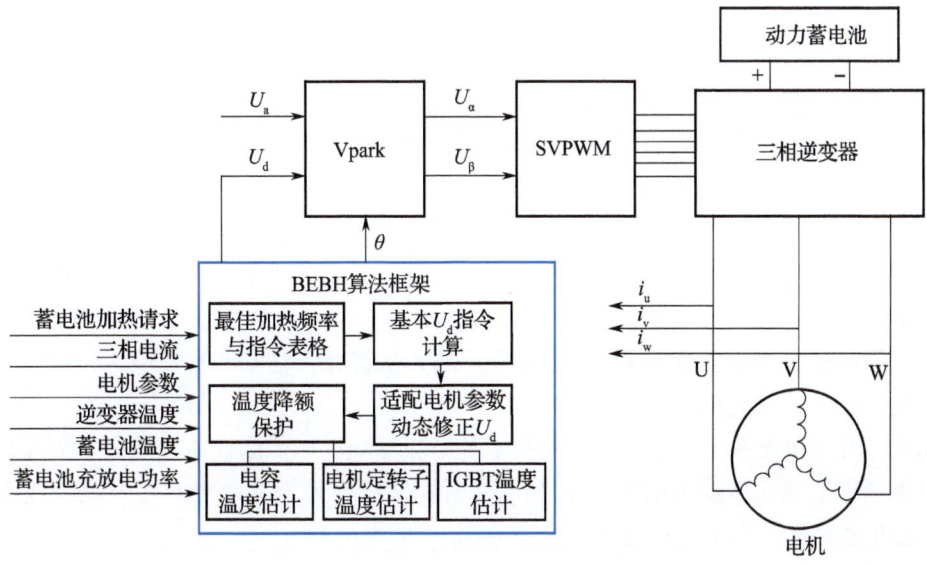

图 3-4-1　电驱系统的蓄电池加热原理

二、蓄电池加热技术的优势

1）提高蓄电池性能：低温环境下，蓄电池的内阻会增加，导致充电效率降低、放电容量减小。通过蓄电池加热技术，可以有效降低蓄电池内阻，提高蓄电池的充放电性能。

2）延长蓄电池寿命：低温环境下，蓄电池的化学反应速度会减慢，导致缩短蓄电池寿命。通过蓄电池加热技术，可以保持蓄电池工作在适宜的温度范围内，从而延长蓄电池的使用寿命。

3）提高电动汽车续驶里程：低温环境下，电动汽车的续驶里程会大幅降低。通过蓄电池加热技术，可以提高蓄电池的性能和使用寿命，从而提高电动汽车的续驶里程。

4）减少充电时间：低温环境下，蓄电池的充电速度会减慢。通过蓄电池加热技术，可以提高蓄电池的温度，从而提高充电速度，减少充电时间。

5）提高用户满意度：低温环境下，电动汽车的使用体验会受到影响。通过蓄电池加热技术，可以保证电动汽车在低温环境下的性能和续驶里程，提高用户满意度。

三、蓄电池加热技术的实现方法

基于逆变器的蓄电池加热：这种方法是通过控制电动汽车驱动系统中的逆变器，将部分电能转化为热能，从而实现对蓄电池的加热。这种方法具有实现简单、成本低的优点，但可能会对逆变器的性能产生影响。

基于电机的蓄电池加热：这种方法是通过控制电动汽车驱动系统中的电机，将部分电能转化为热能，从而实现对蓄电池的加热。这种方法可以实现较高的加热效率，但需要对电机的控制策略进行优化。

基于能量回收的蓄电池加热：这种方法是通过回收电动汽车制动过程中产生的能量，将其转化为热能，从而实现对蓄电池的加热。这种方法可以实现较高的能量利用率，但需要对能量回收系统进行优化。

四、蓄电池加热技术的应用现状及展望

近年来，基于电驱系统的蓄电池加热技术已经得到了广泛的研究和应用。例如，有研究团队提出了"基于电驱逆变器重构的车用动力锂蓄电池自加热策略。"此外，长安深蓝SL03EV车型搭载了与CATL联合开发的动力蓄电池低温脉冲加热功能，这种功能可以极大地改善极低温（-30～-10℃）动力蓄电池的低温性能及整车的续驶里程。

尽管基于电驱系统的蓄电池加热技术已经取得了一定的成果，但仍存在一些挑战和问题需要解决。例如，如何提高加热效率、降低能耗、保证系统的稳定性和安全性等。因此，未来的研究应该继续深入探讨蓄电池加热技术的优化方法和实现策略，以满足电动汽车在低温环境下的性能需求。

总之，基于电驱系统的蓄电池加热技术是解决电动汽车低温性能问题的重要手段。通过不断提高蓄电池加热技术的研究水平和应用效果，有望为电动汽车的发展提供有力支持，推动电动汽车在全球范围内的普及和应用。

拓展课堂 2
线控驱动新升级——传统内燃车的线控驱动升级

线控驱动核心是实现车辆的速度控制。传统的驱动控制是驾驶员控制加速踏板，实现对汽车的速度控制。而智能网联汽车的驱动控制是通过加速踏板的自主控制，实现对电子节气门开度和进气量大小的自动调整，从而实现控制车速的目的。

传统节气门是通过机械结构进行连接，反应延迟小；没有办法应对复杂道路下的各种工况，油耗和排放都不能得到很好的控制。

电子节气门取消了加速踏板和节气门之间的机械结构，而是通过加速踏板位置传感器去检测加速踏板的位移，这个位移就代表了驾驶员的驾驶意图。把该信号传递给发动机 ECU，ECU 根据其他传感器反馈回来的信息进行分析和计算得到最佳的节气门开度，然后再驱动节气门控制电机，节气门位置传感器检测节气门的实际开度，再把该信号反馈给 ECU 去实现整个节气门开度的闭环控制，如图 3-4-2 所示。

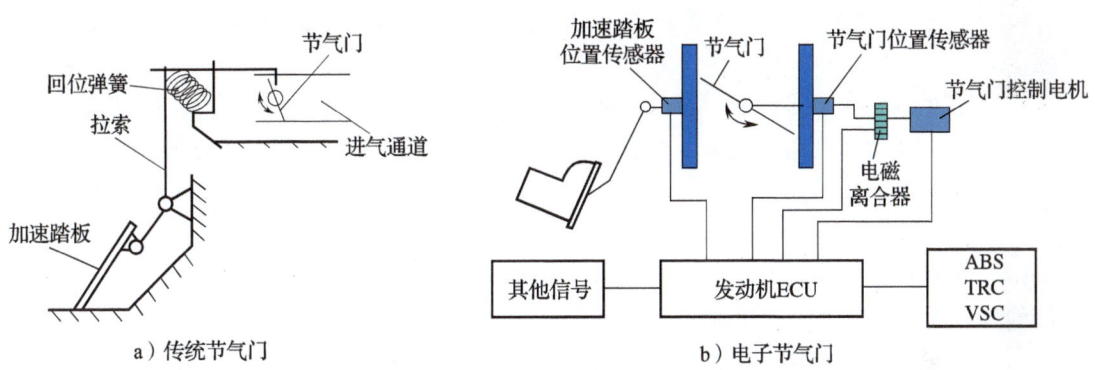

图 3-4-2 不同类型的节气门

对于传统内燃车而言，只需要能够实现加速踏板的自动控制就能够实现线控驱动，主要有两种方法，如图 3-4-3 所示。

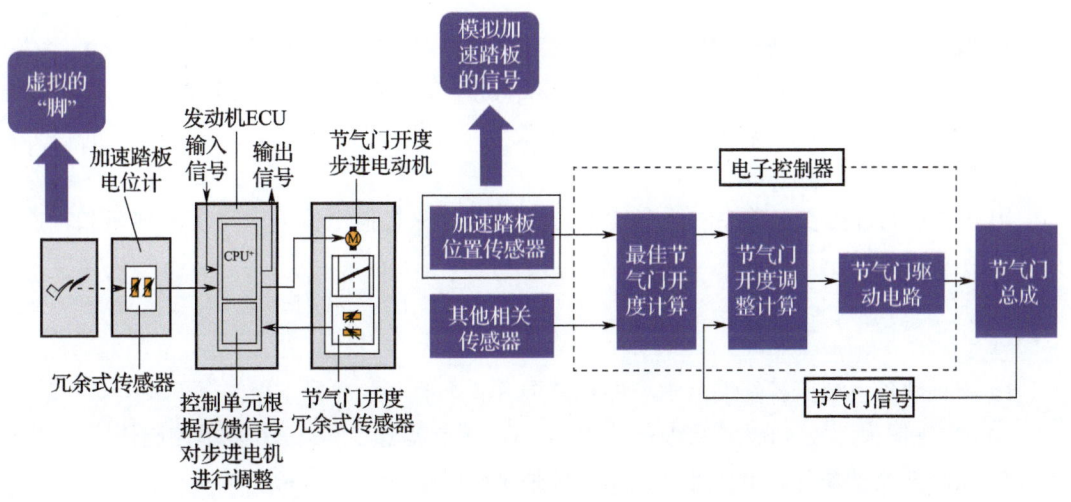

图 3-4-3 传统内燃车线控驱动升级改造

方式一是在加速踏板的位置增加一套执行机构，去模拟驾驶员踩加速踏板。同时还要增加一套控制系统，输入是目标车速信号，实际车速作为反馈。通过控制系统计算，去控制执行机构去执行动作。

方式二是为了接管节气门控制单元加速踏板的位置信号，需要增加一套控制系统，输入目标车速信号，把实际的车速作为反馈，最后控制系统计算输出加速踏板位置信号发送给节气门控制单元。

项目检测 3

一、填空题

1. 智能网联汽车线控驱动系统由线控节气门、线控换档、_____、_____组成。
2. 智能网联汽车的自动驾驶由：_____、决策层、_____构成。
3. 线控节气门系统是由加速踏板、_____、电控单元（ECU）、电子节气门构成。
4. 常见的线控换档系统主要形式有旋钮式、_____、_____、档杆式。
5. 永磁同步电机由电机部分、位置传感器部分_____、散热部分组成。

二、判断题

1. 智能网联汽车驱动系统是指通过互联网技术实现车辆之间、车辆与道路基础设施之间的信息交互和协同工作的系统。（   ）
2. 智能网联汽车常用的电机类型是步进电机。（   ）
3. 永磁同步电机工作时转子通三相交流电。（   ）
4. MCU 具有速度控制、位置控制、转矩控制、保护、通信功能。（   ）
5. VCU 汽车的核心控制器，可以协调能量分配问题、整车工况模式转换、突发事件处理、蓄电池能量管理等。（   ）
6. 线控驱动系统的通信主要存在于 VCU 与 MCU 之间。（   ）
7. VCU 与 MCU 之间的通信波特率为 1000kbit/s，报文采用 Motorola 格式。（   ）
8. MCU 低压插件端子不包括控制器供电端子。（   ）
9. KL15 是控制器的供电信号。（   ）
10. MCU 通过接收正常控制器 VCU 的行驶指令，来控制电机输出特定的转矩和转速，从而驱动车辆行驶。（   ）

三、选择题

1. 下列哪项不属于智能网联汽车的感知层（   ）。
   A. 摄像头　　　B. 超声波雷达　　　C. 激光雷达　　　D. 整车控制器
2. 新能源驱动系统的电机通常采用哪种类型的电机（   ）。
   A. 直流电机　　B. 异步电机　　　C. 永磁同步电机　D. 步进电机

3. 线控驱动系统控制器的英文缩写是（   ）。
   A. MCU　　　　　B. ESP　　　　　C. BMS　　　　　D. EPS
4. VCU 的功能不包括（   ）。
   A. 控制能量回收　　　　　　　　B. 高压上下电
   C. 车辆状态监测　　　　　　　　D. 蓄电池温度监测
5. 线控驱动系统常见故障不包括（   ）。
   A. 相电流故障　　　　　　　　　B. 母线欠电压
   C. 单体欠电压故障　　　　　　　D. 电机温度传感器故障
6. VCU 与 MCU 之间的通信波特率为（   ）kbit/s。
   A. 128　　　　　B. 500　　　　　C. 250　　　　　D. 256
7. 一般 CAN 报文中的数据段为（   ）位。
   A. 8　　　　　　B. 16　　　　　C. 32　　　　　D. 64
8. MCU 向 VCU 发送 CAN 报文中，Byte2 代表（   ）。
   A. 驱动电机状态　　　　　　　　B. 驱动电机控制器温度
   C. 驱动电机温度　　　　　　　　D. 驱动电机转速
9. 旋变传感器作用是检测（   ）的位置和速度。
   A. 定子　　　　　B. 转子　　　　　C. 绕组　　　　　D. 传动轴
10. 驱动系统控制温度信号缩写是（   ）。
    A. KL30　　　　B. CAN－H　　　C. TEMP　　　　D. KL31

四、简答题

1. 简述线控节气门系统的结构和工作原理？

2. 简述永磁同步电机的工作原理？

3. 简述驱动电机控制器（MCU）的组成部分和工作原理。

智能网联汽车
底盘线控系统装调与测试

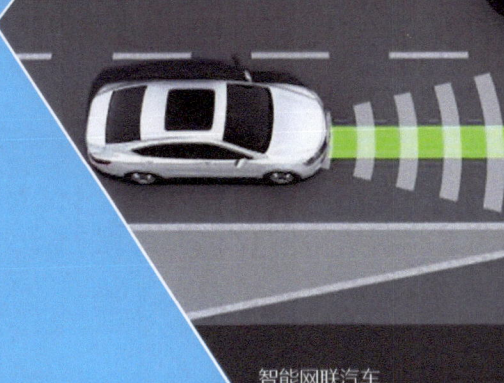

项目 4
智能网联汽车线控制动系统装调与测试

  制动系统是汽车底盘的重要系统，其基本功能是实现对车辆的各种制动操控，确保车辆的制动安全性与操纵稳定性。传统液压制动系统由制动踏板、真空助力器、制动主缸、轮缸等部件组成，以制动液为压力传递媒介，在驾驶员踩下制动踏板时，真空助力器在发动机进气歧管处，通过空气压力向驾驶员提供制动助力，驱动制动主缸增压，压力经过制动液传递至轮缸处，完成制动。依靠电子控制技术，传统液压制动系统功能逐渐丰富，实现了如防抱死制动控制、驱动力控制、电子稳定性控制系统等功能。为辅助驾驶员操控车辆，线控技术（X – By – Wire）应用在汽车制动系统上，产生了线控制动（Brake – By – Wire，BBW）技术。线控制动系统中采用电机驱动制动主缸，结合压力调节电磁阀模块即为本文研究的电机驱动线控制动系统。与传统液压制动系统相比，电机驱动线控制动系统具有结构简单、响应迅速、建压快速、调压精确、便于实现智能驾驶等优点。

项目目标

完成本项目学习后，你应当达到以下目标。

（1）知识目标
1) 了解线控制动系统的功能与分类。
2) 掌握线控制动系统的结构组成和工作原理。
3) 理解线控制动系统的特点。
4) 掌握线控制动系统的新能测试方法。

（2）能力目标
1) 能识别线控制动系统的主要部件。
2) 能根据操作规范正确调试线控制动系统。
3) 具备典型车型线控制动系统线路分析的能力。
4) 能熟练且规范地完成整车线控制动系统的检测与维修。

（3）素养目标
1) 养成良好的学习习惯，培养探索钻研的科学精神。
2) 能够具备团队合作的意识，与团队成员建立良好的团队合作关系。
3) 通过技能实操，形成热爱劳动、爱岗敬业、安全环保、规范操作的职业素养。

任务 1　智能网联汽车线控制动系统结构认知

一、任务导入

小明在实习期间进入一家智能网联汽车企业工作，工作任务是将某一型号汽车的底盘线控制动系统安装到整车上。公司要求上岗工人在操作前都必须先要了解线控制动的相关知识，具体包含结构、工作原理、特点和操作拆装等。下面跟着小明的学习进程，开始进行本任务的学习。

二、新知讲解

（一）线控制动系统的功能

线控制动（Brake-By-Wire，BBW）系统是指一系列智能制动控制系统的集成，它可以提供诸如防抱死制动控制系统（Antilock Braking System，ABS）、驱动力控制系统（Traction Control System，TCS）及电子稳定性控制系统（Electronic Stability Program，ESP）、制动能量回收系统（Brake Energy Recovery System，BERS）等主动安全控制功能，并通过车载网络把各个系统有机的结合成一个完整的功能体系。

线控制动系统，是指制动踏板与制动器之间无机械结构的刚性连接，也无液压系统连接的制动系统。也就是说，在线控制动系统中，制动踏板仅仅是一个获取信号的传感器，当控制系统获知驾驶员的制动请求后，会通过电信号直接控制液压泵或者电机产生制动力，如图4-1-1所示。

传统制动系统和线控制动系统相比，传统制动系统需要驾驶员提供制动能量，由驾驶员提供踏板助力，控制制动踏板，进而控制液压或气压管路，再控制制动器；而线控制动系统无需驾驶员提供制动能量，而是通过接收外部信号，制动踏板发送电子信号给电子元件等方式，由能量供给装置提供制动能量，最终控制制动器。两个系统功能对比，如图4-1-2所示。

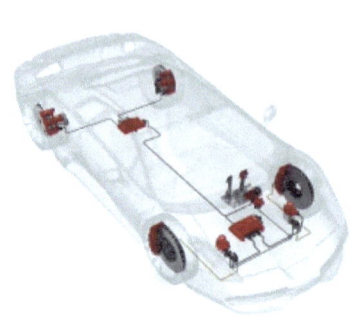

图4-1-1　线控制动系统示意图

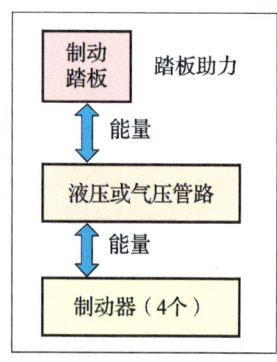 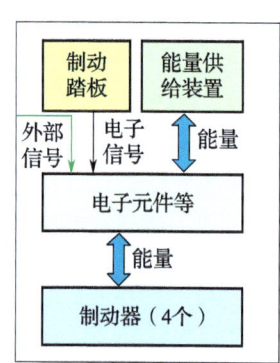

a）传统制动系统　　b）线控制动系统

图4-1-2　两个系统功能对比

线控制动系统为智能网联汽车实现自动驾驶制动提供了良好的硬件基础,具有以下优点:

1) 解决电动车真空助力缺失问题。
2) 制动响应更快。
3) 满足车辆智能化需求。
4) 简化制动系统结构。

(二) 线控制动系统的分类

1. 传统汽车制动系统

(1) 行车制动系统

行车制动系统作用是让行驶中的汽车按我们的意愿进行减速甚至停车。其工作原理是将汽车的动能通过摩擦转换成热能。汽车制动系统主要由供能装置、控制装置、传动装置和制动器等部分组成,如图 4-1-3 所示。

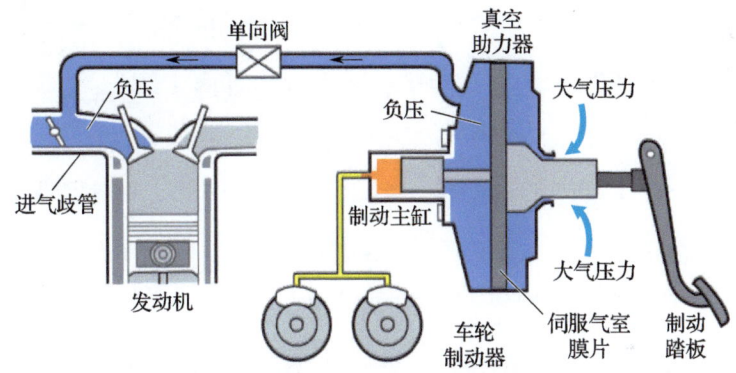

图 4-1-3 汽车制动系统的构成

常见的制动动力系统有机械拉索、液压伺服制动、气压制动、电磁式等,目前采用最广泛的是液压、气压和电磁式制动,机械拉索已经基本被淘汰。乘用车一般常用的就是液压和电磁式制动,气压制动主要应用在货车上。随着科技的不断进步,汽车制动系统的功能也在随之发生变化。汽车制动器的变化集中在材料和工艺方面,制动系统主要的变化还是来自于制动动力系统的变化。

汽车制动时,如图 4-1-4 所示,驾驶员用脚去踩制动踏板,制动踏板通过连杆推动真空助力器和制动主缸工作,这个时候制动主缸中的制动液会顺着管路进入到制动器,然后制动液会推动制动钳工作,这样制动钳就会夹紧制动盘,车辆就起到了制动的功效。

这种传统的制动系统,通过机械件进行连接,然后由液压或者气压进行驱动,由于设计机构的零部件较多,制动速度比较慢,机械制动容易产生"滞后"现象。

常见的制动器主要有鼓式制动器和盘式制动器。

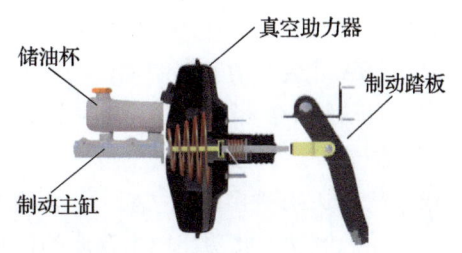

图 4-1-4 制动形成的过程

鼓式制动器多用于汽车的后轮，它主要是由制动轮缸、制动蹄、制动衬片、回位弹簧、制动鼓、活塞等组成，如图4-1-5所示。在踩下制动踏板时，推动制动主缸的活塞运动，进而在油路中产生压力，制动液将压力传递到车轮的制动轮缸推动活塞运动，活塞推动制动蹄向外运动，进而使得制动衬片与制动鼓发生摩擦，从而产生制动力。鼓式制动器的优点在于造价便宜，属于传统的设计结构，缺点在于制动效能和散热性较差。

盘式制动器是目前大部分车辆采用的制动器，与封闭式的鼓式制动器不同，盘式制动器是敞开式的。盘式制动器主要由盘式制动钳、制动器摩擦片、制动盘、柱塞和制动液构成，如图4-1-6所示。盘式制动器通过液压系统把压力施加到制动钳上，使制动摩擦片与随车轮转动的制动盘发生摩擦，从而达到制动的目的。盘式制动器的优点在于制动效能和散热性较好，保养比较方便，缺点在于成本高，对制动器和制动管路的性能要求高。

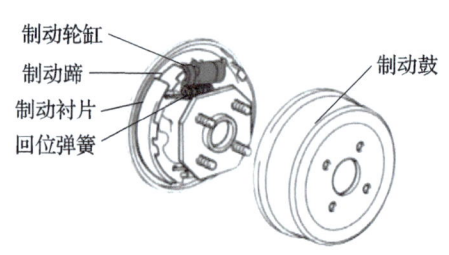

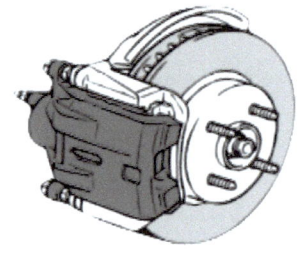

图4-1-5 鼓式制动器结构　　图4-1-6 盘式制动器结构

（2）电子制动辅助系统

电子制动辅助系统（Electronic Brake Assist, EBA）和制动力辅助系统（Brake Assist System, BAS）能够通过判断驾驶员的制动动作（力量及速度），在紧急制动时增加制动力，从而缩短制动距离。对于脚踝及腿部力量较弱的驾驶员来说，该系统的优势会表现得更加明显。而电子制动辅助系统，其实是电子紧急制动辅助系统的前身。如图4-1-7所

图4-1-7 电子制动辅助系统

示，当传感器接收到放松加速踏板的指令时，若踩制动踏板的时间、速率和作用力都符合要求，ECU会马上启动紧急制动程序，在短短几毫秒之内把制动力全部发挥出来，用时比驾驶员把制动踏板踩到底要快得多，大大缩短了紧急制动情况下的制动距离。

EBA具有自动释放、自动驻车和动态制动等功能。

自动释放：内置的起步辅助系统可在汽车起步时自动松开驻车制动器，为驾驶员提供方便。在上坡起步时，起步辅助系统可防止车辆发生溜车。当车轮上形成了足够的驱动力时，EBA才会取消驻车制动器的制动力。

自动驻车：当整车高压电断开，车辆没有进入拖车模式，EBA会自动触发驻车请求，将车辆驻停。当检测到安全带信号从"系上"切换到"未系上"，或检测到驾驶员侧车门信号从"关闭"切换到"打开"状态时，EBA也会自动发出自动驻车请求。

动态制动：此功能用于普通的制动操纵机构已失灵或抱死的情况。长按EBA驻车开关，即可在紧急情况下用驻车制动器使车辆制动。一旦松开EBA驻车开关，即可中止制

动过程。当车速大约从5km/h起,如果长按EBA驻车开关并保持不动,便会激活动态制动功能。

当EBA系统出现故障时,电控单元会终止控制功能,车辆会丧失驻车功能,同时EBA的黄色警告灯点亮,用以向驾驶员发出警告信号,并将故障内容存储在电控单元的专用存储器内以便于检修。EBA系统框图,如图4-1-8所示。

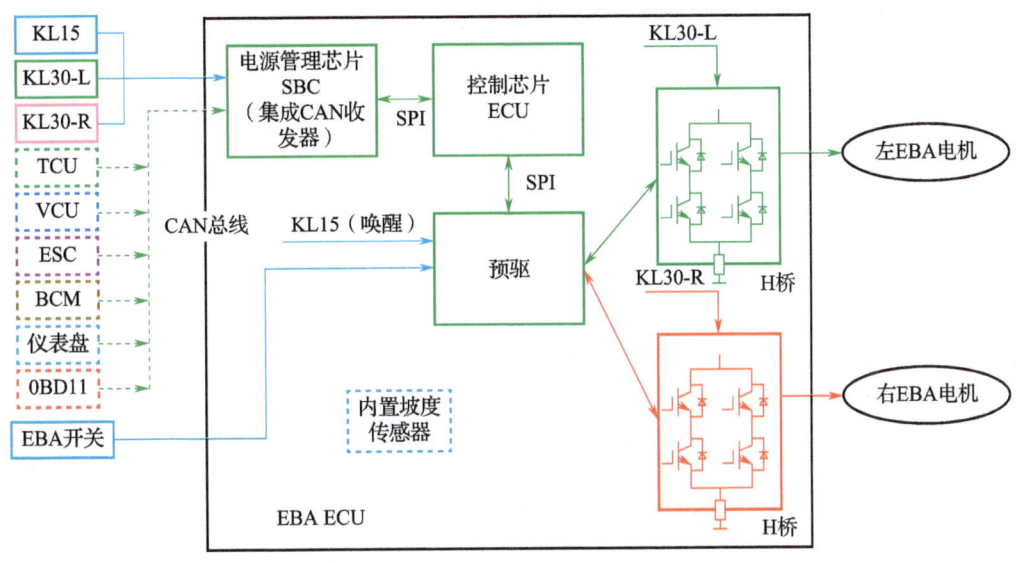

图4-1-8　EBA系统框图

(3) 防抱死制动控制系统

防抱死制动控制系统(ABS)是在传统的制动系统的基础上增加电子控制系统发展而来,它是由车轮转速传感器、电控单元(ABS ECU)和制动压力调节器等部分组成,如图4-1-9所示。

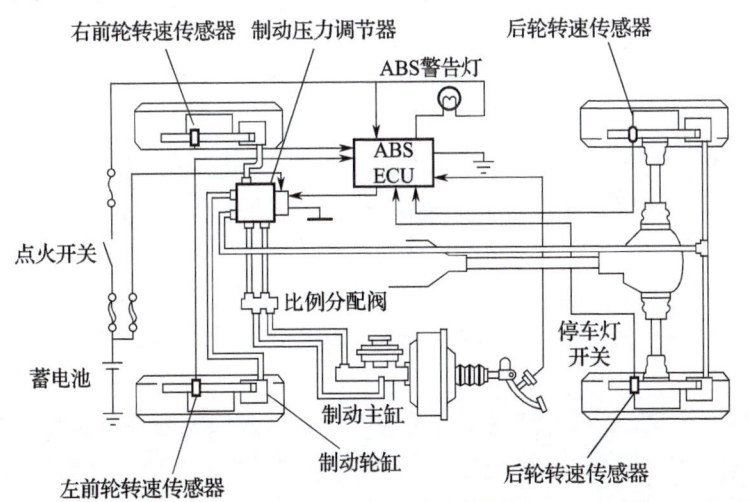

图4-1-9　ABS的组成

ABS工作时,电控单元根据各车轮转速传感器的输入信号和控制程序向制动压力调节器输出控制指令,调节各制动轮缸的压力,将轮胎滑移率控制在最佳值范围内,使汽车具备最短制动距离、行驶和转向操纵稳定的性能优势。

ABS 具有防抱死控制、电子控制动力分配和故障自诊断等功能，如图 4-1-10 所示。ABS 正常工作时，电控单元根据各车轮转速传感器的检测信号控制液压单元调节各轮缸的制动液压力，避免车轮抱死；当 ABS 不起作用时，对后桥制动的液压进行制动力分配控制，避免出现后轮抱死现象；当 ABS 出现故障时，电控单元终止控制功能，制动系统按常规方式工作，同时 ABS 警告灯点亮，向驾驶员发出警告信号，并将故障内容存储在电控单元的专用存储器内以便于检修使用。

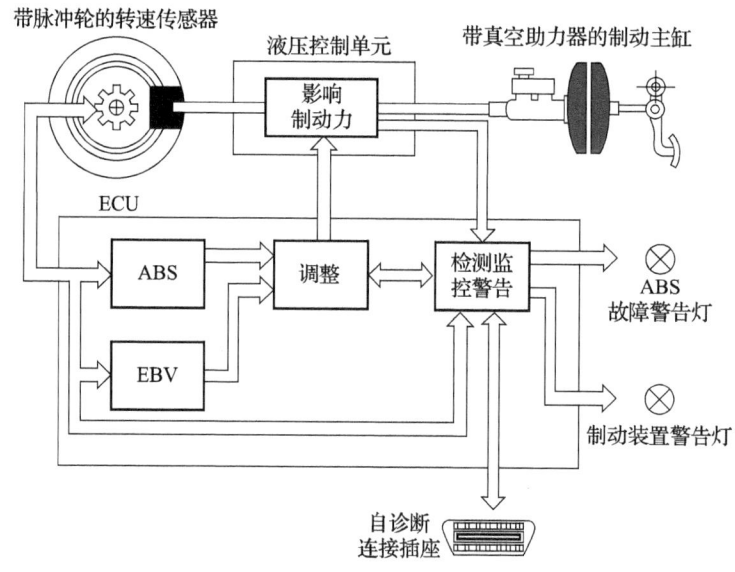

图 4-1-10 ABS 的功能

当 ABS 工作时，电控单元根据各车轮传感器的检测信号与控制程序，调节各制动轮缸的制动压力，使车轮的滑移率控制在 10%~30% 的范围，从而使汽车获得最大的制动力且保持制动时的方向稳定性和转向操纵稳定性。

ABS 系统液压控制单元的工作过程包括建立油压、保持油压、减少油压和增加油压的连续不断的循环过程，其工作原理如下。

1）建立油压：开始制动时，所有电磁阀及电动液压泵均不通电，驾驶员踏下制动踏板，制动主缸产生的制动油压经常开的进油阀进入制动轮缸，出油电磁阀处于常闭状态，使制动轮缸的油压不断升高，如图 4-1-11a 所示。

2）保持油压：随着制动压力的增加，当油压升高到车轮趋于抱死时，电控单元发出控制指令，使进油阀通电关闭，出油阀仍保持断电关闭状态，制动轮缸油压保持不变，如图 4-1-11b 所示。

3）减少油压：当驾驶员继续踩制动踏板，车轮出现抱死趋势时，电控单元发出控制指令，使进油阀仍保持断电关闭状态，出油阀通电打开，与此同时电动液压泵通电运转，将制动轮缸中的制动液由低压储液罐输送回制动主缸，使制动轮缸的液压迅速减小，如图 4-1-11c 所示。

4）增加油压：当制动轮缸的油压降低，车轮转速增加到一定程度时，电控单元发出控制指令，使进油阀断电打开，出油阀断电关闭，电动液压泵通电运转，将低压储油杯中的制动液和制动主缸的油压一起输送给制动轮缸,使制动轮缸的油压迅速升高,如图4-1-11d所示。随着制动压力的增加,车轮滑移率增大,于是重复"保持油压→减少油压→增加油压"的循环过程,循环过程的工作频率为5~6次/s,将车轮的滑移率始终控制在20%左右。

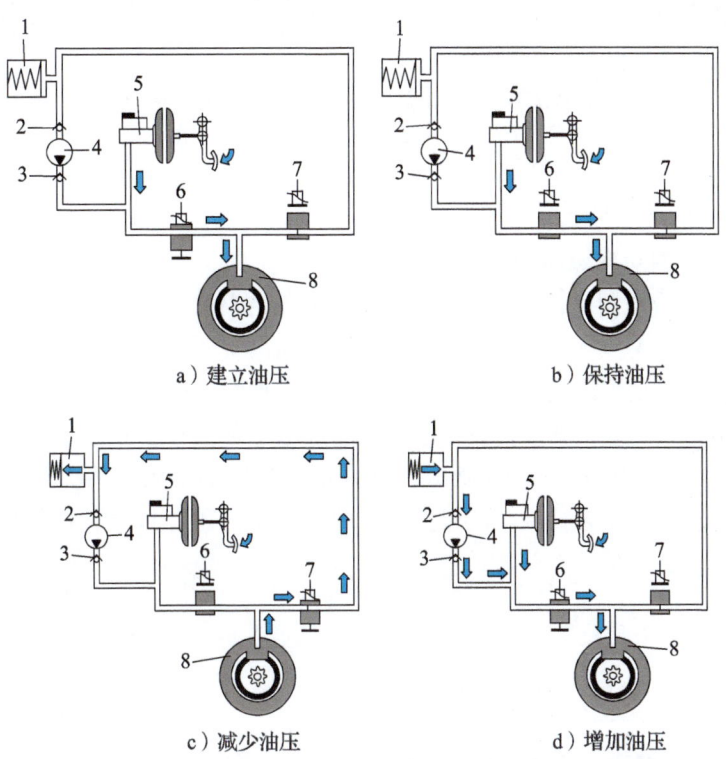

图4-1-11 ABS制动压力控制过程

1—低压储油杯;2—吸入阀;3—压力阀;4—电动液压泵;5—制动主缸;
6—进油阀;7—出油阀;8—制动轮缸

(4) 电子稳定性控制系统

汽车在高速行驶急转弯时会出现两种危险状况,一种是不足转向(有冲出弯道的倾向),另一种是过度转向(有甩尾的倾向),两者都可导致汽车行驶时发生危险。

ESP工作的基本原理是通过转向角传感器、车轮转速传感器、偏摆传感器、纵向/横向加速度传感器等实时检测驾驶员的驾驶意图和车辆的实际行驶情况,ECU根据各传感器的信号计算出车辆的实际运动轨迹,如果实际运动轨迹与理论运动轨迹(驾驶员意图)有偏差,或者检测出某个车轮打滑,ECU就会首先控制副节气门控制机构减小其开度,以减小发动机输出功率,并且控制制动系统对某个车轮进行制动,来修正运动轨迹,克服汽车在高速行驶急转弯时会出现不足转向或过度转向。当实际运动轨迹与理论运动轨迹相一致时,ESP自动解除控制。例如,当ESP判定为出现不足转向时,将制动内侧后轮,使车辆进一步沿着驾驶员转弯方向偏转,从而稳定车辆;当ESP判定为出现过度转向时,ESP将制动外侧前轮,防止出现甩尾,并减弱过度转向趋势,稳定车辆,如图4-1-12所示。

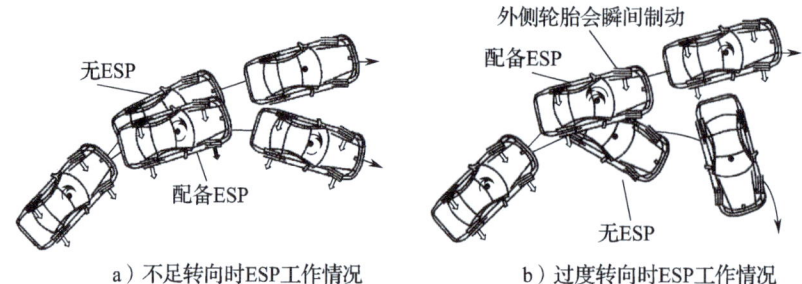

a) 不足转向时ESP工作情况　　b) 过度转向时ESP工作情况

图4-1-12　ESP的工作原理

2. 智能网联汽车线控制动系统

（1）电子液压制动系统（EHB）

EHB以传统的液压制动系统为基础，用电子元器件替代了部分机械部件的功能，使用制动液作为动力传递媒介，制动踏板和制动主缸之间没有任何机械连接，同时配备液压备份制动系统。汽车驾驶员的制动动作被踏板上的传感器转化成电子信号，或被环境感知传感器检测到障碍物，车载计算平台发送制动请求，电控单元接收到信号后，命令液压执行机构完成制动操作，如图4-1-13所示。EHB能根据路面的附着情况和车轮转速，为每个车轮分配最合理的制动力，从而可以更充分的利用车轮和地面之间的摩擦力，使制动距离更短，制动过程更安全。

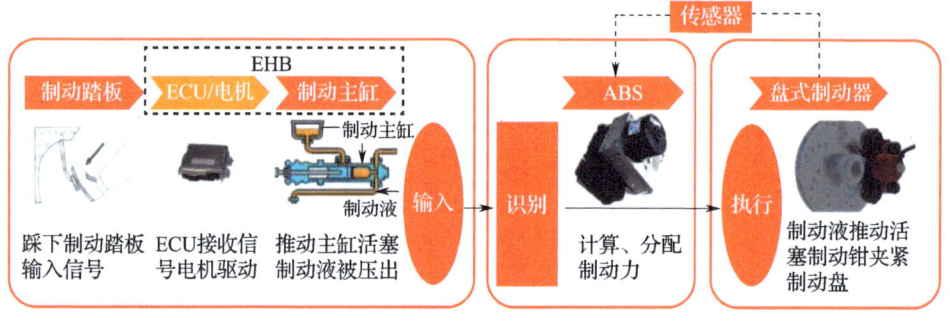

图4-1-13　EHB系统工作示意图

典型的EHB由踏板模拟单元、ECU、执行器机构等组成，如图4-1-14所示。正常工作时，制动踏板与制动器之间的液压连接被断开，备用阀处于关闭状态。电子踏板配有踏板感觉模拟器和电子传感器，ECU可以通过传感器信号判断驾驶员的制动意图，并通过电机驱动制动液压泵进行制动。电子系统发生故障时，备用阀打开，EHB变成传统的液压制动系统。

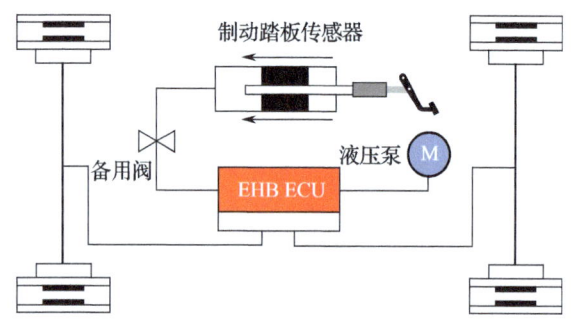

图4-1-14　EHB系统结构示意图

备用系统增加了制动系统的安全性，使车辆在线控制动系统失效时还可以进行制动，但是由于备用制动器系统中仍然包含复杂的制动液传输管路，使得EHB并不完全具备线控动系统产品的优点。

在智能网联汽车中，当选用自动驾驶模式时，驾驶员踩制动踏板的人工驾驶操作，将变为计算平台向 VCU 发送制动意图的自动驾驶操作，即计算平台根据环境传感器反馈的路况等信息，向 VCU 发送请求制动信号，VCU 经分析后将制动信号发送给 EHB-ECU，ECU 通过电机驱动制动液压泵进行制动。

相比传统的制动系统，EHB 的优势体现在以下几方面。

1) 电子液压制动系统由电磁阀控制实现 4 轮独立和准确的压力调节，还可以快速反馈制动响应。

2) 电子液压制动系统取消繁杂的真空助力装置，它的结构更简单，提升了整车的布置空间。

3) 电子液压制动系统便于集成 TCS、ABS、ESP 等辅助制动系统，兼容性强，可进行车联网通信。

4) 电子液压制动系统的主缸前腔和后腔出液口有断开的电磁阀，可有效切断主缸和轮缸的关联，可完成轮缸和主缸的解耦，进行制动能量回收。

5) 传统的真空助力器在长时间制动工况下，制动性能会衰退，而 EHB 的可靠性高，热衰退慢。

6) 电子液压制动系统配置的踏板模拟器具有良好制动的性能，达到人力制动和助力制动解耦，可实现主动制动。

缺点主要有以下几方面。

1) 电子液压制动系统通过高压蓄能器来提供制动力，液压泵为蓄能器补充液压力的时间长，在连续制动这样长时间的制动工况下，会出现蓄能器压力供给不足的问题。

2) 电子液压制动系统的管路繁杂，不便于布置，并且后轴的管路太长，因此其制动响应具有滞后性。

（2）电子机械制动系统（EMB）

在 EMB 中，所有的液压装置，包括制动主缸、液压管路、助力装置等均被电子机械制动系统替代，液压盘式和鼓式制动器的调节器也被电机驱动装置取代，如图 4-1-15 所示。EMB 是名副其实的线控制动系统。

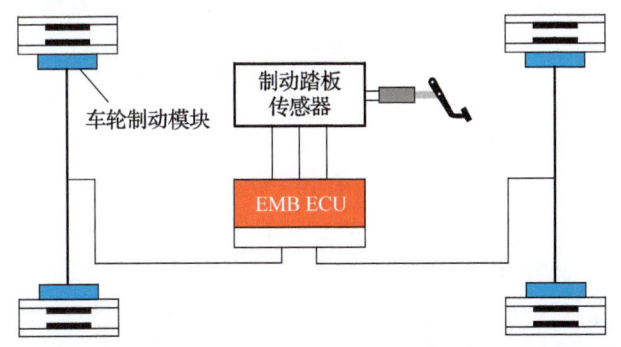

图 4-1-15 EMB 结构示意图

电子机械制动系统的工作原理是驾驶员在进行制动操作时，将制动踏板信息传递到整车 ECU，它综合分析传感器信息，在经过处理计算后，获得此时最佳的目标制动夹紧力，将它传输到制动执行机构,如图 4-1-16 所示。如果电子机械制动系统接收到制动信号后,其控制驱动电机迅速进行响应,并由减速增矩和运动转换机构将初始的电机转动转换为最终的平动,推动制动块压紧制动盘完成制动的操作,达到有效的车辆制动效果。

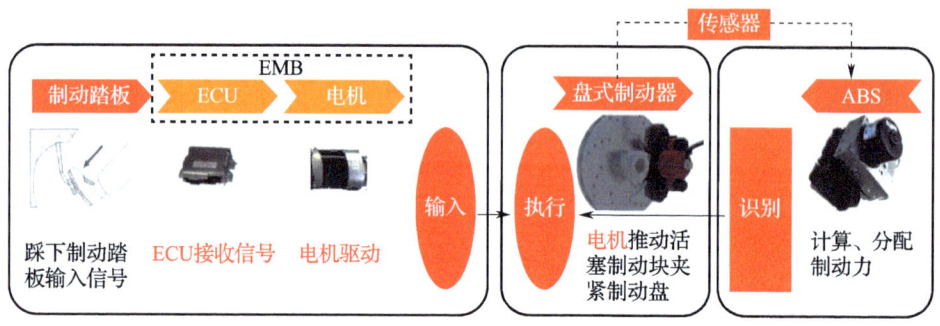

图 4-1-16　EMB 工作原理图

EMB 系统内没有液压驱动和控制部分,机械连接只是存在于电机到制动钳的驱动部分,它将作用在制动踏板上的力和速度转化为电信号,由线束传递能量,线束传递信号输送到电子控制单元。

当汽车在不同工况下行驶时,当产生减速需求时,驾驶员会踩下制动踏板,电子制动踏板上的制动踏板传感器检测出踏板加速度、位移以及踏板力的大小等制动信号,ECU 单元通过车载网络接收制动指令信号,综合当前车辆行驶状态下的其他传感器信号,并结合相应的意图识别算法识别出驾驶员的制动意图,计算出每个车轮各自实时所需的最佳制动力。4 个车轮独立的制动模块,接受 ECU 的输出信号控制电机的转速完成转矩响应,然后控制 EMB 执行器来产生相应的制动力实现制动。

电子机械制动系统的能量来源,其需稳定的电压输出来驱动电机和保证传感器的能量;车载计算机网络实现制动控制单元和电子控制单元的通信;制动力分配单元是电子控制单元的组成,可对传感器收集到的信息进行合理处理,制定恰当的制动力分配决策,来确保制动时的乘客舒适性和最短制动距离;制动力执行单元和制动控制单元,接收到智能网联计算平台发送的减速度信息后进行解析并计算,控制制动泵电机的驱动电流和运转方向,从而使制动管路的油压发生变化;同时,根据行程传感器、制动压力传感器的反馈信号调整电机电流、方向,对制动系统的管路油压进行调节。控制制动器的行车制动和驻车制动;接收车轮速度传感器信号,识别车轮是否抱死、打滑等;控制车轮制动力,实现防抱死和驱动防滑。

相比于传统的液压制动系统,EMB 具有如下优点。

1) 电子机械制动系统取消繁杂的蓄能器、液压管路、液压泵等液压部件,由于这些零部件可回收利用,因此其环保价值极高。

2) 电子机械制动系统便于集成电子驻车制动系统(EPB)的功能。

3) 电子机械制动系统的机械结构简单,而且体积小,这样有利于汽车的空间布置。

4) 电子机械制动系统采用模块化设计,比较方便拆装,维修性出色。

5) 电子机械制动系统是纯机电系统,其控制精确、灵敏度高、响应快,可实现对 4 轮施加准确的制动力控制。

6）电子机械制动系统能够达到长时间制动的效果，制动性能稳定且可靠。

7）电子机械制动系统的传动效率高，满足"节能"的理念。

但是，虽然 EMB 技术相较于 EHB 液压线控技术有很多优点，但是高度线控化也对 EMB 的可靠性提出了更高的要求，EMB 依然存在不少技术难点需要攻克，包含以下三个方面。

1）电子机械制动系统的电机，特别是前轴电机，它需提供的驱动力较大，存在长时间工作在堵转状态下，那么对电机性能的要求较高，一般需车载 42V 电源才能够达到功率的需求。

2）电子机械制动系统需额外的制动失效备份机构，加剧了系统设计的复杂程度。

3）电子机械制动系统需 4 套执行机构，其成本造价比较高。

视频 21
线控制动系统的功能分类

三、任务实施

（一）任务实施的要求

1. 任务实施的目的

1）认识线控制动系统的类型。

2）理解线控制动系统的结构。

2. 实训仪器和设备

智能网联汽车底盘线控实训平台、常用拆装工具套装等。

（二）任务实施的步骤

1. 准备工作

1）任务内容：在组织教学的过程中，结合线控制动实训平台，让学生从实践中认知线控制动的构造原理；在线控制动实训平台上，详细介绍每一个零部件的名称、安装位置和主要作用。

2）组织方式：学生 5~6 人为一个任务小组，每组选出 1 名组长，以小组为单位，以此进行技能实训，每组组长根据小组成员任务分工的不同，确定不同任务的责任人，保证每位同学都能够参与实践操作。

3）实操准备：注意人身及设备安全，按照进入实践区域需穿戴劳保防护用品的要求，严格组织学生按照实训区安全作业规程进行实操。

2. 指导步骤

第一步：接好控制柜电源线，打开控制柜侧边的漏电保护开关，给设备通电。

第二步：双手扶住制动台架上的横梁，右脚放到制动踏板上并用力踩下，可多踩几次，感受每次右脚用力的感觉。

第三步：按下总电源开关，指示灯亮起，线控制动台架获得供电。

第四步：设备通电后，可以明显听到电子真空泵开始工作抽取真空的声音。待电子真空泵停止工作后开始下一步动作。如果电子真空泵不工作，说明设备有故障，需要给设备断电后再检查修复。

第五步：双手扶住制动台架上的横梁，右脚放到制动踏板上并用力踩下，可多踩几次，感受每次右脚用力的感觉。

第六步：接好万用表测量并调至测量直流电压档，红、黑表笔分别接真空泵测量端子，用右脚多次踩制动踏板直到电子真空泵开始工作，观察电压表读数变化并作记录。

第七步：关闭电源总开关，将线控制动实训平台整理归位。

视频 22
线控制动系统的结构认知

任务工单 8　智能网联汽车线控制动系统结构认知

任务名称	智能网联汽车线控制动系统结构认知		
"1+X"智能网联汽车测试装调职业等级证书			
小组成员：		班级：	
自评：□合格　□不合格		师评：□合格　□不合格	
日期：		日期：	
一、实训信息记录			
实训设备		实训场所	
工具准备		资料准备	
二、指出线控制动系统零部件的位置			
零部件名称	实训台架中该零部件所处位置		
电子制动踏板模块			
驻车制动器			
车轮转速传感器			
ECU 控制单元			
车轮制动模块			
三、线控制动系统功能认知			
任务描述	记录电子真空泵检测过程		
任务解决			
四、现场整理与评价			
序号	项目及评价标准	占比分数	实际得分
1	小组成员是否明确任务	10	
2	知识准备是否充分	20	
3	小组工作流程是否完整规范	30	
4	实训工单是否认真填写	15	
5	设备归位及场地整理得分	10	
6	小组合作得分	15	
总分			

四、任务小结

1）线控制动系统与传统汽车制动系统的功能一样，只是在结构上有所改变，即它们之间没有直接的液压力或机械连接。

2）EHB 技术成熟，市场前景广阔，目前已占研发和应用的主流。而 EMB 受技术条件限制，还未在智能网联汽车上批量应用，但 EMB 的制动响应高、布局空间灵活并具备安全性、舒适性、稳定性好等优点。

3）线控制动系统按照其技术不同可分为：电子液压制动系统（EHB）、电子机械制动系统（EMB）。

4）EMB 主要包含 EMB 中央控制单元、制动踏板控制单元和 EMB 执行器 3 大部分，制动力矩完全是通过安装在 4 个轮胎上的、由电机驱动执行机构而产生。

5）EHB 主要由制动踏板单元、压力调节单元（电子控制单元、液压控制单元）以及一系列的传感器组成。

任务 2　智能网联汽车线控制动系统工作原理

一、任务导入

小明是底盘线控系统装调的测试员，现有辆车需测试自动驾驶模式的制动（EHB）功能，具体操作如下：首先将车辆底盘举升至轮胎离开地面，起动车辆、选择前进档、车轮按照其档位进行旋转。操作调试软件，输出以下几个功能，分别是制动指令、驾驶模式等所有的功能完成后，小明通过调试软件的显示界面，可分别查看到制动灯信号、工作状态、制动断电信号等。

如果你是小明，你是否知道如何通过控制软件下发制动指令？是否知道如何查看制动反馈信号？接下来让我们带着这些问题，进入今天的学习任务。

二、新知讲解

（一）线控制动系统的工作原理

线控制动系统可以分为液压式线控制动系统（Electro-Hydraulic Brake System，EHB，也称作电子液压制动系统）和机械式线控制动系统（Electro-Mechanical Brake System，EMB，也称作电子机械制动系统）。区别在于液压式线控制动需要制动液作为压力传递介质，机械式线控制动则没有制动液参与制动。

1. 电子机械制动系统（EMB）的工作原理

EMB 和 EHB 的最大区别就在于它不再需要制动液和液压部件，制动力矩完全是通过安装在 4 个轮胎上的电机驱动执行机构而产生，如图 4-2-1 所示。因此相应的取

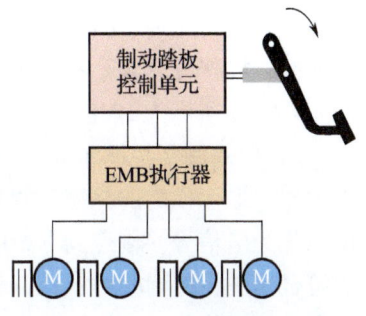

图 4-2-1　电子机械制动系统（EMB）基本结构

消了制动主缸、液压管路等,可以大大简化制动系统的结构,便于布置、装配和维修,具有免维护性以及响应速度超高的特点,更为显著的是随着制动液的取消,大大降低了环境污染,但可能产生制动力不足的问题。

(1) EMB 的结构组成

EMB 系统主要包含以下三个部分:EMB 中央控制单元、制动踏板控制单元和 EMB 执行器,其结构如图 4-2-2 所示。

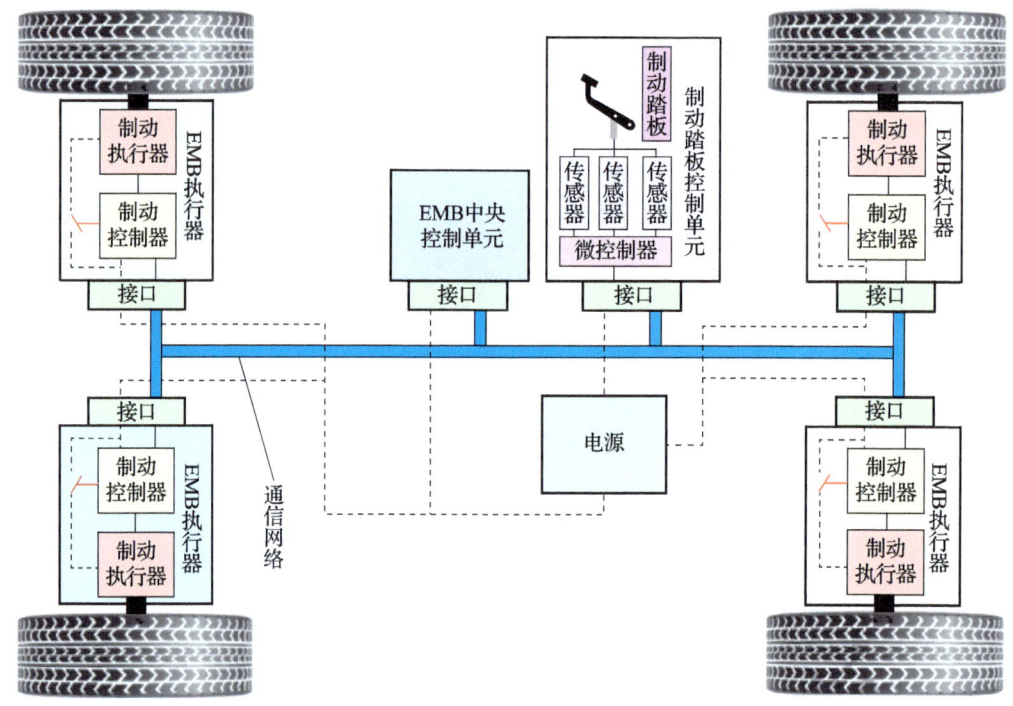

图 4-2-2　电子机械制动系统 (EMB) 的结构

1) EMB 中央控制单元。EMB 中央控制单元主要接受两个信号,一个是接受制动踏板发出的信息,一个是接受智能网联汽车决策规划层发出的制动信息。

EMB 中央控制单元利用以上信息,用于确定驾驶员意图或者判断整车动力学状态,并将控制信号通过总线发送给各个 EMB 执行器。执行器控制器接受来自 EMB 中央控制单元的动作信号,控制电机使执行器产生期望的目标制动压力。同时中央控制单元接收车轮转速、转向盘转角、横摆角、侧向加速度等信号,识别车轮是否抱死、打滑,车辆是否出现侧倾、横摆等现象,控制车轮制动力,实现防抱死、驱动防滑、操纵稳定等操作,如图 4-2-3 所示为 EMB 中央控制单元。

2) 制动踏板控制单元。EMB 系统取消了传统液压制动系统中机械式传力机构和真空助力器,取而代之的是制动踏板模拟器,如图 4-2-4 所示。它将作用在踏板上的力和速度转化为电信号,输送到 EMB 中央控制单元。制动踏板模拟器的输入输出特性曲线应能够符合驾驶员的驾驶习惯,并根据人体工程学设计,可提升整车舒适性和安全性。目前已经应用的线控制动系统相对以前的最大改进就是采用了制动踏板模拟器,有效地提高了制动响应速度。

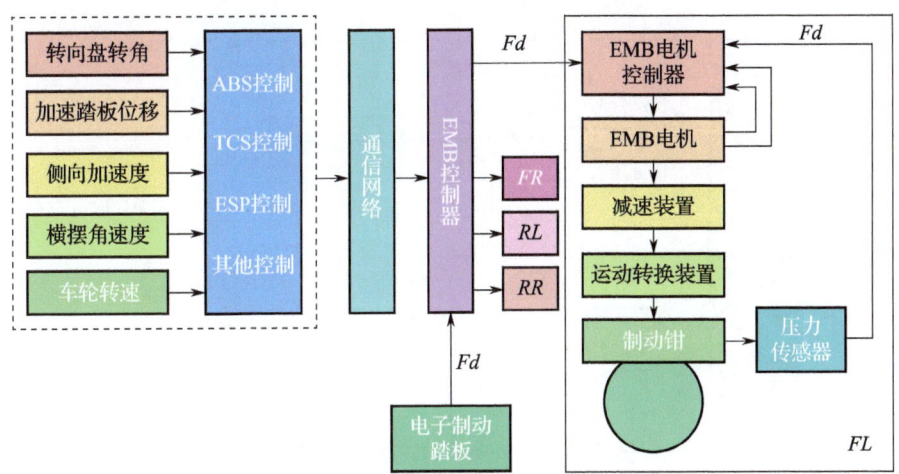

图 4-2-3 EMB 中央控制单元

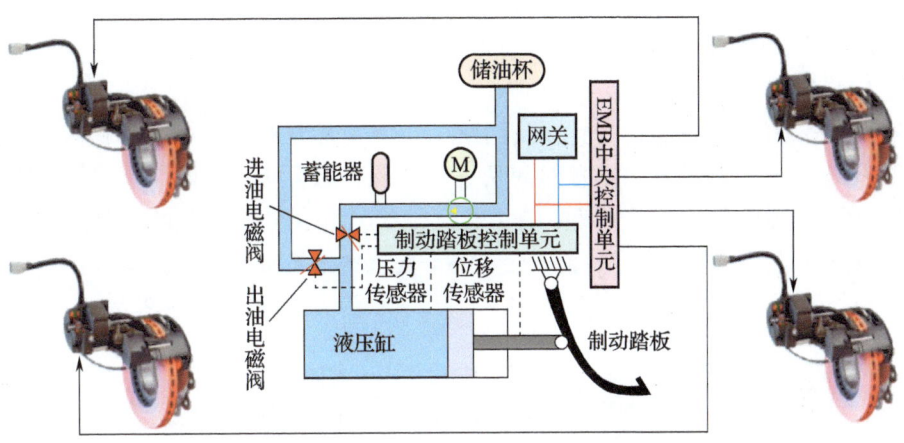

图 4-2-4 EMB 制动踏板控制单元

驾驶员踩下制动踏板后,通过制动踏板传感器检测出踏板加速度、位移以及踏板力大小等制动信号。ECU 通过车载网络接收制动指令信号,且综合当前车辆行驶状态下的其他传感器信号,计算出每个车轮各自实时所需的最佳制动力。4 个车轮独立的制动模块,接收 ECU 输出信号控制电机的转速以完成转矩响应,同时控制 EMB 执行器产生相应的制动力以实现制动。为了保证车辆制动平稳可靠,ECU 将实时监测各制动单元各传感器的反馈信息,并及时调整制动力的大小。

3) EMB 执行器。EMB 执行器一般由 4 个基本组成部分,包含驱动电机、传动装置、制动钳和传感器等部分。其中驱动装置内部含行星齿轮、滚珠丝杠;传感器部分包含电流传感器、电机转速传感器和压力传感器等,如图 4-2-5 所示。

EMB 执行器接收来自 EMB 中央控制单元的目标制动力信号,结合从自身执行机构反馈回来的转角、转速、电流等信号,计算出电机的控制电压。驱动器按照计算的电压信号输出给执行器,驱动电机运动。

汽车在制动时,EMB 电机工作过程分为以下 3 个阶段。

①低速正转,消除制动盘和摩擦片之间的间隙。

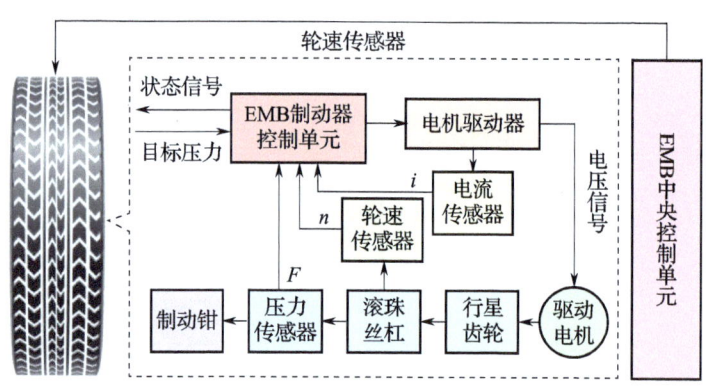

图 4-2-5 EMB 执行器单轮机构

②堵转状态，当制动器间隙消除后，电机堵转，产生的力矩经减速机构和运动转换装置使密封圈产生弹性形变，通过制动钳和制动盘的相互摩擦作用对车轮施加制动力矩。

③低速反转，解除制动。

（2）EMB 的工作原理

当驾驶员踩下制动踏板时，制动踏板上的位置传感器将制动踏板的行程信号通过连接线传递给 EMB 中央控制单元，或智能网联汽车决策规划层发出车辆期望速度、减速度信息，EMB 中央控制单元根据以上信息并结合其他信号综合分析车辆的行驶工况，计算出每个车轮需要的理想制动强度，并对安装在各车轮上的电机或其他动力源发出指令，驱动制动器工作，实现对车轮的制动，如图 4-2-6 所示为 EMB 的控制过程。

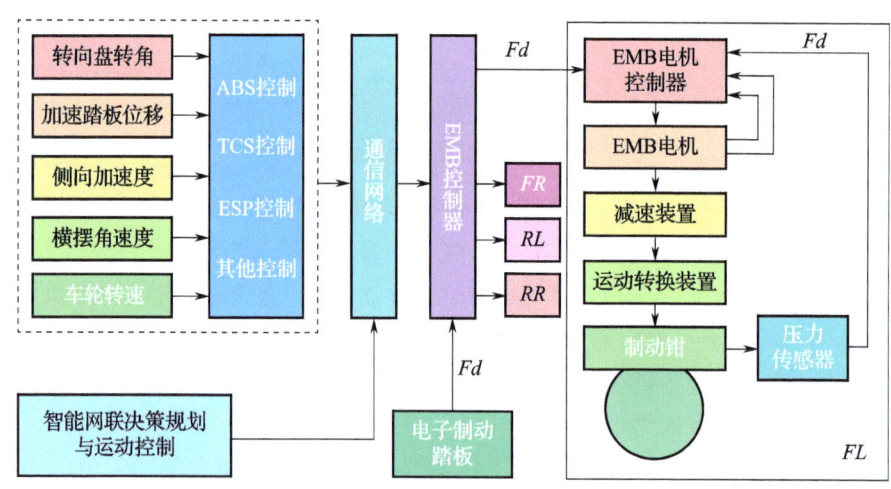

图 4-2-6 EMB 的控制过程

（3）EMB 系统特点

与传统的液压制动系统相比，EMB 系统有如下优点。

1）由于制动执行器和制动踏板之间无液压和机械连接，大大减少了制动器的作用时间，进而有效地缩短了制动距离。

2）安装更简单、快速，无需制动液，有利于环保，也有助于提高系统的再利用性，同时也减轻了系统的重量。

3) 无常规制动系统的真空助力器，减少了布置空间，发动机舱盖下的空间布置更加灵活。

4) 制动踏板可调，舒适性和安全性更好。

5) 在 ABS 模式下，制动踏板无回弹振动，几乎无噪声。

6) 可实现所有制动和稳定功能。例如，ABS、EBD、TCS、ESP、AEB 等。

7) 可方便与未来的交通管理系统联网。

8) 可方便集成附加功能。例如，电子驻车制动。在一些高级的车辆控制系统中，如主动巡航控制系统，可以很简单地通过数据总线与制动系统相连，而其他一些简单的功能只需额外的软件或传感器连接到制动系统即可。

(4) EMB 关键技术

1) 电源问题。目前车辆 12V 电源系统无法提供线控制动工作所需的能量，需采用 42V 供电系统。但高电压带来的各类技术问题还有待解决，如电化学腐蚀、电磁噪声以及电弧放电等。12V 电源已应用了 50 多年，制造商和电子设备供应商都需要重新设计和生产与高压电源相匹配的内部结构、装配方式、配套设备以及电子元器件功率分布重新规划等。

2) 安全控制问题。线控制动系统不再使用独立的备用制动系统，其设计必须是可靠、安全和可维护的。因此，基于冗余技术的高可靠性实时容错控制系统结构设计，基于时间触发网络协议的高速容错实时总线，基于模型的设计和多平台集成开发环境的控制软件开发模式，基于非线性系统建模和控制算法设计与实现都是必须要攻克的难点问题。

3) 恶劣工况下驱动电机稳定性问题。高速和高转矩要求力矩电机必须具备大功率，因此其体积较大与狭小的制动空间相矛盾。此外，力矩电机需要长时间工作在堵转状态、频繁正反转状态，暴露于恶劣的自然环境和电磁环境状态中。

4) 成本问题。由于大量控制器、传感器和高性能力矩电机等被使用，成本问题也是阻止电子机械制动系统成功走向市场的又一因素。但随着线控制动技术的不断成熟，控制器、传感器等电子元器件的成本在不断降低；随着专用制动电机的开发，EMB 成本也将随之降低。

此外正在研究的还有系统在汽车运行中的抗干扰问题，与新工作环境相适应的传感器及 EMB 执行机构等电子零部件的性能模拟检测，底盘的集成，线控制动系统故障诊断以及优化制动力的控制等。

2. 电子液压制动系统 (EHB) 的工作原理

EHB 是在传统的液压制动系统基础上发展而来的一种自动控制系统。EHB 用一个综合的制动模块来取代传统制动系统中的压力调节器和 ABS 模块等，可以产生并储存制动系统压力，并可分别对 4 个轮胎的制动力矩进行单独调节，其基本结构如图 4-2-7 所示。

(1) 基于真空助力的液压制动系统

基于真空助力的液压制动系统主要是在原有真空助力液压制动系统中增加电子真空助力泵（Electronic Vacuum Pump, EVP）、踏板行程传感器（Pedal Travel Sensor, PTS）和真空助力传感器等，如图 4-2-8 所示。

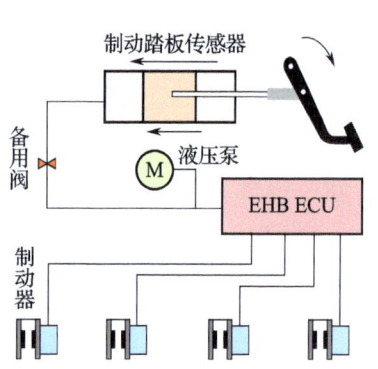
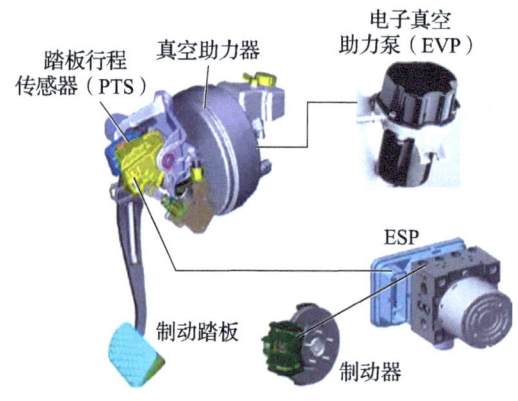

图4-2-7 电子液压制动系统（EHB）基本结构　　图4-2-8 基于真空助力的液压制动系统

EVP 的作用是为真空助力器提供动力源，因为电驱动乘用车没有传统的发动机，无法为真空助力器提供真空度，真空助力器无真空下无法提供制动助力。该系统通常还会带一个真空罐，用于存储一定容积的真空，使系统的真空度更稳定，同时降低 EVP 的启动频次，增长 EVP 使用寿命。PTS 主要是为了给电机控制器提供制动信号，有效利用制动空行程进行能量回收，提高了能量回收率。

基于真空助力的液压制动系统的优点是原制动系统的零部件大都可以沿用，实施方便、技术成熟、系统稳定、造价较低。缺点是电机回馈制动力直接叠加在原有的摩擦制动力之上，不调节原有的摩擦制动力，能量回收率低，制动舒适性差。而制动舒适性差不仅表现在电机回馈制动和摩擦制动的耦合与切换时产生冲击、平顺性变差，还表现在高原地区，由于气压低，EVP 无法提供和在平原地区一样的高真空度，真空助力器的助力性变差，踏板力变大。

（2）基于 ESP/ESC 的液压制动系统

以 Bosch 公司的 ESP HEV 为例，该系统无需真空助力器和 EVP，主要基于原有的 ESP 技术，ESP 除了标准功能外，增加了常规的制动液压助力功能和回馈力矩协调功能。ESP 根据制动操作单元（Brake Operating Unit，BOU）里的 PTS 信号计算驾驶员的制动需求，再根据电机提供的回馈制动力，以及综合车辆稳定性，进行制动力的分配，液压制动系统的压力由 ESP 提供，如图4-2-9 所示为基于 ESP/ESC 的液压制动系统。

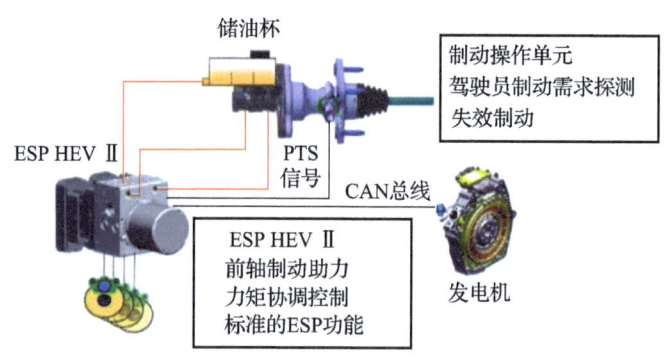

图4-2-9 基于 ESP/ESC 的液压制动系统

该系统具有比传统制动系统更小的安装尺寸，更轻的重量，能进行回馈力矩和液压力矩的协调，能量回收率高。但是系统前轴解耦，制动管路为Ⅱ形布置，不同于常见的X形布置，该方案只适用于小型车（满载质量不超过1700kg）。

（3）基于EHB的液压制动系统

基于EHB的液压制动系统是在传统液压制动器的基础上发展而来的。如图4-2-10所示，该系统会根据不同的驾驶工况自动调节车轮制动压力。当控制器出现故障时，备用阀打开，通过常规液压制动系统进行制动。由于EHB系统仍保留了常规的液压系统，不具备完全电子制动的优点，被看作是EMB系统的一个阶段性产品，不会被长期应用。

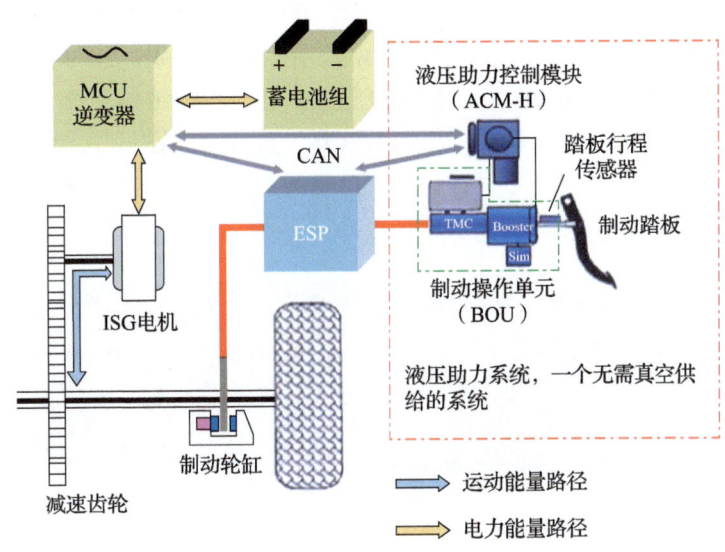

图4-2-10 基于EHB的液压制动系统

1）EHB液压制动系统的组成。

EHB液压制动系统主要由制动操作单元、压力调节单元（电子控制单元、液压控制单元）以及一系列的传感器组成，如图4-2-11所示。

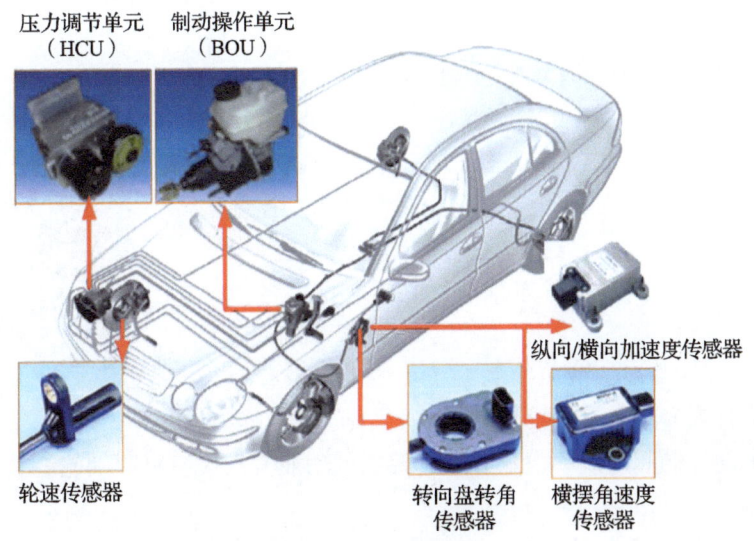

图4-2-11 EHB液压制动系统的组成

Bosch 公司的 HAS HRV 系统，主要由制动操作单元（BOU）、液压助力控制模块（Actuation Control Module – Hydraulic，ACM – H）和 ESP 组成。BOU 带有 PTS，用于探测驾驶员的制动需求；BOU 和制动踏板是解耦的，集成了制动踏板模拟器，制动踏板模拟器内部主要是一个弹簧阻尼机构，能灵活调节制动踏板模拟器。ACM – H 主要由电动液压泵、高压蓄能器和电子控制单元组成，它的任务主要是给液压制动系统供能，同时负责回馈力矩和液压力矩的协调控制。该系统的 ESP 和普通的 ESP 相比，多了主动增压功能，它能在 ACM – H 失效时进行主动增压，确保制动安全，同时它和电机控制单元和 ACM – H 之间也有回馈力矩、车辆稳定因子等信号交互。

该系统制动踏板解耦，踏板感可以灵活设计，动态控制电机回馈力矩和液压制动力矩的协调分配，优先利用再生力矩，实现最大效能的制动能量回收；同时它具有强大的失效模式，ACM – H 失效时 ESP 可以补偿，液压失效时，还有机械结构保证安全。但是由于系统零部件较多，构造复杂，需要增加 4 根制动管路，重量无优势，调试和维护成本较高。

①制动踏板单元。图 4 – 2 – 12 所示为 EHB 制动踏板单元，包括制动踏板模拟器、踏板力传感器或踏板行程传感器，以及制动踏板等。

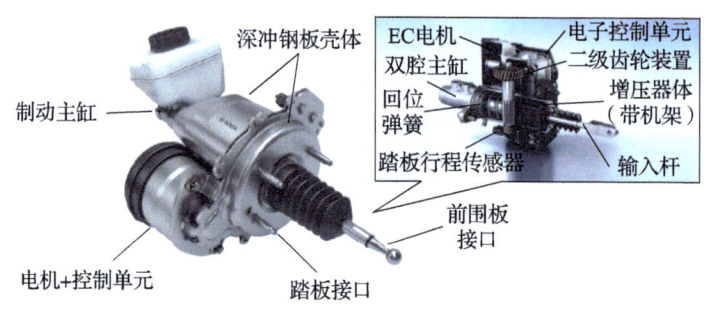

图 4 – 2 – 12　EHB 制动踏板单元

驾驶员踩制动踏板，推杆产生位移，踏板行程传感器探测到推杆的位移，并将该位移信号发送至控制器，控制器监测解析驾驶员的操纵意图，计算出电机应产生的转矩，再由传动装置将该转矩转化为伺服制动力。伺服制动力、推杆源自踏板的输入力，在制动主缸内共同转化为制动液压力。

②液压控制单元。如图 4 – 2 – 13 所示，液压控制单元（HCU）中一般包括如下几部分。

a. 电子控制模块：线控制动工况时，电子控制模块根据 AEB、A_{CC}、自动驾驶系统等发出的制动请求，控制电磁阀动作以及电机旋转，给车轮施加制动力，同时根据外部传感器数据检测车辆状态信息，并实时调整各个车轮的制动力。

图 4 – 2 – 13　液压控制单元

b. 独立于制动踏板的液压控制系统：该系统带有由电机、泵和高压蓄能器、电磁阀等组成的供能系统，经制动管路和方向控制阀与制动轮缸相连，控制制动液流入或流出制动轮缸，从而实现对制动压力的控制。

c. 人力驱动的应急制动系统：当伺服系统出现严重故障时，制动液由人力驱动的制动主缸进入制动轮缸，提供最基本的制动力，使车辆减速停车。

③传感器。传感器包括轮速传感器、压力传感器、温度传感器、纵向加速度传感器、横向加速度传感器等，用于监测车轮的运动状态、轮缸压力的反馈控制以及不同的温度范围，和车辆状态的修正控制等，其中压力传感器、温度传感器、纵向加速度传感器、横向加速度传感器集成在液压控制单元（HCU）内部，如图4-2-14所示为轮速传感器。

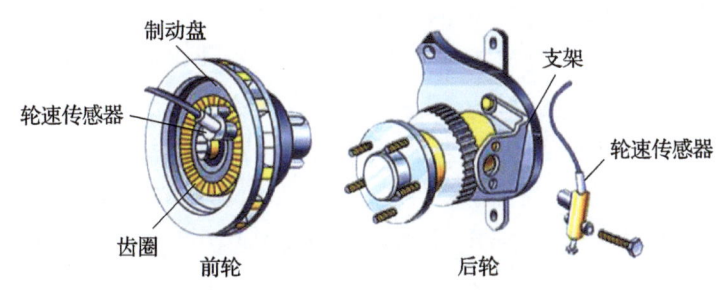

图4-2-14 轮速传感器

2）EHB液压制动系统的控制过程。EHB液压制动系统的控制过程是在制动踏板产生位移的过程中或智能网联汽车主动控制的过程中，数据采集系统将采集到的踏板行程传感器、各制动器压力传感器等反馈信号输入到液压控制单元进行分析和判断，对进出液电磁阀分别进行调节。当系统需要增压时，进液阀打开，出液阀关闭；当系统需要保压时，进出液阀均关闭；当系统需要减压时，进液阀关闭，出液阀打开。通过输入PWM控制信号给高速开关阀，从而控制各车轮上的制动压力。通过CAN总线技术，ECU还可以接收来自于其他系统（驱动系统、决策规划系统等）的汽车动态数据，经过分析和处理，将控制信号发送到相应的控制单元，对汽车制动性能进行优化控制。

图4-2-15所示为EHB的控制过程。

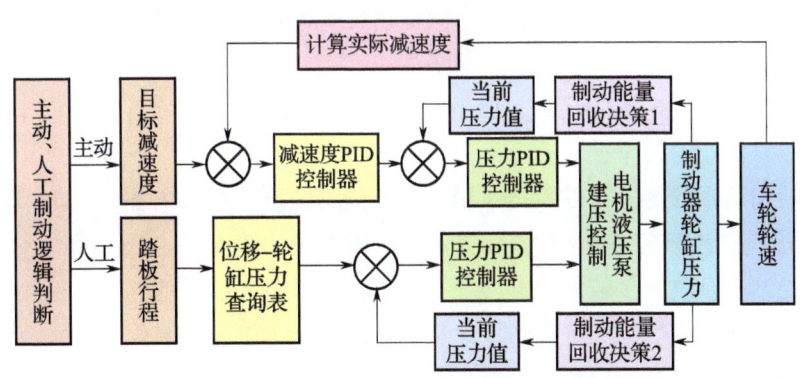

图4-2-15 EHB的控制过程

（二）线控制动系统的特点

由于EHB以液压为控制能量源，液压的产生和电控化相对来说比较困难，不容易做到和其他电控系统的整合，而且液压系统的复杂性对系统轻量化不利。相比较，EMB技术的安全优势极为突出，制动响应迅速，没有复杂的液压、气压传递机构，可直接从电信号转化为制动动作，可大幅提升响应速度，反应时间在100ms以内，大幅度缩短了制动距离，进而提升了整车安全性；线控制动系统在 ABS 模式下无回弹振动，可以消除噪声；线控制动系统便于集成电子驻车、防抱死、制动力分配等附加功能；EMB 完全实现了电子化，制动平台开放度更高，通过 ECU 直接控制，易于实现 ABS、TCS、ESP、A_{CC} 等功能，便于与汽车的其他电控系统整合到一起，能够发挥更多重的功能：制动、ABS、EBD、ESP、自动驾驶、优化能量回收，可完美配合再生制动等，便于集成电子驻车制动、防抱死、制动力分配等附加功能，直接在控制器添加代码即可。

工作环境恶劣，特别是在高速制动下产生的高温。制动片温度达几百摄氏度，且振动高，制约了现有 EMB 零部件的设计。传感器信号的共享以及制动系统和其他模块功能的集成，便于对汽车所有行驶工况进行全面的综合控制，通过集成化设计，能够极大地提升汽车的操纵稳定性和安全性，而且还使汽车设计变得更加智能和灵活；EMB 系统能够实现对每个车轮的制动力进行独立控制，使轮胎的地面附着力达到最佳，可以实现在不增加硬件的情况下，依靠软件实现防抱死控制和电子制动力分配等功能。

（三）线控制动系统的典型应用

国外于 20 世纪 90 年代就进行了 EHB 系统的研究。比较典型的产品有博世（Bosch）公司的 iBooster 系统，丰田（Toyota）旗下爱德克斯公司的 ECB 系统，大陆（Continental）公司的 MKC1 系统等，目前这些产品在国内市场开始批量装车。智能汽车制动（包含再生制动），其中当前较先进的液压制动技术是 EHB 技术，EHB 技术是一种线控制动技术。1996 年，Bosch 公司首先开发出一套 EHB 系统，并得到了满意的试验效果。由此 Bosch 公司相继为多家汽车公司提供 EHB 系统。福特公司推出的混合动力款的 Escape，即应用了线控电液再生制动系统，即 EHB 系统，以电子系统和液压制动系统代替传统的制动系统，把来自驾驶员的命令转化为信号，以驱动电机和液压系统的操作，较大地提高了制动能量回收效率、汽车制动方向的稳定性和汽车的舒适性。其他汽车公司，如大众、宝马、雪铁龙、菲亚特、奔驰和日产等，及各汽车零部件供应商，如 Continental 和天合汽车集团（TRW）等也都推出了各自的产品。目前已有一些厂商将 EHB 系统应用于汽车的批量生产中，如特斯拉、比亚迪的车型等。

基于当前制动系统的发展以及再生制动系统提出的技术要求，各大汽车厂商和零部件企业纷纷推出了适用于不同类型的液压制动系统方案，如图 4-2-16 所示。

国内线控制动系统起步较晚，起步于 2009 年左右，基础研究薄弱，相关研究主要集中在清华大学、吉林大学、同济大学、北京航空航天大学等著名高校，以及亚太机电集团有限公司、万向集团公司、伯特利安全系统有限公司等主要的汽车零部件企业。近年来，虽然 EHB 的研发工作有一定进展，但离产业化应用仍需要一定的时间。在国内电动汽车比例不断提升、智能辅助驾驶和自动驾驶逐步推进，以及外资品牌 EHB 开始批量装车的趋势下，在电动汽车上，EHB 系统替代 ESC（车身稳定控制）系统的步伐将比 ESC 替代 ABS 更快，甚至很多电动汽车将从 ABS 跳过 ESC，直接搭载 EHB 系统。EHB 市场前景广阔，已经成为零部件企业竞相研发的热点。

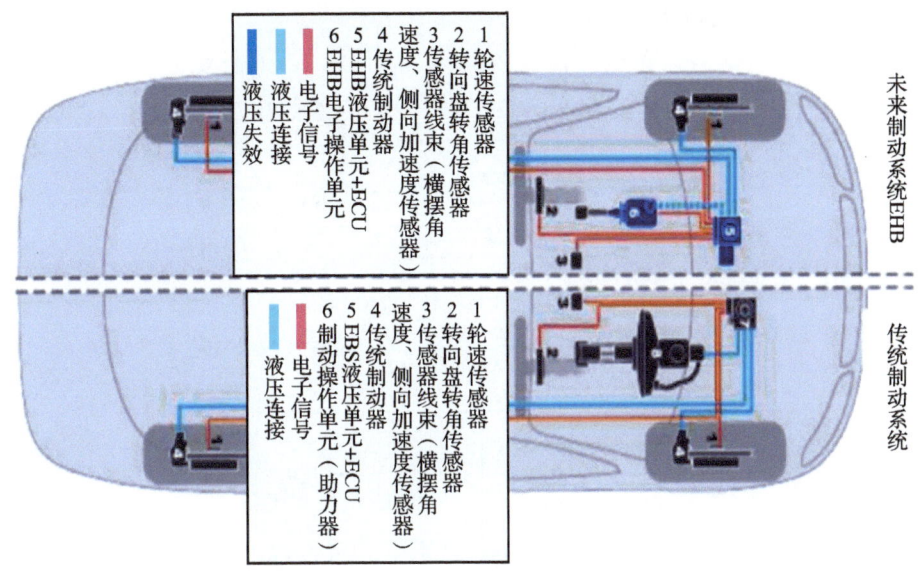

图4-2-16 线控制动新技术

1. 博世 iBooster

博世公司近年陆续推出了两代新型智能助力器 iBooster，其结构如图4-2-17所示。与传统的真空助力产品相比，iBooster 外形结构跟整车、液压管路及防火墙接口相同，不同之处是采用智能线控电助力工作原理，数据交换处理能力更强大，动态增减压性能更优良，制动距离更短，可满足制动能量回收和自动驾驶制动需求，制动踏板感觉良好。目前，iBooster 在特斯拉全系、大众全部新能源汽车、凯迪拉克 CT6、本田 CRV、比亚迪 E6 及蔚来 ES8 等车型上取得应用。

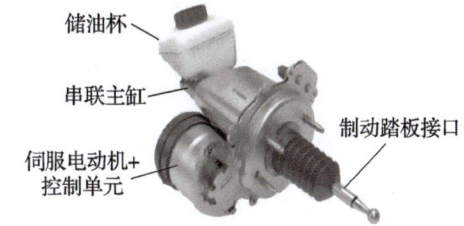

图4-2-17 博世 iBooster 结构示意图

其中，主动减压单元包括伺服电机、串联主缸、齿轮传动机构以及推杆机构等系统部件。其原理如下：驾驶员踩下制动踏板，推杆产生相应的位移。通过踏板位移传感器测量推杆的位移，并将该位移信号发送至控制单元，控制单元进行计算发出电机目标转矩，电机转矩通过传动装置转变为伺服制动力。伺服制动力与制动踏板输入产生的推杆力共同作用，在串联主缸内推动活塞建立制动器轮缸液压力，从而实现制动。

2. 丰田 ECB

2006年，丰田公司推出了电子控制制动系统（ECB）。其结构如图4-2-18所示，其原理描述如下：当车辆制动踏板被踩下，制动主缸开始建压。同时行程模拟器可以模拟制动过程的踏板力给驾驶员一定反馈。控制单元通过位移传感器计算判别制动意图，关闭制动主缸与轮缸之间的压力传输，同时液压力源部分通过电机驱动产生高压液压油并传输到轮缸处，实现建立轮缸压力。该系统每个轮缸的压力都可以通过电磁阀进行独立控制，具有 ABS、VDC、TCS 等功能。

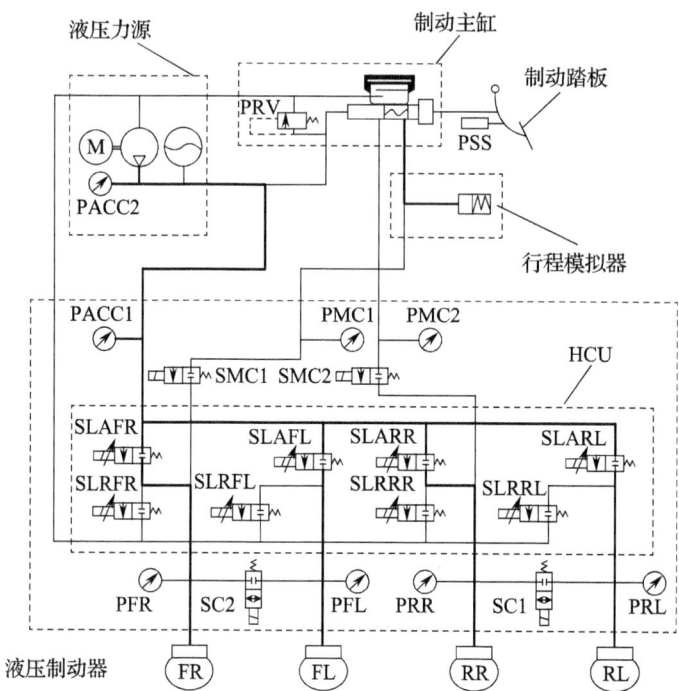

图 4-2-18 丰田 ECB 系统结构图

3. 大陆 MKC1

2016 年，德国大陆集团推出了命名为 MKC1 的集成式制动系统，并在阿尔法·罗密欧的新款车型上应用，结构如图 4-2-19 所示。其工作原理与 iBooster 存在一定相似性：通过将制动踏板与伺服缸建压单元进行解耦，通过控制电磁阀的开闭实现了对 4 个轮缸压力的独立控制，通过将制动执行机构、助力机构以及控制机构的集成，实现了轻量化。同时该系统可以实现 100% 的制动能量回收，并且可以在 150ms 内建立起制动压力，具有极高的压力响应速度。

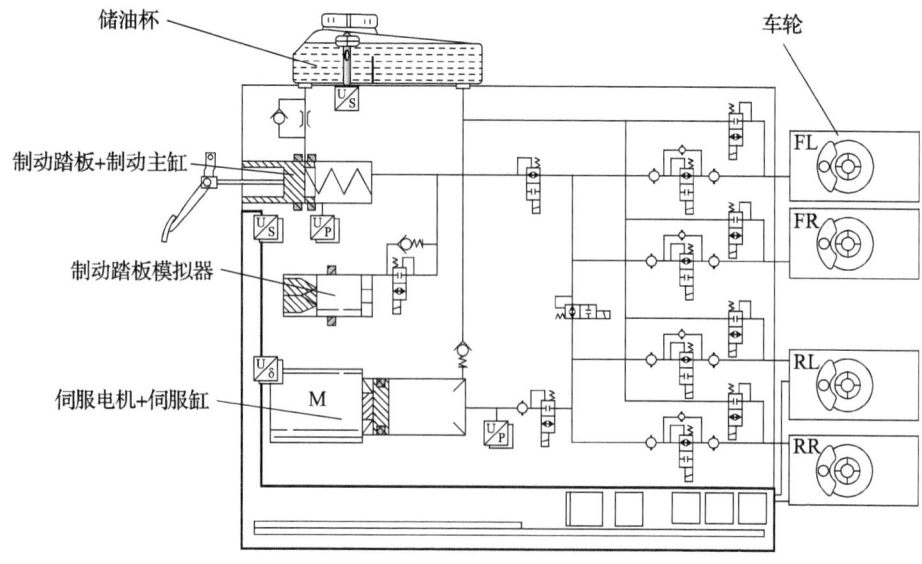

图 4-2-19 大陆 MKC1 结构图

MKC1 具有如下优势及特点。

1）是无真空、有电液、按需制动的线控制动系统。
2）具备制动助力与制动建压机构。
3）相比传统制动系统，MKCI 体积更小，减重 30%，更节省布置空间。
4）建压能力高，制动速度快，适用于 AEB。
5）提升燃油经济性，减少了碳排放。
6）制动踏板模拟器灵活可调。

4. 比亚迪制动安全控制系统（BSC）

2021 年，比亚迪推出了自主研发的制动安全控制系统（BSC）。并在旗下"海豚"品牌汽车搭载使用，其结构如图 4-2-20 所示。One Box 形式的集成化设计使其布置空间更加紧凑，质量只有 6kg。同时其搭配的 600W 大功率电机，可以在 140ms 内建立其最大的制动力，大大提高了制动安全性。全解耦设计还提供了主动建压功能，以便于实现智能驾驶等高级别功能。

5. 基于新型制动助力器的液压制动系统

基于新型制动助力器的液压制动系统为整体式布局，即制动踏板单元和电液控制单元（ECU/HCU）集成，也称之为 IPB（Integrated Power Brake），其全称是"智能集成制动系统"。图 4-2-21 所示为 EHB 两种不同的连接方式。

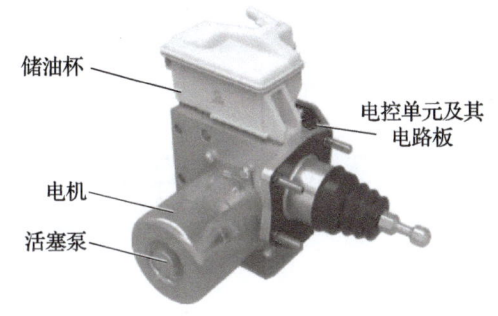

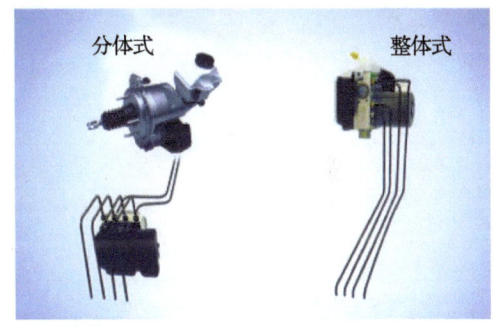

图 4-2-20　比亚迪制动安全控制系统结构示意图　　图 4-2-21　EHB 两种不同的连接方式

此系统无真空助力器或电子真空泵（EVP），也没有液压泵或蓄能器等部件，取而代之使用高性能电机，通过齿轮机构驱动活塞作直线往复运动，以产生制动主缸压力。较之普通制动系统，它更轻巧，系统响应更快，能够显著提升了建压速度，有效缩短了制动距离，满足新型高级智能驾驶辅助系统对制动压力更高的控制动态特性要求。协调再生制动功能和基于 ESP/ESC、EHB 技术类似，同样能实现高效的制动能量回收。

基于新型制动助力器液压制动系统的制动踏板也是可以解耦的，建压过程与制动踏板之间没有直接的联系，踏板感由一个集成在执行模块中的弹簧/缓冲器单元来产生。踏板感可根据整车要求分别调整，还可按照不同行驶情况（如，紧急制动）或操作模式（如，"运动"）进行单独调整，能在无需任何附加措施的条件下，实现再生制动与舒适性的完美统一。

视频 23
线控制动系统的工作原理

这种方案目前已被成功应用在日产 Leaf、特斯拉 Model S 和比亚迪汉等车型上。

（四）线控制动系统的性能测试

线控制动系统的性能测试主要包括瞬态响应特性测试、小制动压力控制性能测试和制动释放时间测试。

1．瞬态响应特性测试

瞬态响应特性测试，为线控制动系统输入阶跃形式的期望制动压力，测试系统的瞬态响应特性，超调量、稳态误差和稳定时间，相关定义如下。

1）超调量：响应曲线的最大峰值与稳态值的差。

2）稳定时间：从给出信号到系统达到稳定数值所需的时间。

3）稳态误差：期望值与系统稳定值之差。

某车型（气压制动）进行瞬态响应特性测试，采用的阶跃期望制动压力为 0.20MPa、0.25MPa、0.30MPa、0.35MPa、0.40MPa、0.45MPa、0.50MPa、0.60MPa、0.70MPa，测试结果见表 4-2-1 ~ 表 4-2-3。

表 4-2-1 阶跃响应稳态误差

期望压力/MPa	实际压力稳态值/MPa	误差（%）
0.20	0.211	5.5
0.25	0.253	1.2
0.30	0.293	2.4
0.35	0.340	3.0
0.40	0.385	3.8
0.45	0.435	3.3
0.50	0.485	3.0
0.60	0.620	3.3
0.70	0.690	1.4

表 4-2-2 阶跃响应超调量

期望压力/MPa	实际压力峰值/MPa	实际压力稳态值/MPa	超调量（%）
0.20	0.215	0.211	1.9
0.25	0.260	0.253	2.8
0.30	0.300	0.293	2.4
0.35	0.348	0.340	2.4
0.40	0.397	0.385	3.0
0.45	0.458	0.435	5.2
0.50	0.510	0.485	5.2
0.60	0.680	0.620	9.7
0.70	0.700	0.690	1.5

表 4-2-3 阶跃响应稳定时间

期望压力/MPa	稳定时间/ms	期望压力/MPa	稳定时间/ms
0.20	344	0.45	355
0.25	365	0.50	345
0.30	354	0.60	358
0.35	351	0.70	351
0.40	359	—	—

由试验数据分析可得以下结论。

1）阶跃响应稳态误差在期望压力在0.20MPa时，误差较大。

2）阶跃响应稳态误差范围在0%~5.5%。

3）阶跃响应在0.60MPa时，超调量最大是9.7%，其余情况下相对较小。

4）阶跃响应稳定时间相对稳定在350ms左右。

2. 小制动压力控制性能测试

小制动压力是汽车以缓慢减速为目的的制动压力区间，一般对于气压制动车在0.1~0.2MPa、液压制动车在1~5MPa以内的制动区间属于小制动压力范围。在该区间内，线控制动系统的控制误差应满足要求。为线控制动系统输入阶跃形式的期望制动压力，测试系统的瞬态响应特性，分析其稳态误差。相关定义同上。

某车型（气压制动）进行小制动压力控制性能测试，采用的阶跃期望制动压力为0.12MPa、0.14MPa、0.16MPa、0.18MPa、0.20MPa。测试结果见表4-2-4。

表 4-2-4 小制动压力控制测试结果

期望压力/MPa	实际压力稳态值/MPa	误差（%）
0.12	0.128	0.008
0.14	0.147	0.007
0.16	0.165	0.005
0.18	0.188	0.008
0.20	0.210	0.010

由试验数据分析可得：该系统的小制动压力把误差控制在较小的范围内。

3. 制动释放时间测试

为线控制动系统输入阶跃形式的期望制动压力，分析其制动释放时间（从发出指令到反馈制动压力为0.1MPa的时间）。

某车型（气压制动）进行制动释放时间测试，当制动压力为0.2MPa、0.3MPa、0.4MPa、0.5MPa、0.6MPa、0.7MPa时，分析其制动释放时间（从发出指令到反馈制动压力为0.1MPa的时间），测试结果见表4-2-5。

表 4-2-5 制动释放时间

期望压力/MPa	释放时间/ms	期望压力/MPa	释放时间/ms
0.2	65	0.5	95
0.3	74	0.6	115
0.4	80	0.7	140

由试验数据分析可得：该系统的制动释放时间较短，能满足实际使用要求。

素养园地

"劳"——塑造劳动精神和劳模精神

智能网联汽车是汽车产业与人工智能、大数据、物联网等新一代信息技术深度融合的产物，是汽车与交通出行领域智能化、网联化发展的主要方向，是有效化解交通安全、道路拥堵、能源消耗、环境污染等问题的重要手段。汽车产业是推动新一轮科技革命和产业变革的重要力量，是建设制造强国和网络强国的重要支撑，是国民经济的支柱产业。

当前，我国智能网联汽车正处于技术快速演进、产业化加速布局的前期商业化阶段，我国迎来了汽车产业发展的战略机遇期。面临新技术新产业不断生成、高端智能制造迭代更替等新发展形势，我国经济社会高质量发展呼唤高效能劳动、高品质智造、高精尖创造，劳模精神、劳动精神、工匠精神的大力弘扬与深入践行刻不容缓，在社会主义现代化建设实践中要内化为爱国情、塑造成强国志、外显为报国行。"造就一支有理想守信念、懂技术会创新、敢担当讲奉献的宏大的产业工人队伍"，是夯实党的执政根基，实施制造强国战略、人才强国战略，提升产业工人队伍素质的内在要求。因此，要着重发挥这三种精神铸人、塑人、育人的作用，打造一支技能型、知识型、创新型的高素质劳动者队伍，助力全面建设社会主义现代化国家。

三、任务实施

（一）任务实施的要求

视频 24
线控制动系统的性能试验

1. 任务实施的目的

1）掌握线控制动系统的通信原理。

2）能够将调试数据解析成 CAN 报文，完成 EHB 调试。

3）能够根据当前 EHB-ECU 反馈的信息，计算出 EHB-ECU 向 VCU 发送的 CAN 报文。

2. 实训仪器和设备

智能网联汽车底盘线控实训平台、CAN 总线分析仪、调试电脑等。

（二）任务实施的步骤

1. 准备工作

1）任务内容：在组织教学的过程中，让学生学会分析报文含义的方法。线控制动系统的通信主要存在于 VCU 与 EHB-ECU 之间，包括 VCU 向 EHB-ECU 发送的制动指令以及 EHB-ECU 向 VCU 发送的制动踏板开合、制动灯信号、EHB 工作状态、制动断电、故障等反馈信息。VCU 与 EHB-ECU 之间的通信波特率为 500kbit/s，报文采用 Motorola 格式，帧格式为标准帧。

2）组织方式：学生 5~6 人为一个任务小组，每组选出 1 名组长，以小组为单位，以此进行技能实训，每组组长根据小组成员任务分工的不同，确定不同任务的责任人，保证每位同学都能够参与实践操作。

3）实操准备：注意人身及设备安全，按照进入实践区域需穿戴劳保防护用品的要求，严格组织学生按照实训区安全作业规程进行实操。

2. 指导步骤

步骤一：分析 VCU 向 EHB-ECU 发送 CAN 报文协议。

VCU 向 EHB-ECU 发送 CAN 报文协议见表 4-2-6，报文 ID 为 0x364，报文周期为 200ms，报文长度为 8 字节（一般 CAN 报文中的数据段为 8 字节）。

表 4-2-6 VCU 向 EHB-ECU 发送 CAN 报文协议（ID：0x364，周期：200ms）

字节		定义	格式
Byte0		外部制动压力请求	压力行程请求，最大行程点 125，最小行程点为 0，单位为个（当前将行程分成 125 个点）
Byte1	bit0	制动使能指令信号	当 bit0 = 0 时，EHB-ECU 不起动 当 bit0 = 1 时，EHB-ECU 使能信号
	bit1~bit3	预留	0（默认）
	bit4~bit7	EHB 工作模式请求	当 bit4~bit7 = 3 时，EHB 进入准备就绪模式 当 bit4~bit7 = 7 时，EHB 进入 Run（运行）模式
Byte2		预留	0（默认）
Byte3	bit0~bit1	预留	0（默认）
	bit2	驾驶模式	当 bit2 = 0 时，驾驶模式为人工驾驶（包括遥控器模式） 当 bit2 = 1 时，驾驶模式为自动驾驶
	bit3	预留	0（默认）
	bit4~bit5	VCU 工作状态信号	当 bit4~bit5 = 0 时，EHB-ECU 控制模块处于未初始化状态 当 bit4~bit5 = 1 时，EHB-ECU 控制模块处于工作可靠状态 当 bit4~bit5 = 2 时，EHB-ECU 控制模块处于降级功能受限状态 当 bit4~bit5 = 3 时，EHB-ECU 控制模块有故障
	bit6~bit7	钥匙使能信号	当 bit6~bit7 = 0 时，钥匙使能信号为 OFF 当 bit6~bit7 = 1 时，钥匙使能信号为 A_{CC} 当 bit6~bit7 = 2 时，钥匙使能信号为 ON 当 bit6~bit7 = 3 时，钥匙使能信号为 CRANK（启动）
Byte4		预留	0（默认）
Byte5		预留	0（默认）
Byte6		预留	0（默认）
Byte7	bit0~bit3	VCU 生命信号	—
	bit4~bit7	预留	0（默认）

步骤二：EHB-ECU 向 VCU 发送 CAN 报文协议。

EHB-ECU 向 VCU 发送 CAN 报文的协议见表 4-2-7，报文 ID 为 0x289，报文周期

为 100ms，报文长度为 8 字节。

表 4-2-7　EHB-ECU 向 VCU 发送 CAN 报文的协议（ID：0x289，周期：100ms）

字节		定义	格式						
Byte0		制动踏板开合度	制动踏板制动行程有效值范围：0～100（表示0%～100%）						
Byte1	bit0～bit1	预留	0（默认）						
	bit2	制动灯信号	当 bit2=0 时，制动灯信号无效 当 bit2=1 时，制动灯信号有效						
	bit3	预留	0（默认）						
	bit4～bit6	工作状态	当 bit4～bit6=1 时，EHB-ECU 的工作状态为初始化 当 bit4～bit6=2 时，EHB-ECU 的工作状态为备用 当 bit4～bit6=3 时，EHB-ECU 的工作状态为就绪 当 bit4～bit6=6 时，EHB-ECU 的工作状态为 Run（启用） 当 bit4～bit6=7 时，EHB-ECU 的工作状态为失效 当 bit4～bit6=8 时，EHB-ECU 的工作状态为关闭						
	Bit7	预留	0（默认）						
Byte2		预留	0（默认）						
Byte3	bit0～bit1	预留	0（默认）						
	bit2	外部制动请求响应状态	当 bit2=0 时，外部制动请求信号为踏板 当 bit2=1 时，外部制动请求信号为 CAN 总线						
	bit3～bit4	预留	0（默认）						
	bit5	仪表盘警告灯	当 bit5=0 时，仪表盘警告灯闲置 当 bit5=1 时，仪表盘警告灯有效						
	bit6	制动踏板是否被踩下	当 bit6=0 时，制动踏板闲置 当 bit6=1 时，制动踏板被踩下						
	bit7	制动踏板被踩下是否有效	当 bit7=0 时，制动踏板闲置 当 bit7=1 时，制动踏板被踩下有效						
Byte4		故障码1	故障码	故障	故障码	故障	故障码	故障	
			0x00	无故障	0x01	欠电压	0x02	过载	
			0x04	过电压	0x08	U 相故障	0x10	V 相故障	
			0x20	W 相故障	0x40	过电流	0x80	堵转保护	
Byte5		故障码2	故障码	故障	故障码	故障	故障码	故障	
			0x00	无故障	0x01	欠电压	0x02	通信超时	
			0x04	自学习故障	0x08	12V 电源故障	0x10	自检故障	
			0x20	保留	0x40	保留	0x80	点火信号故障	
Byte6		预留	0（默认）						
Byte7	bit0～bit3	生命信号	—						
	bit4～bit7	预留	0（默认）						

视频 25
线控制动系统的装调测试

任务工单 9 智能网联汽车线控制动系统调试

任务名称		智能网联汽车线控制动系统调试		
"1+X" 智能网联汽车测试装调职业等级证书				
小组成员:		班级:		
自评:□合格 □不合格		师评:□合格 □不合格		
日期:		日期:		
一、实训信息记录				
实训设备		实训场所		
工具准备		资料准备		
二、VCU 向 EHB – ECU 发送 CAN 报文计算				
步骤一	线控系统测试,设置驾驶模式为自动驾驶,请求制动压力行程点为 120			
报文				
步骤二	线控系统测试,设置驾驶模式为人工驾驶,钥匙使能信号为 A_{CC}			
…				
三、EHB – ECU 向 VCU 发送 CAN 报文计算				
反馈报文	CAN□	CAN1	传输方向	接收
	时间标识	09:31:47	帧 ID	0x289
	帧格式	数据帧	帧类型	标准帧
	数据长度	8	数据 HEX	5834000400000000
报文分析	Byte0	0x58		
	Byte1	0x34		
	Byte2	0x00		
	Byte3	0x04		
	Byte4	0x00		
	Byte5	0x00		
	Byte6	0x00		
	Byte7	0x00		
四、现场整理与评价				
序号	项目及评价标准		占比分数	实际得分
1	小组成员是否明确任务		10	
2	知识准备是否充分		20	
3	小组工作流程是否完整规范		30	
4	实训工单是否认真填写		15	
5	设备归位及场地整理得分		10	
6	小组合作得分		15	
总分				

四、任务小结

1）线控制动系统主要由制动踏板、制动执行器总成、控制器以及传感器等组成。

2）线控制动系统包括人工驾驶模式和自动驾驶模式。

3）EMB技术的安全优势极为突出，制动响应迅速，没有复杂的液压、气压传递机构，直接从电信号转化为制动动作，可大幅提升响应速度。

4）线控制动系统的通信主要存在于VCU与EHB-ECU之间，包括VCU向EHB-ECU发送的制动指令以及EHB-ECU向VCU发送的制动踏板开合、制动灯信号、EHB工作状态、制动断电、故障等反馈信息。

5）VCU与EHB-ECU之间的通信波特率为500kbit/s，报文采用Motorola格式，帧格式为标准帧。

任务3 智能网联汽车线控制动系统典型故障诊断检修

一、任务导入

小明驾驶一辆智能网联汽车外出办事，办完事后，使用手机远程呼叫车辆，在手机上却提示自动驾驶功能关闭，其原因为自动驾驶的制动系统有问题，小明走到车辆前经观察后并未发现异常现象，然后拨打电话请求救援。如果你是被安排的售后人员，需要掌握以下知识，就让我们一起学习本任务。

二、新知讲解

（一）典型车型线控制动系统的工作原理

1. 典型车型线控制动系统的结构组成

当前智能网联汽车对制动系统的扩展等功能要求越来越高。传统制动系统由于结构和原理的限制，在控制和车辆制动性能方面功能有限，EHB作为一种新型的制动系统弥补了传统制动系统的不足，可以很大限度地提高车辆制动性能以及系统的扩展功能。

北京中汽恒泰教育科技有限公司智能网联汽车上使用的线控制动系统控制单元，本任务以此车辆线控试验底盘系统的IPB控制系统作为基础，利用外部感知传感器（激光雷达、超声波雷达、毫米波雷达、深度摄像头）、智能网联汽车计算平台、PEU（整车控制器、线控电机驱动系统）来完成智能车辆的速度（减速、紧急制动、停车）控制功能，其控制结构如图4-3-1所示。

本试验线控制动系统由线控制动泵、传感器、线控制动系统ECU（电控单元、液控单元）、液压管路、制动灯等组成，其结构如图4-3-2所示。

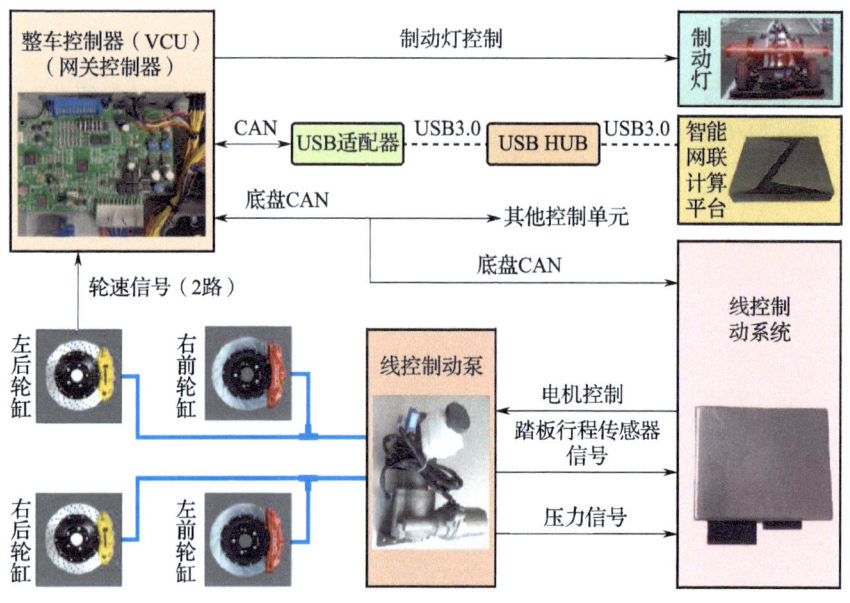

图4-3-1 线控制动系统结构

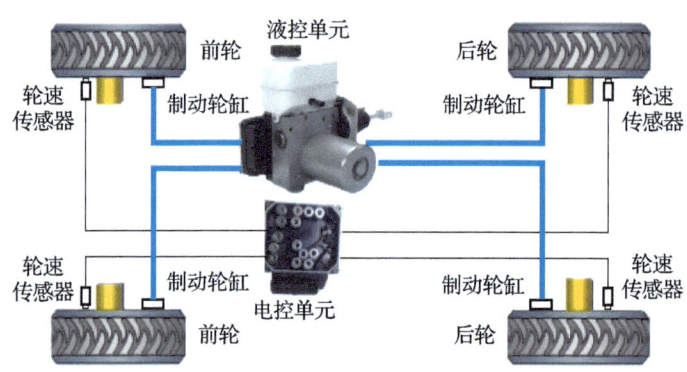

图4-3-2 试验线控制动系统的组成

（1）线控制动泵

线控制动泵主要由电机、传动机构、制动主缸等组成，如图4-3-3所示。

1）电机。线控制动泵的电机能够实现正转、反转，从而通过传动机构带动制动主缸的活塞作往返运动，使制动主缸产生或释放油压，最终作用到制动轮缸，使车辆实现减速或停止减速的功能。

线控制动系统的动力源是电机，该系统采用永磁式直流电机，其功能是根据 ECU 的指令产生相应的输出转矩。电机是影响线控制动系统性能的主要因素之一，要求低速转矩大、波动小、惯量小、尺寸小、质量轻、可靠性高、控制性能好，并要正反转可控。

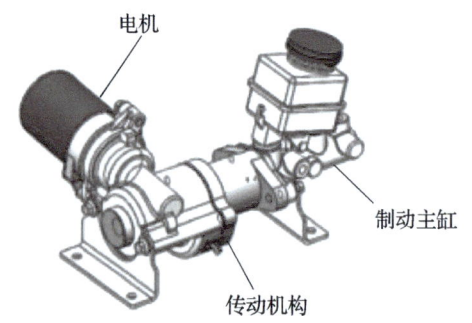

图4-3-3 线控制动泵

①结构组成。电机主要由磁极、电刷、转子（带换向器）组成，如图4-3-4所示。直流电源的电能通过电刷和换向器进入电枢绕组，产生电枢电流，电枢电流产生的磁场与主磁场相互作用产生电磁转矩，使电机旋转。通过改变电机上的两个电源线的极性（+、-），电机的转动方向随之发生改变。

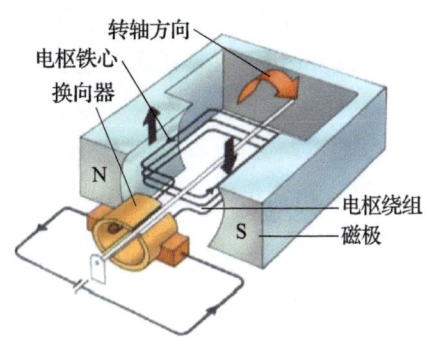

图4-3-4 电机结构示意图

②工作原理。图4-3-5所示为电机工作原理示意图，从中可以看出，其工作过程主要分为以下四个阶段。

a. 由左手定则可知，图4-3-5a中ab受力向上，cd受力向下，在这两个力的作用下，绕组顺时针转动。

b. 绕组转90°，到达如图4-3-5b所示位置，此时换向器与电刷没有接触，绕组不受力，但由于惯性，绕组会继续转动。

c. 绕组继续转90°到180°位置，到达如图4-3-5c所示位置，换向器换向，绕组上电流发生变化，ab受力向上，cd受力向下，绕组顺时针继续转动。

d. 绕组继续转90°到270°位置，到达如图4-3-5d所示位置，此时换向器又与电刷脱离接触，绕组不受力，但由于惯性，绕组会继续转动。

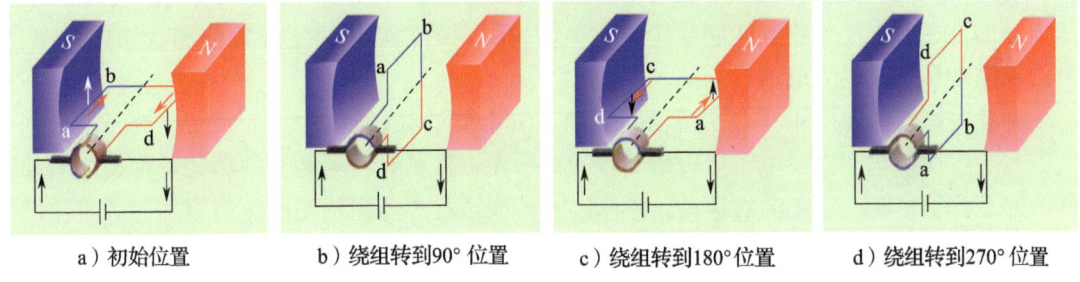

a）初始位置　　　b）绕组转到90°位置　　　c）绕组转到180°位置　　　d）绕组转到270°位置

图4-3-5 电机工作原理示意图

如此往复，电流不断地通入绕组，绕组便按一定方向不停地转动，电流越大，转速越高。

③电路分析。制动泵的线路结构如图4-3-6所示。线控制动系统通过双源控制的方式控制制动泵电机的运行。线控制动系统的端子T2C/1与制动泵的端子T2/1相连，为电机的控制线路之一；线控制动系统的端子T2C/2与制动泵的端子T2/2相连，为电机的控制线路之二。当线控制动系统接收到智能网联计算平台发出的减速信息后，控制制动泵动作，通过调整制动电机的电流、方向，对管路系统的油压进行调节。

当线控制动系统为制动泵的端子T2/1供电（端子T2/2为搭铁线路）时，制动泵正向移动，推动制动主缸的活塞往前运动，使制动主缸压力增加；当线控制动系统为制动泵的端子T2/2供电（端子T2/1为搭铁线路）时，制动泵反向移动，致使制动主缸的活塞逐渐回到初始位置，使制动主缸的压力逐渐降低至初始值。

2）传动机构。传动机构是连接电机和制动主缸的中间结构，由制动泵电机带动传动机构移动,使制动主缸产生油压,最终作用到各个制动轮缸致使车辆完成减速、停车。

传动机构采用蜗轮蜗杆机构。线控制动系统接收到减速信号后对制动泵电机进行控制,制动泵电机带动传动机构中的蜗轮运动,蜗轮带动蜗杆进行转动,进而推动制动主缸的活塞移动,如图4-3-7所示,使制动主缸轮缸内制动液的压力增强,制动液流经至制动轮缸,制动轮缸内活塞运动从而完成对车辆的制动。

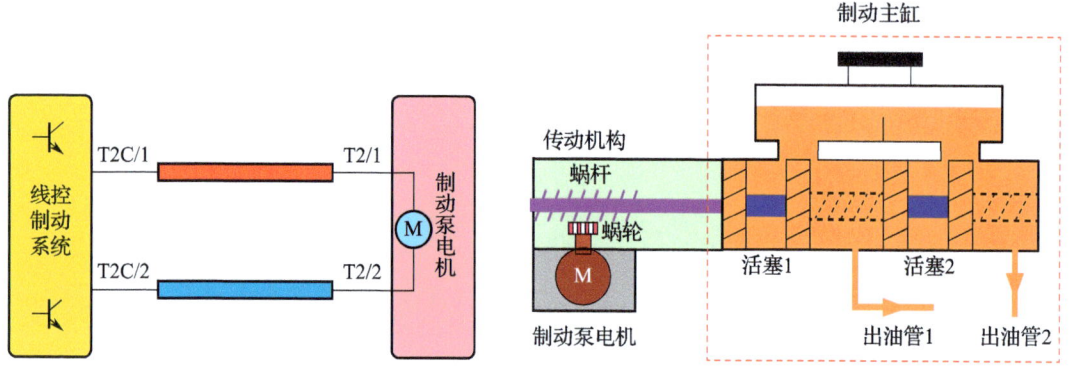

图4-3-6 制动泵的线路结构　　　　　图4-3-7 传动机构

3)制动主缸。图4-3-8所示为线控制动系统采用的制动主缸,与传统车辆制动系统结构、工作原理相同,只是动力来源不同,不是靠驾驶员脚踏,而是靠制动泵电机,带动传动机构运动,传动机构推动制动主缸内的活塞移动,压缩制动主缸内的制动液,致使压力增加,通过制动管路到达制动轮缸,制动轮缸内的轮缸压力增加致使制动轮缸动作,制动轮缸动作使车辆完成减速制动。

制动主缸结构如图4-3-9所示。制动主缸由储油杯、活塞1、活塞2、液压缸、回位弹簧等组成。当制动泵电机运转带动传动机构向右移动时,活塞1推动回位弹簧向右移动,回位弹簧推动活塞2向右移动,液压缸1和液压缸2内的制动液压力增加,分别流向各自的制动管路中,最终流入制动轮缸。

 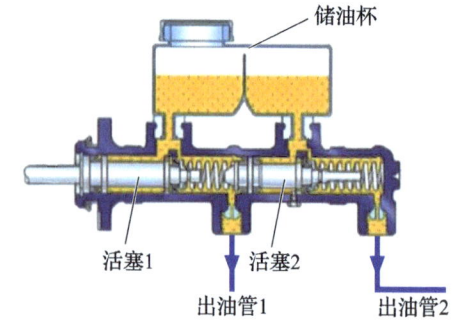

图4-3-8 制动主缸　　　　　图4-3-9 制动主缸结构

当制动泵电机不再运转时,活塞1和活塞2在回位弹簧的作用下,恢复到初始位置,液压缸1和液压缸2内的制动液压力减小,制动轮缸内的制动液流回到制动主缸的储油杯中。

制动主缸中的液压缸1和液压缸2为两个独立的液压系统,当其中一个制动管路出现泄漏时，另一个制动管路仍能正常工作，从而保证了制动系统的安全性。

4）制动轮缸。制动轮缸在本试验系统中，主要依靠盘式制动器来工作，如图 4-3-10 所示，车辆的 4 个车轮各有一套完整的盘式制动器，其将制动系统的压力转换为制动盘和摩擦片之间的摩擦力，降低车轮运转的速度，进而达到控制车辆速度的目的。

①结构组成。盘式制动器结构分解图如图 4-3-11 所示，盘式制动器由液压控制，主要零部件有制动盘、制动钳活塞、制动钳、摩擦片等。盘式制动器具有散热快、重量轻、构造简单、调整方便的优点。特别是高负载时耐高温性能好，制动效果稳定，而且不怕泥水侵袭。

图 4-3-10 盘式制动器

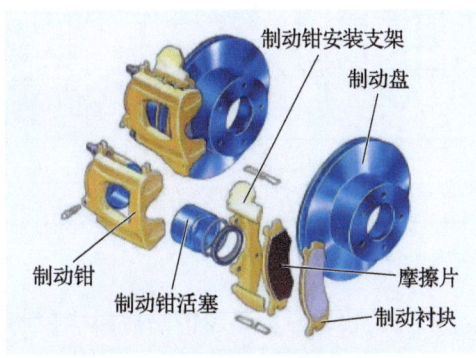

图 4-3-11 盘式制动器结构分解图

②工作过程。盘式制动器在制动时，油液被压入制动轮缸中、其活塞在液压作用下两制动块压紧制动盘，因产生摩擦力距而制动，如图 4-3-12 所示。此时，轮缸槽中的矩形橡胶密封圈的刃边在活塞摩擦力的作用下产生微量的弹性变形。放松制动时，活塞和制动块依靠密封圈的弹力和弹簧的弹力回位。由于矩形密封圈刃边变形量很微小，在不制动时，摩擦片与制动盘之间的间隙每边只有 0.1mm 左右，它足以保证解除制动。又因制动盘受热膨胀时，其厚度只有微量的变化，故不会发生"托滞"现象。矩形橡胶密封圈除起密封作用外，同时还起到活塞回位和自动调整间隙的作用。如果制动块的摩擦片与盘的间隙磨损加大，制动时密封圈变形达到极限后，活塞仍可继续移动，直到摩擦片压紧制动盘为止。解除制动后，矩形橡胶密封圈将活塞推回的位置同制动之前相同，仍保持标准值。

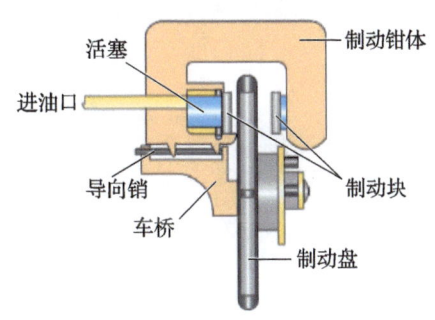

图 4-3-12 盘式制动器的工作过程

（2）传感器

线控制动系统传感器根据信号传输方式分为三类：第一类传感器信号通过 CAN 通信将信号输入至线控动系统模块，如转向盘角度传感器；第二类传感器信号通过专用线束将信号输入至线控动系统模块，如车速传感器、制动轮缸压力传感器；第三类传感器是基于现代车辆技术以及集成电路发展的水平，采用微机械方式，集成在线控制动系统模块内部，如图 4-3-13 所示，主要由横摆角速度传感器、纵向及侧（横）向加速度传感器等组成。

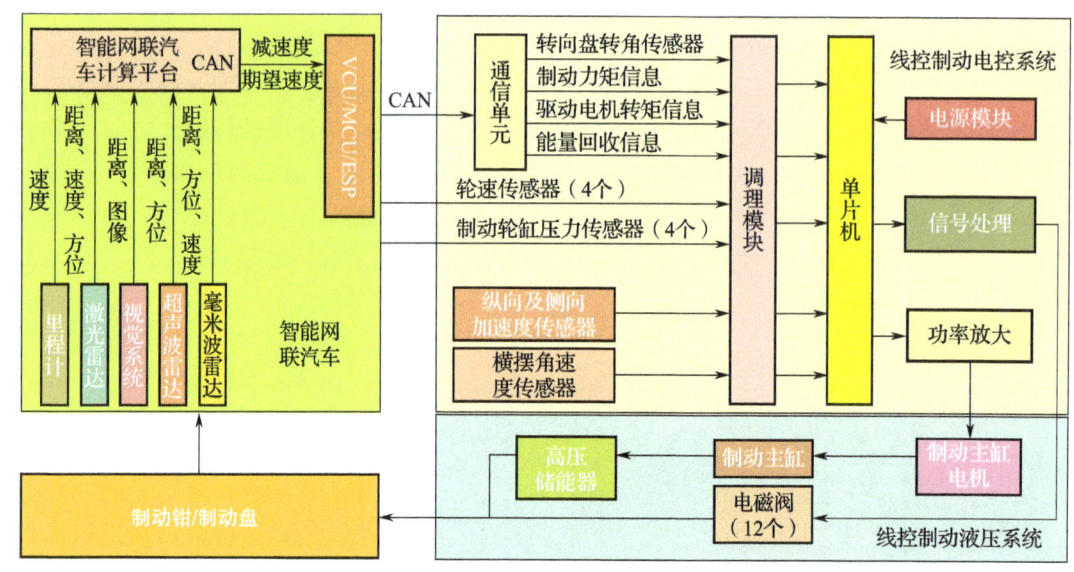

图4-3-13 传感器分类

1）轮速传感器。轮速传感器向线控制动模块提供车轮的转速信号，进而推算出车辆的减速度及车轮的滑移率，用于调整汽车的制动过程，如图4-3-14所示。

①安装位置。车轮轮速传感器安装在车轮上，齿圈（信号盘）随轮轴转动，传感器固定在支架上，具体的安装位置如图4-3-15所示。

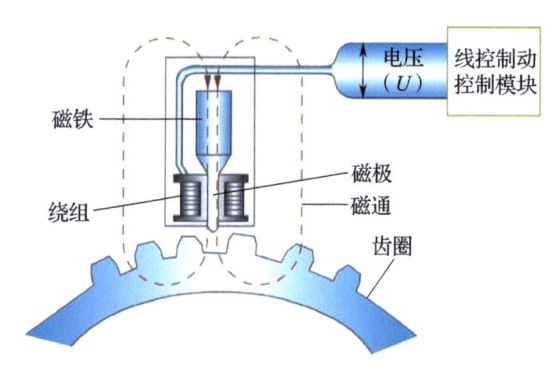

图4-3-14 轮速传感器

图4-3-15 轮速传感器的安装位置

②结构组成。系统采用磁脉冲式车轮轮速传感器，主要由电缆、永磁体、外壳、感应绕组、极轴和齿圈等组成，如图4-3-16所示。

③工作原理。当车轮旋转时，触发轮的轮齿依次通过磁头，使磁隙不断发生变化，通过感应绕组的磁通量也在不断发生变化，从而在绕组的两端产生了一个交变的感应电动势，这一交流信号经过整形放大之后，形成方波电压送给线控制动系统的控制模块，如图4-3-17所示。

④信号解析。轮速传感器信号波形如图4-3-18所示，随着车轮转速的提高，传感器信号的电压振幅随之增大，同时，传感器信号的频率也随之增大。

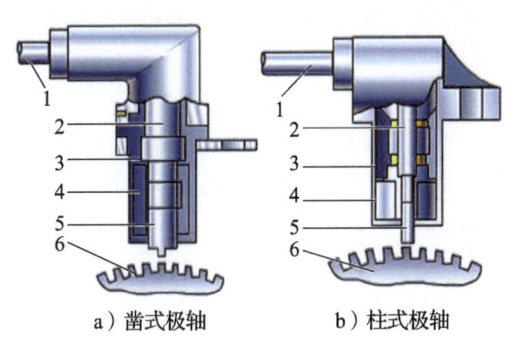
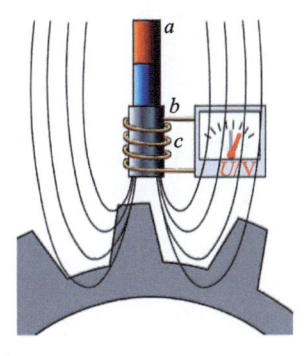

a）凿式极轴　　　　b）柱式极轴

图4-3-16　轮速传感器结构组成

1—电缆；2—永磁体；3—外壳；4—感应绕组；5—极轴；6—齿圈

图4-3-17　轮速传感器的工作原理

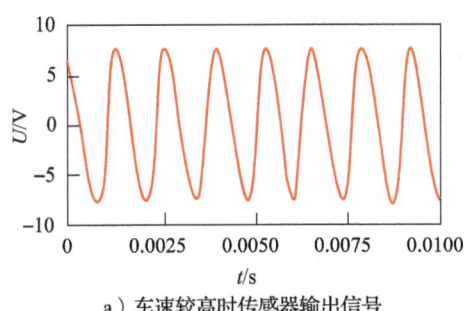
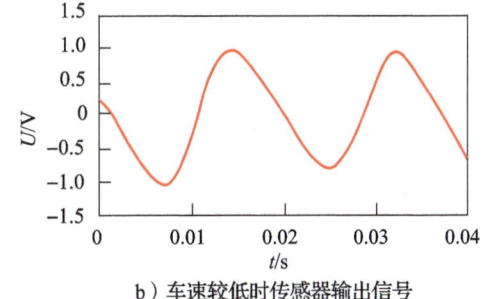

a）车速较高时传感器输出信号　　　　b）车速较低时传感器输出信号

图4-3-18　轮速传感器信号波形

⑤电路分析。4轮轮速传感通过车轮信号盘检测车速，通过各自专用线束将交流正弦波信号输送至线控制动系统控制模块。线控制动系统控制模块解析信号频率，依次计算车轮轮速，轮速传感器电路如图4-3-19所示。

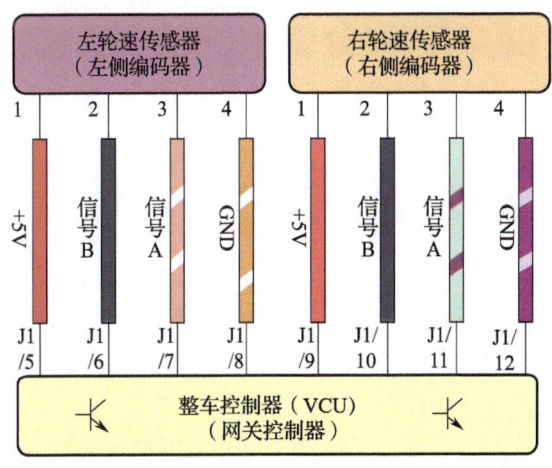

图4-3-19　轮速传感器电路

以左轮速传感器（左侧编码器）为例，整车控制器（VCU）（网关控制器）的端子J1/5与左轮速传感器的1号端子相连，为传感器的供电线路；整车控制器（VCU）（网关控制器）的J1/8与左轮速传感器的4号端子相连，为传感器的搭铁线路；整车控制器

（VCU）（网关控制器）的 J1/6 与左轮速传感器的 2 号端子相连，为信号 B 线路；整车控制器（VCU）（网关控制器）的 J1/7 与左轮速传感器的 3 号端子相连，为信号 A 线路。

2）轮缸压力传感器。轮缸压力传感器用来监测制动管路中制动液的压力，并将其转化为电信号输送给线控动系统。主控制器（线控制动系统）根据压力传感器的电信号判断制动管路中的压力状态及其制动主缸、制动轮缸的工作情况，从而更精准地完成对制动系统的控制。其实物如图 4-3-20 所示。

①安装位置。轮缸压力传感器安装在线控制动系统液压控制模块至去往各车轮的油管上，具体位置如图 4-3-21 中圈内所示。

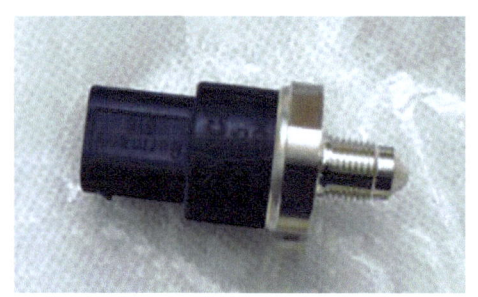
图 4-3-20　轮缸压力传感器实物

图 4-3-21　轮缸压力传感器安装位置

②结构组成。制动管路的压力传感器主要由压力接头、压电元件、信号转换电路等组成，如图 4-3-22 所示。制动压力传感器的核心是一个受制动液压作用的压电元件和一个信号转换电路。电容大小由两极间间隙决定（当其他因素不变时），它可吸收一定量的电荷，其中一个电极被固定，另一个电极可在压力作用下产生移动。

③工作原理。系统压力的变化会导致两个电容电极之间的间隙发生变化，压电元件上的电荷分布就会发生变化，电荷位置移动，由此产生电压，控制模块就是靠该电压信号来感知系统压力的变化，如图 4-3-23 所示。当压力增大时，作用在两个电极之间的压力增大，两极间间隙变小，电压增大；当压力减小时，作用在两个电极之间的压力减小，两极间间隙增大，电压减小。

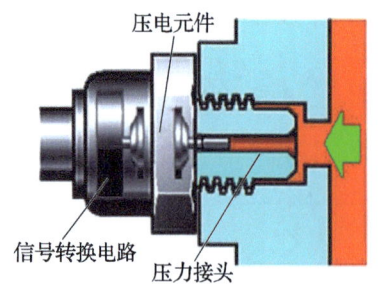
图 4-3-22　压力传感器结构

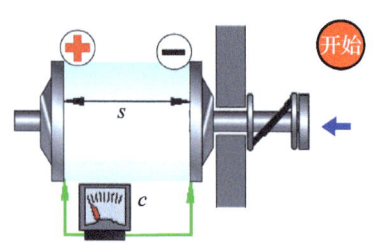
图 4-3-23　电容式制动压力传感器工作原理

④信号解析。为线控制动系统的轮缸压力传感器电路结构。随着燃油系统压力的上升，传感器的输出电压也越来越高，基本上成线性增长的关系，如图 4-3-24 所示。在通常情况下，传感器的信号电压范围从最低的 0.50V 上升到最高时的 4.50V。

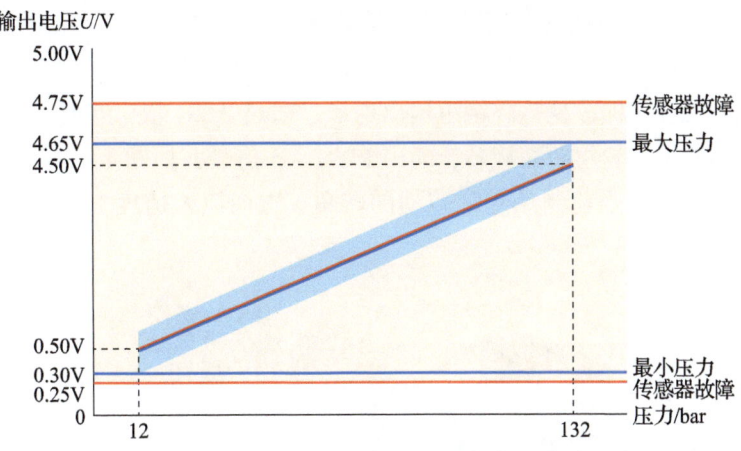

图 4-3-24 制动压力传感器信号解析

⑤电路分析。线控制动系统的端子 T46/41 与压力传感器的端子 T3/1 相连,为传感器的电源线路;线控制动系统的端子 T46/26 与压力传感器的端子 T3/3 相连,为传感器的搭铁线路;压力传感器的端子 T3/2 与线控制动系统的端子 T46/43 相连,为压力传感器的信号线路。当制动管路里面压力变化时,传感器将压力信号转化为电信号输出至线控制动系统控制单元,控制单元根据此信号调节电机电流及推杆行程,压力传感器的电路分析,如图 4-3-25 所示。

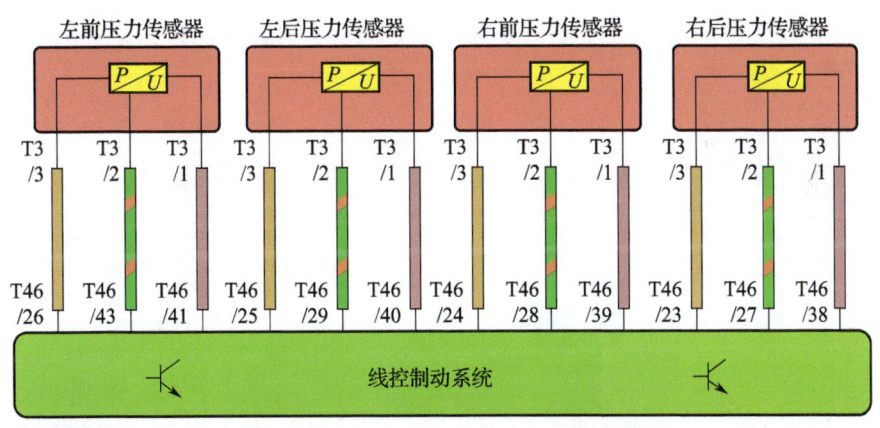

图 4-3-25 压力传感器的电路分析

3) 行程传感器

①安装位置。行程传感器安装于线控制动主缸中,将其内部涡轮蜗杆的旋转角度转换成精确的电信号,并将该信号传输给线控制动系统,线控制动系统根据该电信号的值,便可以判断对应推杆的位移信息,如图 4-3-26 所示。线控制动系统接收行程传感器的信号作为控制制动主缸工作的主要依据。

②结构组成。行程传感器主要由转子、PCB、齿轮组及其端盖组成,如图 4-3-27 所示。转角传感器由 20°信号盘(18 齿)、励磁绕组(PCB)、3 组接收

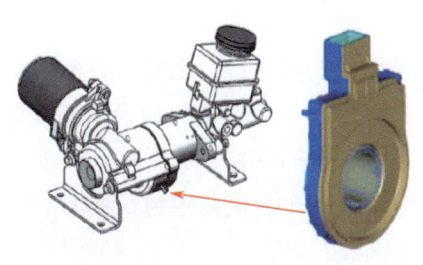

图 4-3-26 行程传感器

绕组（PCB）、IC 芯片以及线控制动控制单元组成。

当驱动电机驱动传动机构运转时，输出轴信号盘随转向轴转动，改变励磁绕组与感应绕组之间的磁场强度，即改变接收绕组输出电压，通过 ASIC 芯片处理，输出 PWM–P 信号。同时，多圈测量齿轮组跟随旋转，输出 PWM–S 信号，如图 4–3–28 所示。控制单元根据这两组信号计算当前制动主缸转动的转角、方向以及速度，其转向角度测量范围 ±740°（1480°）。

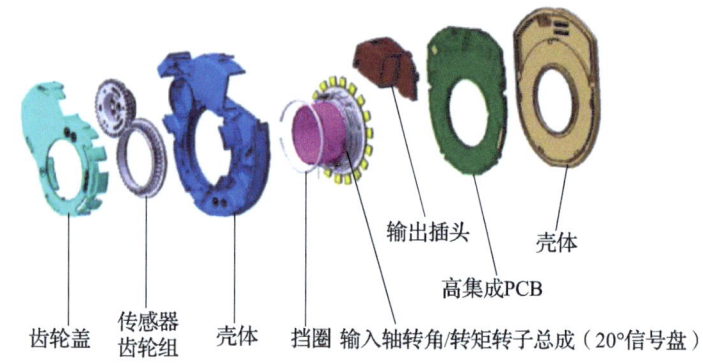

图 4–3–27　行程传感器结构示意图

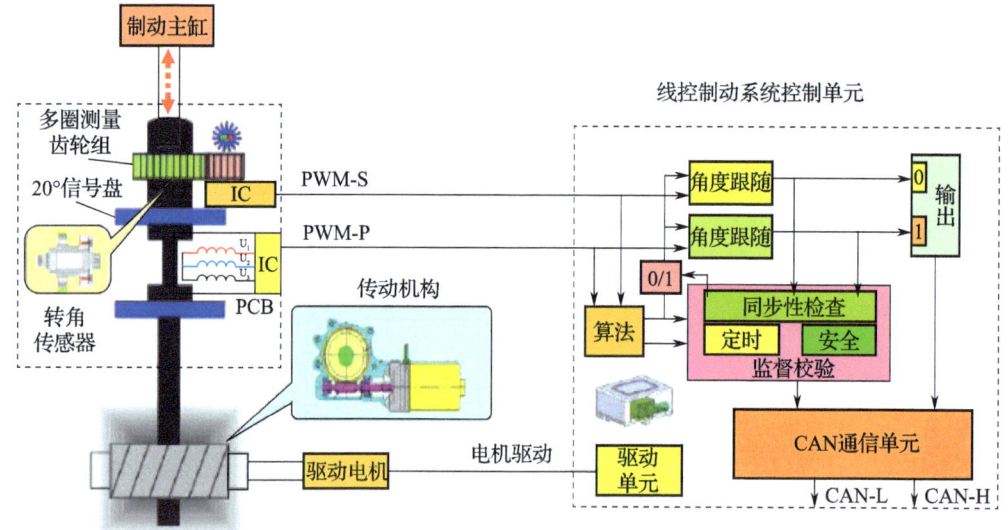

图 4–3–28　行程传感器控制原理图

③工作原理。行程传感器的工作原理如图 4–3–29 所示。当转子转动时，改变了励磁绕组与接收绕组之间的磁场强度，即改变了接收绕组的输出电压，这个输出电压随转子随位置（磁场强度）以及时间变化，输出一个正弦波信号。

④信号解析。如图 4–3–30 所示，在 PCB 上有一个励磁绕组和 3 个接收绕组，3 个接收绕组的角度差值为量程的 1/3（即 20°），这些绕组与 ASIC 相连接。励磁绕组是 LC 振荡器的一部分，并产生一个同心磁场，这个磁场在转子中产生一股电流。

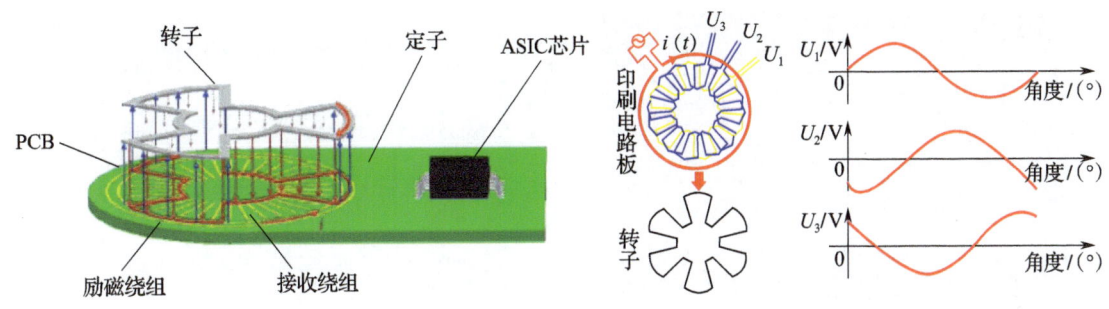

图4-3-29 行程传感器的工作原理　　　图4-3-30 行程传感器的信号解析

励磁绕组中电流产生的电磁场在转子中产生感应电流。第一次感应耦合与角位置无关,其作用仅是通过感应耦合将能量传递给转子。传感器的相关信息是通过转子与接收绕组之间的第二次感应耦合来实现的,这次感应与转子相对于定子的相对位置有关,即接收绕组中的感应电压水平对应于转子的位置。在第二次感应中,定子上的电压幅值随相对位置而变化,ASIC单元接收绕组的变化电压信号,进行整流、放大并成对地将其按比例输出至ECU,ECU计算出当前转向机转动的转角、方向以及速度。图4-3-31所示为60°的一个变化过程。

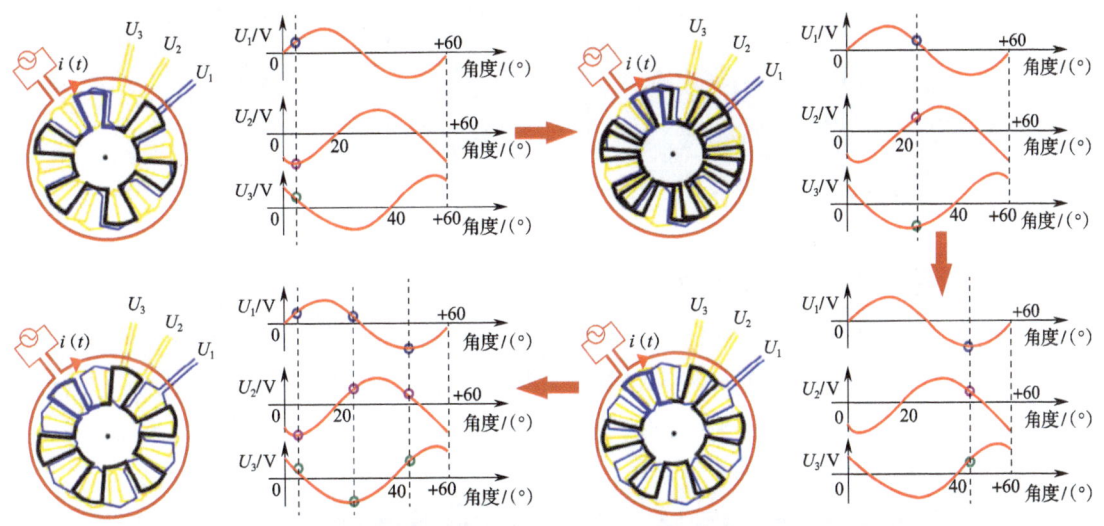

图4-3-31 行程传感器的信号特点(60°)

如图4-3-32所示为行程传感器输出的两组信号波形,其中PWM-S信号占空比为12.5%～87.5%,代表0°～296°,高电平有效;PWM-P信号占空比为12.5%～87.5%,代表0°～40°,低电平有效。

⑤电路分析。线控制动系统的端子T8b/5与行程传感器的端子T8/1相连,为传感器供电线路;线控制动系统的端子T8b/6与行程传感器的端子T8/4相连,为传感器搭铁线路;线控制动系统的端子T8b/1与行程传感器的端子T8/2相连,为角度信号PWM-P线路;线控制动系统的端子T8b/2与行程传感器的端子T8/3相连,为角度信号PWM-S线路,如图4-3-33所示。

行程传感器的信号线路反应出线控制动主缸中蜗杆的移动角度信息,线控制动系统接收行程传感器的信号后能够反馈调节制动主缸电机的电流和方向。

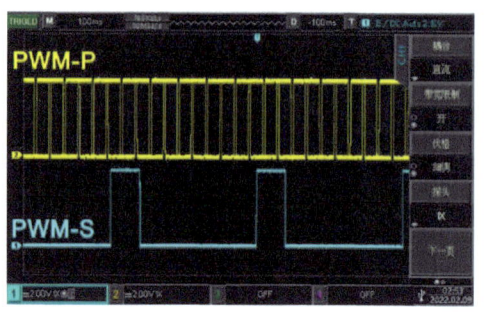

图4-3-32 行程传感器输出的两组信号波形

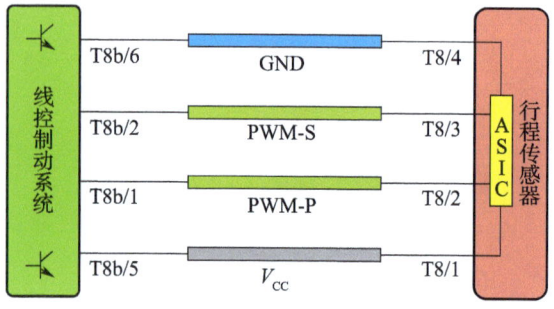

图4-3-33 行程传感器电路分析

4)纵向及侧向加速度传感器。纵向及侧向加速度传感器可以确定车辆是否接收到使车辆发生滑移作用的纵向、侧向加速度。加速度传感器由沿汽车前进方向的纵向加速度传感器和垂直于前进方向的侧向加速度传感器组成,其基本原理相同,只是成90°夹角安装。

在传感器内部,一小片致密物质连接在一个可以移动的悬臂上,可以反映出汽车的纵向/侧向加速度的大小,其输出在静态时为2.5V左右,正的加速度对应正的电压变化,负的加速度对应负的电压变化,每1.0~1.4V对应1g的加速度变化,具体参数因传感器不同而有所不同,如图4-3-34所示。

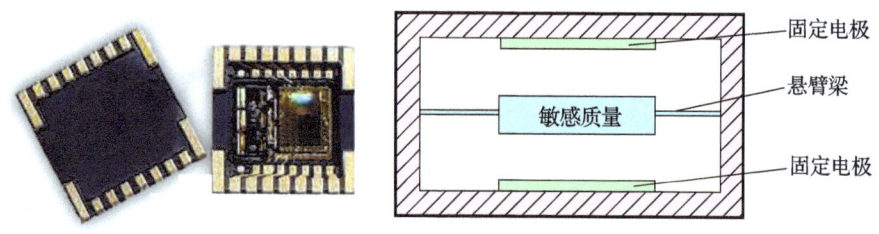

图4-3-34 纵向及侧向加速度传感器

5)横摆角速度传感器。如图4-3-35所示,横摆角速度传感器检测汽车沿垂直轴的偏转,该偏转的大小代表汽车的稳定程度。如果偏转角速度达到一个阈值,说明汽车会发生侧滑或者甩尾的危险工况,则会触发线控制动系统控制。当车绕垂直方向轴线偏转时,传感器内的微音叉的振动平面发生变化,通过输出信号的变化计算横摆角速度。

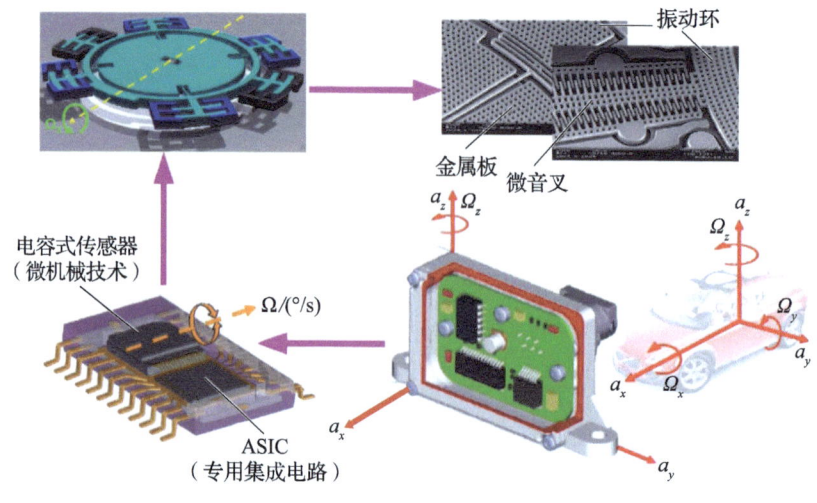

图4-3-35 横摆角速度传感器

(3) 电控单元 (ECU)

在接收到整车 VCU 及智能网联汽车计算平台发送过来的车速控制、制动力控制信息后，解析并计算，通过控制制动主缸的运转来建立制动系统压力，通过调节电磁阀开关频率来调节各车轮制动轮缸的压力，依此来控制车速。同时，接收外部的转向盘转角、方向、速率以及监测自身系统的压力传感器、车速传感器、加速度传感器、横摆角速度传感器等数据信息，来调节各车轮制动轮缸的压力，控制车辆的速度及稳定性，如图 4-3-36 所示为电控单元 (ECU)。

(4) 液控单元 (HCU)

如图 4-3-37 所示，液控单元 (HCU) 由制动主缸及制动主缸电机、电磁阀、电磁阀绕组、蓄能器、壳体、油路等组成。

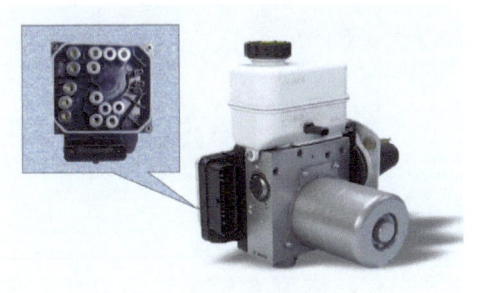

图 4-3-36　电控单元（ECU）　　　图 4-3-37　液控单元（HCU）

1) 制动主缸。制动主缸受线控动系统 ECU 控制，主要作用有以下两方面：在可变容积式制动压力调节器的控制油路中通过蓄能器控制油压；或者在循环式制动压力调节器调节压力降低的过程中，由制动轮缸流出的制动液经蓄能器泵回制动主缸，使车轮制动力迅速释放。图 4-3-38 所示为制动主缸。

① 工作原理。如图 4-3-39 所示，在电机的驱动下，加压制动主缸的活塞会左右往复运动，以此来完成加压过程。

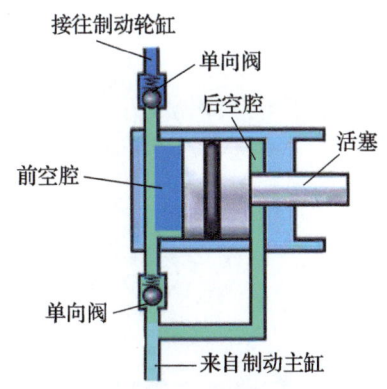

图 4-3-38　制动主缸　　　图 4-3-39　制动主缸工作原理

a. 当活塞向左移动时，前空腔内的液压油被压缩，压力增大，顶开出油口单向阀，高压制动油进入制动轮缸，前空腔的液压油被排空，而用后面的空腔容积增大，形成负压，吸进制动液。

b. 当活塞向右移动时，后空腔的容积减小，压力增大，制动液被从后面的空腔中压入到抽吸管路中；同时，前空腔的容积增大，压力减小，出油口单向阀关闭，进油口单向阀打开，通过吸入侧的预压形成一个近乎均衡的输送流量，从而可以实现快速加压。

②电路分析。如图4-3-40所示，制动主缸控制电路中，制动主缸电机为永磁同步电机，且带有位置传感器，其和控制电路、液控单元集成为一体。

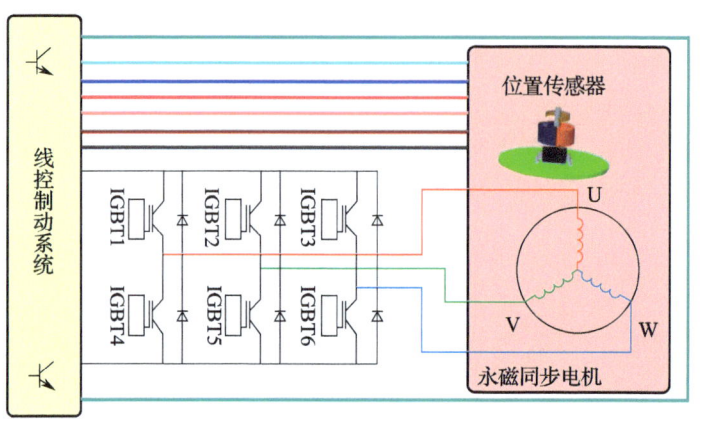

图4-3-40　液压泵电路分析

控制电路是连接电源和驱动电机绕组的开关部件，内有6个绝缘栅双极晶体管（IGBT）线控动系统控制其在ON和OFF间切换来调节电机的转速及转矩，进而对制动油压进行调节。

③控制过程。对于永磁同步电机调速、调矩原理来说，位置信号具有决定作用，因为电机必须工作在位置闭环控制方式下，系统运行绝对依赖于位置信号的准确获取，电机需要通过位置信号来决定哪一相应该导通，以及在什么时刻导通和断开。

2）电磁阀。接收来自运算电路的减压、保压或增压信号，控制通往制动轮缸的高压油。电磁控制阀是液压调节器的重要部件，由它完成对线控动系统各个车轮制动力的控制。图4-3-41所示为电磁阀组成。

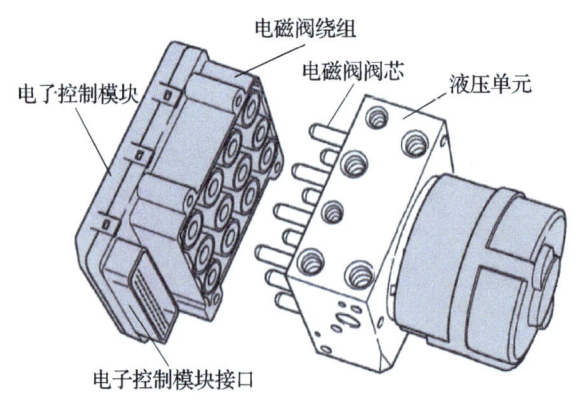

图4-3-41　电磁阀组成

①电磁阀分类。电磁阀按工作过程分为：常开阀、常闭阀；按功能分为：隔离阀（常开）、平衡阀（常闭）、进油阀（常开）、出油阀（常闭）、模拟器泄油阀（常开）、模拟器进油阀（常闭）。图4-3-42所示为电磁阀在制动系统中的运用。

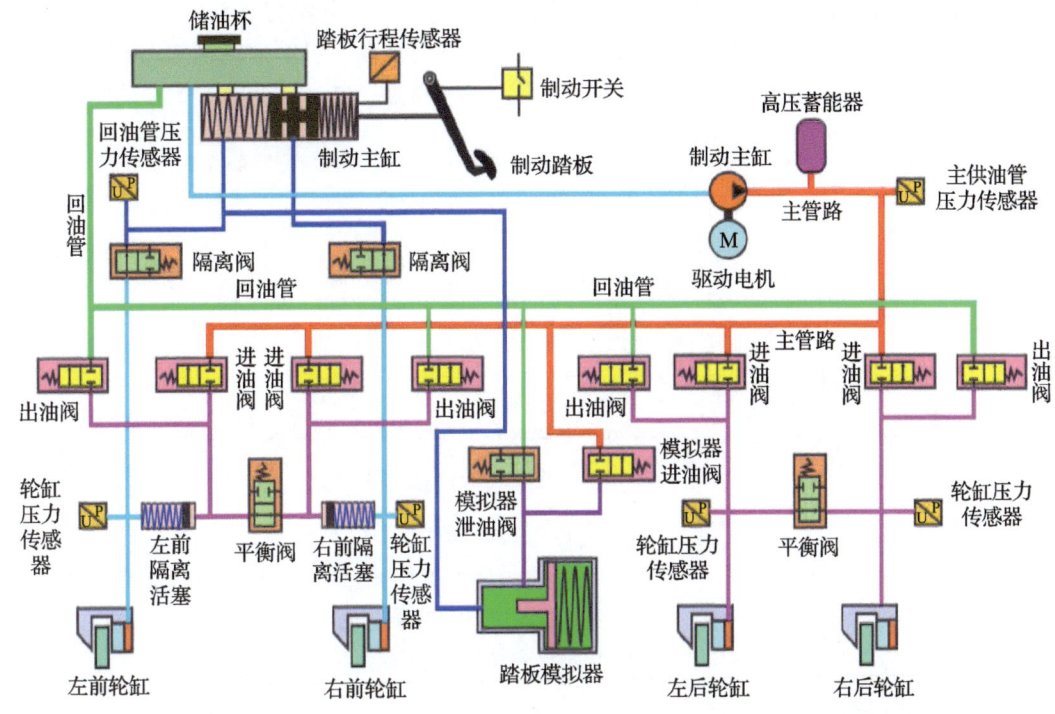

图4-3-42 电磁阀在制动系统中的运用

②内部结构。电磁阀在泵体内部的结构,如图4-3-43所示。

③工作过程。常开阀:常态下,二位二通常开电磁阀阀门在弹簧张力作用下打开,当电磁阀通电时电磁绕组产生磁场,克服回位弹簧的弹力,衔铁带动阀门关闭。常闭阀:常态下,二位二通常闭电磁阀阀门在弹簧张力作用下关闭,当电磁阀通电时,电磁绕组产生磁场,克服回位弹簧的弹力,衔铁带动阀门打开。

图4-3-44所示为电磁阀工作过程。

图4-3-43 电磁阀在泵体内部的结构

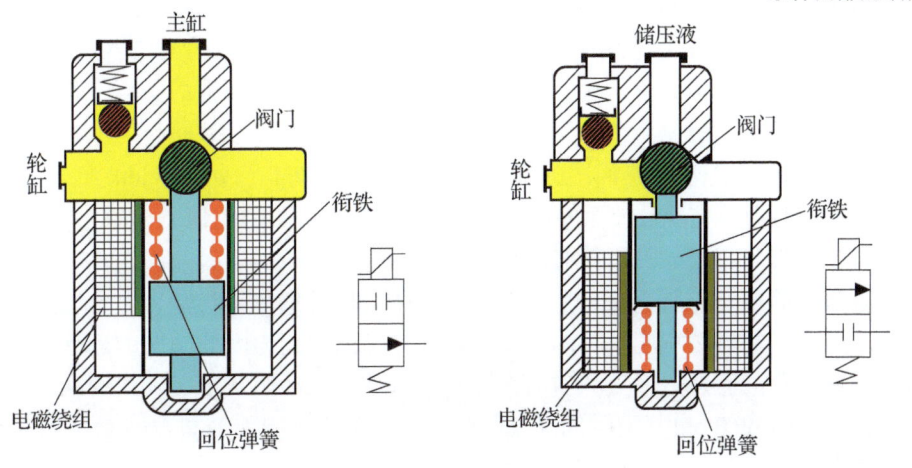

图4-3-44 电磁阀工作过程

④工作电路。图4-3-45所示为制动主缸控制电路，其电控和液控单元集成为一体。线控驱动系统以占空比形式控制各电磁阀绕组电流的通和断，以此控制液控单元内部油路的通和断。电磁阀启动工作时，常闭阀通电打开，油路接通；常开阀通电关闭，油路截止。

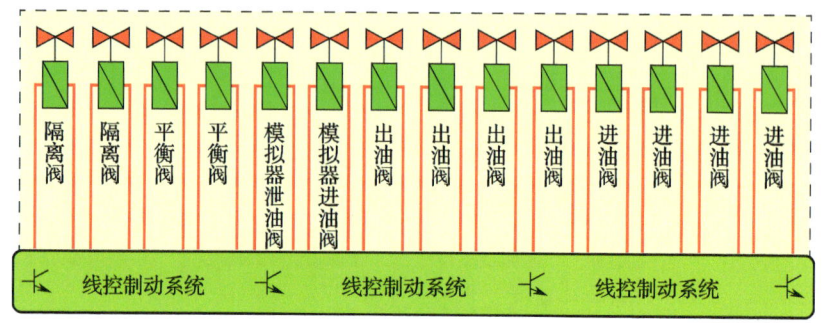

图4-3-45　制动主缸控制电路

⑤控制方式。系统由于要实现对流量和压力的精确控制，开关元件的响应速度直接影响到系统的可控性和稳定性，所以选择能够满足快速操作要求的高速开关阀，高速开关阀采用PWM方法控制，只要控制脉冲频率，就能实现对流量的连续控制，响应速度快，稳定性好，控制精度高。图4-3-46所示为电磁阀控制方式。

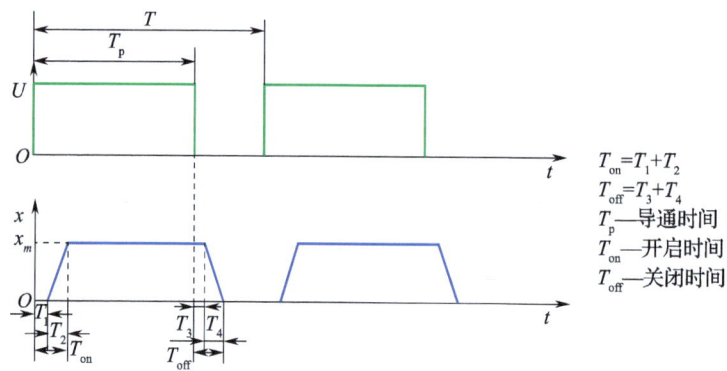

图4-3-46　电磁阀控制方式

高速开关阀是数字比例元件的一种，其工作方式是由信号发生器输入序列脉冲电压，产生连续的开关动作，输出与脉冲电压成正比的序列脉冲流量，从而实现压力的比例调节。高速开关阀具有结构简单紧凑，工作性能可靠、抗污染能力强的优点，可以直接采用计算机系统进行数字控制。

目前对于高速开关阀的最常用的脉冲控制方式是PWM（Pulse Width Modulation）方式。该方式是通过改变占空比τ（导通时间T_p与调制周期T的比值），使一个周期内通过电磁阀的平均流量与相应的控制信号成比例。

对于理想的高速开关阀，在一个调制周期T内，阀芯的位移与输入电压的波形完全相同，但由于电磁铁的电磁响应及阀芯运动均需要一定的时间，因此阀芯的运动并非完全跟踪输入信号的变化，而是有一定的滞后，其响应特性随脉冲调制频率（或周期）和占空比变化很大。开启时间T_{on}和关闭时间T_{off}是表征开关阀动态特性的重要参数，可引发"死区"和饱和特性。

依据电磁阀的 PWM 调制方式,在电磁阀调制周期一定的情况下,可以通过调节 T_p 得到不同的占空比信号,阀芯的响应波形为 T 的函数。假设 T 足够大,在不同的输入信号下,高速开关阀阀芯的运动呈现不同的特性。

a. $T_p < T$。如图 4-3-47 所示,在这段时间内,由于电磁阀受电磁响应滞后的影响,阀芯无动作,阀芯的运动方程为:$x = 0$。

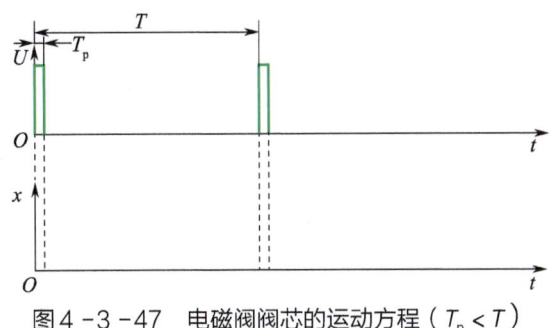

图 4-3-47 电磁阀阀芯的运动方程($T_p < T$)

b. $T_1 < T_p < T_{on}$。如图 4-3-48 所示,导通时间小于阀的开启时间,阀芯运动行程尚未达到最大值 x_m 时控制信号高电平 T 即消失,阀芯动作为不完全响应。

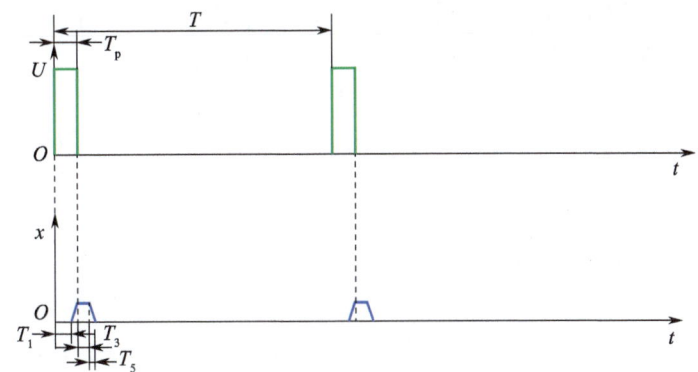

图 4-3-48 电磁阀阀芯的运动方程($T_1 < T_p < T_{on}$)

c. $T_{on} < T_p < T - T_{off}$。如图 4-3-49 所示,导通时间内,电磁阀阀芯可以完全开启,断电后,阀芯也可以完全闭合,阀芯的运动方程近似为矩形波。

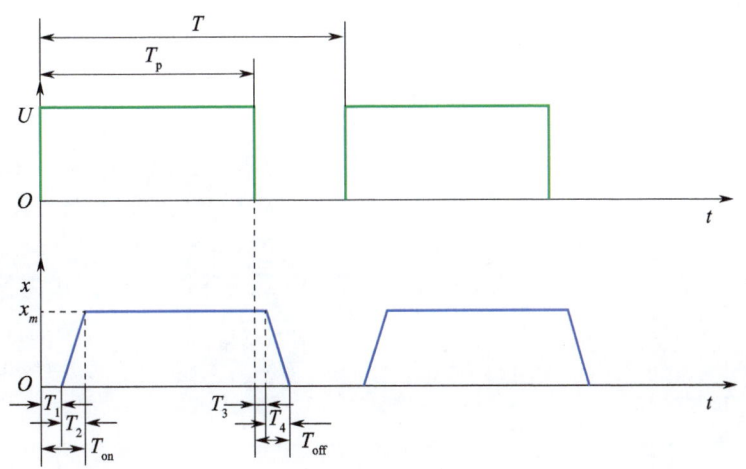

图 4-3-49 电磁阀阀芯的运动方程($T_{on} < T_p < T - T_{off}$)

d. $T - T_{off} < T_p < T$。如图4-3-50所示,在每个周期内,阀芯可以完全开启,但不能完全关闭。

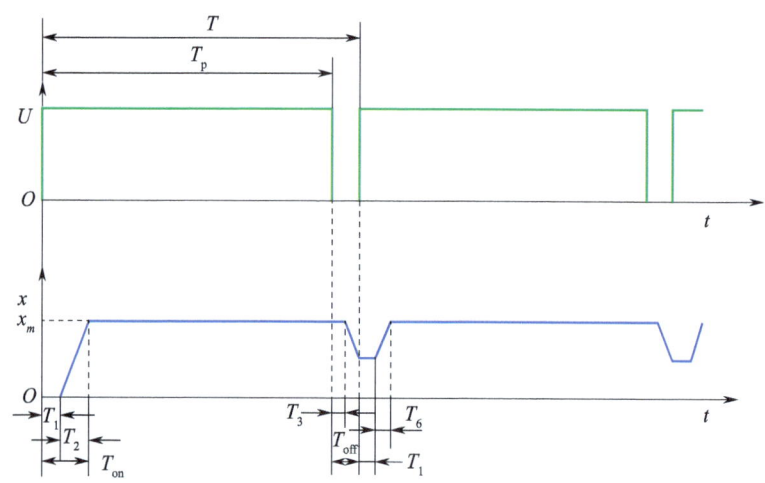

图4-3-50 电磁阀阀芯的运动方程($T - T_{off} < T_p < T$)

e. $T_p = 0$,电磁阀不通电,不导通,其位移始终为零。

f. $T_p = T$,电磁阀始终通电,一直导通,其位移始终为x_m。

由以上分析可知,在一定的调制周期内,阀芯的运动响应与电磁阀的导通时间T_p有关。在脉宽调制过程中,一般以占空比τ代替电磁阀的导通时间T_p来描述阀芯的运动响应,而以阀芯的平均相对位移$\bar{x}_v$来描述电磁阀的开度,关系式表示为曲线如图4-3-51所示。

图4-3-51所示可以看出,当占空比$\tau < \tau_1$或$\tau > 1 - \tau_4$时,由于电磁滞后的影响,电磁阀对开启或关闭激励没有任何响应,此时的阀芯响应相对位移均为零。当$\tau_1 < \tau < \tau_{on}$或$1 - \tau_{off} < \tau < 1 - \tau_4$时,电磁阀在电流激励作用下,由于阀芯运动过程的影响,造成平均相对位移的非线性。当$\tau_{on} < \tau < 1 - \tau_{off}$时,电磁阀完全响应,阀芯平均相对位移与占空比呈线性正比关系。

3) 蓄能器。如图4-3-52所示,蓄能器一般称为储能器或储液器,用来接纳线控制动系统减压过程中,从制动轮缸回流的制动液,同时还对回流制动液的压力波动具有一定的衰减作用。

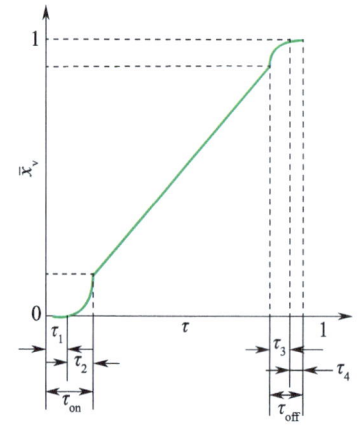 

图4-3-51 电磁阀阀芯的运动方程　　　　图4-3-52 蓄能器

①结构组成。蓄能器主要由活塞和弹簧组成,如图4-3-53所示。
②工作过程。图4-3-54所示为蓄能器工作过程。

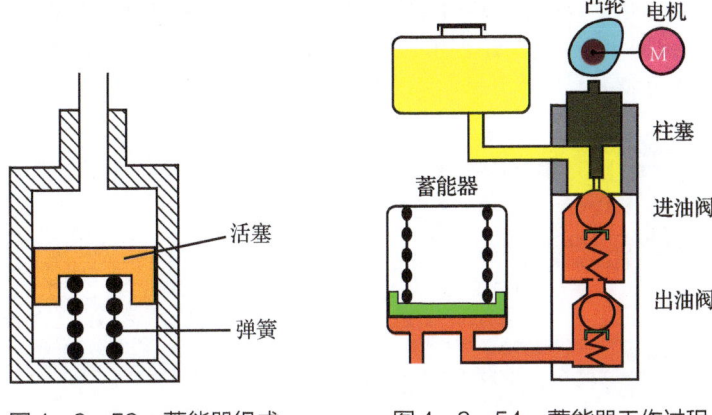

图4-3-53 蓄能器组成　　　图4-3-54 蓄能器工作过程

a. 当线控制动系统减压时,回流的制动液压缩活塞克服弹簧张力下移,使容积增大,暂时存储制动液。

b. 当线控制动系统增压时,加油油泵工作,此时活塞内的油压降低,在当制动液压力小于弹簧弹力的时候,活塞上移。

(5) 制动灯

线控制动系统的制动灯由红色LED灯带组成,如图4-3-55所示,为其通电制动灯点亮,不通电则制动灯熄灭。

制动灯的线路结构如图4-3-56所示。整车控制器(VCU)(网关控制器)的端子J4/6与制动灯的1号端子相连,为制动灯的电源控制线路;线控制动系统的端子J4/5与制动灯的2号端子相连,为制动灯的搭铁线路。

图4-3-55 智能网联小车制动灯

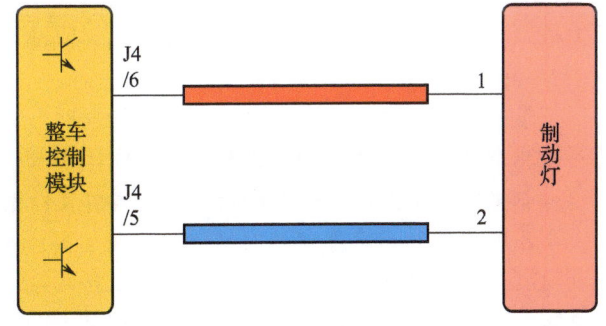

图4-3-56 制动灯的线路结构

2. 典型车型线控制动系统的工作原理

如图4-3-57所示,制动踏板与制动踏板模拟器、踏板行程传感器、压力传感器等做成一体,组成制动操作单元。制动踏板模拟器提供给驾驶员与传统制动系统类似的踏板感觉,即与传统制动系统类似的踏板力与踏板行程关系。踏板传感器通过检测制动踏板的动作情况来推测驾驶员的制动意图,并将此信息以电信号的形式传给电控单元(ECU)。

EHB电控单元除了接收踏板行程及压力传感器的信号外,还能够通过CAN总线网络接收来自于智能汽车的决策规划等系统的汽车动态数据，经过对这些数据的分析计算后，将控制指令发送到线控制动系统控制单元，实现对汽车的主动控制。高压液压蓄能器能够快速提供系统所需的制动压力，其所储存的高压制动液由电动制动主缸产生，且高压蓄能器可以为制动系统提供 16~18MPa 的压力以及多次连续的制动。制动主缸和蓄能器共同构成 EHB 系统的压力源。

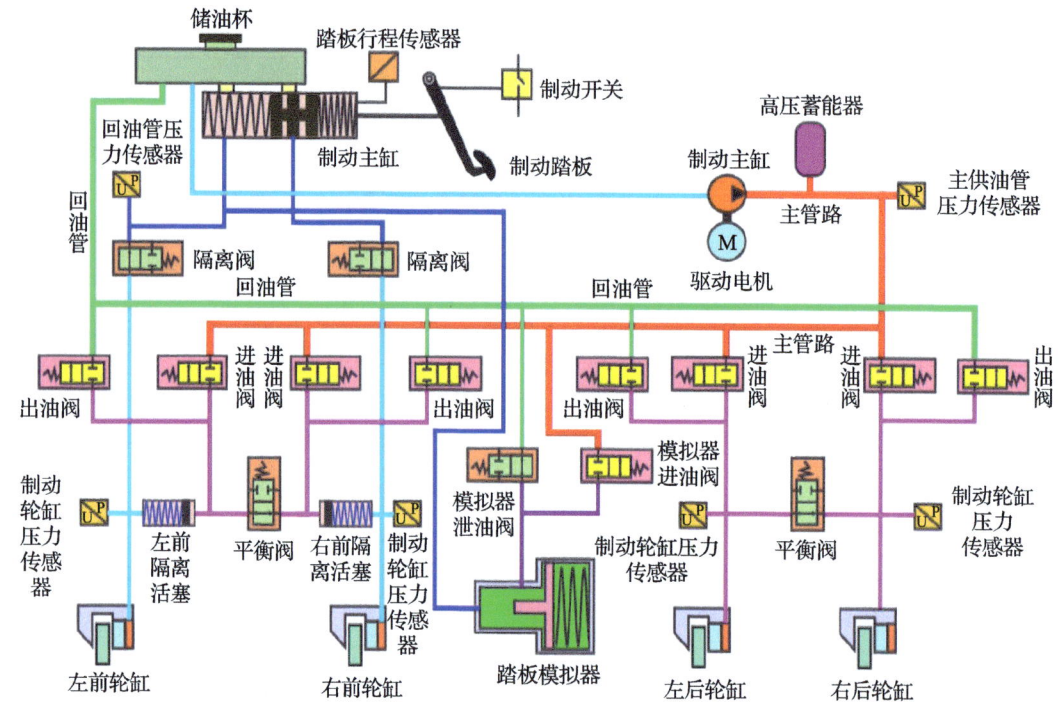

图 4-3-57 线控制动系统的油路工作过程

各种控制阀主要集中在压力控制单元（HCU）中，如图 4-3-57 所示，四对进、出油电磁阀分别用来调节各车轮上的制动压力。隔离电磁阀可以分隔制动操作单元和前盘式制动器间的制动油路。

正常的行车制动中，当制动灯开关被触发时，电控单元判定制动发生，由踏板行程传感器检测驾驶员的制动意图，进而通电关闭隔离阀，在人力作用下从制动主缸输出的制动液进入制动踏板模拟器，使驾驶员产生与操作传统制动系统时相同的感觉。

车轮制动所需的能源由动力源（高压泵、高压蓄能器）提供，经主供油管路输送往各制动轮缸，轮缸进油阀和出油阀可以实现对各轮缸压力的控制。同轴两轮缸间各设有一个平衡阀，用于在常规制动时保持两侧车轮制动力的协调。

制动过程以左前轮为例，分为以下三个阶段。

（1）增压阶段

系统启动时，左前出油电磁阀保持（不通电控制）状态，左前进油电磁阀通电开启，隔离电磁阀通电关闭。高压蓄能器的高压油通过左前进油电磁阀进入隔离活塞，推动隔离阀活塞运动，在左前隔离电磁阀、隔离活塞、制动器之间充满制动液，左前制动轮缸压力增高。

（2）保压阶段

当压力控制单元决策出制动轮缸的压力需要保持时，左前出油电磁阀继续保持当前状态（不通电控制）；左前进油电磁阀断电关闭，保持初始状态；隔离电磁阀继续保持通电关闭状态。在左前隔离电磁阀、隔离活塞、制动器之间充满的制动液的压力不再增高，处在封闭的环境，压力保持不变。

(3) 减压阶段

在减压阶段，当压力控制单元决策出制动轮缸的压力需要减压时，左前出油电磁阀通电后打开，左前进油电磁阀断电后关闭，保持为初始状态；隔离电磁阀继续保持通电关闭状态，在左前隔离电磁阀隔离活塞、制动器之间充满的制动液通过左前出油电磁阀回流至储油杯，制动轮缸压力降低后，高压蓄能器维持持续稳定的制动压力可达16MPa，完全能够快速响应驾驶员及智能车辆决策规划系统的制动指令。

在以上过程中，线控制动系统通过压力传感器检测到蓄能器中压力降低，即启动驱动电机，通过制动主缸将储油杯中的制动液加压后输送至储油杯的主油路，保证制动过程中的压力稳定，使系统安全可靠的工作运行。

(二) 典型车型线控制动系统的控制过程

1. 线控制动系统的控制内容

本试验系统基于ESP控制泵作为车辆制动力产生的源泉，利用外部环境感知系统传感器（激光雷达、超声波雷达、毫米波雷达、深度摄像头）、车辆智能网联汽车计算平台、整车控制器、线控驱动系统、底盘线控系统轮速传感器、制动轮缸压力传感器、纵向及侧向加速度传感器、横摆角速度传感器、转向盘转角传感器来完成智能车辆的速度（减速、紧急制动、停车、ABS、ASR、ESP等）控制功能，其控制结构如图4-3-58所示。

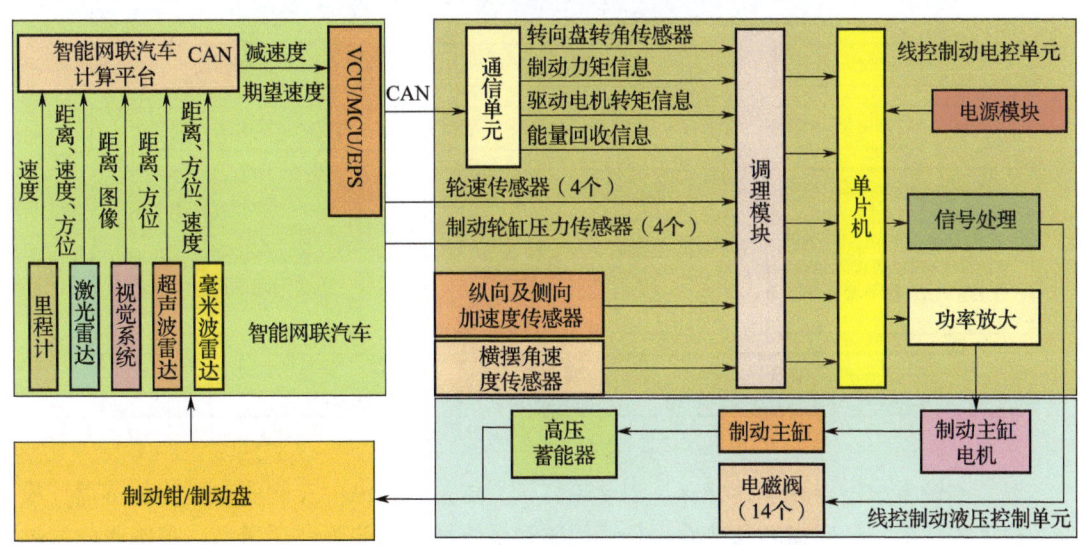

图4-3-58 线控制动控制结构

2. 线控制动系统的控制策略

图4-3-59所示为试验系统的线控制动控制策略，线控制动系统接收到制动信息后，综合车辆传感器数据、能量回收信息，启动制动主缸，同时检测各制动轮缸油路压力、电机电流等来调整最终的车速，保证车辆的操纵稳定性及乘坐舒适性。

智能网联汽车计算平台通过环境传感器数据来规划速度信息，通过USB转CAN总线给整车控制器（VCU），VCU接收到此速度消息并解析；如果为减速信息，VCU通过CAN总线向线控制动系统发送减速信息以及转向信息，即期望的车辆速度、制动力矩和转向盘的转动方向、角度、速度。

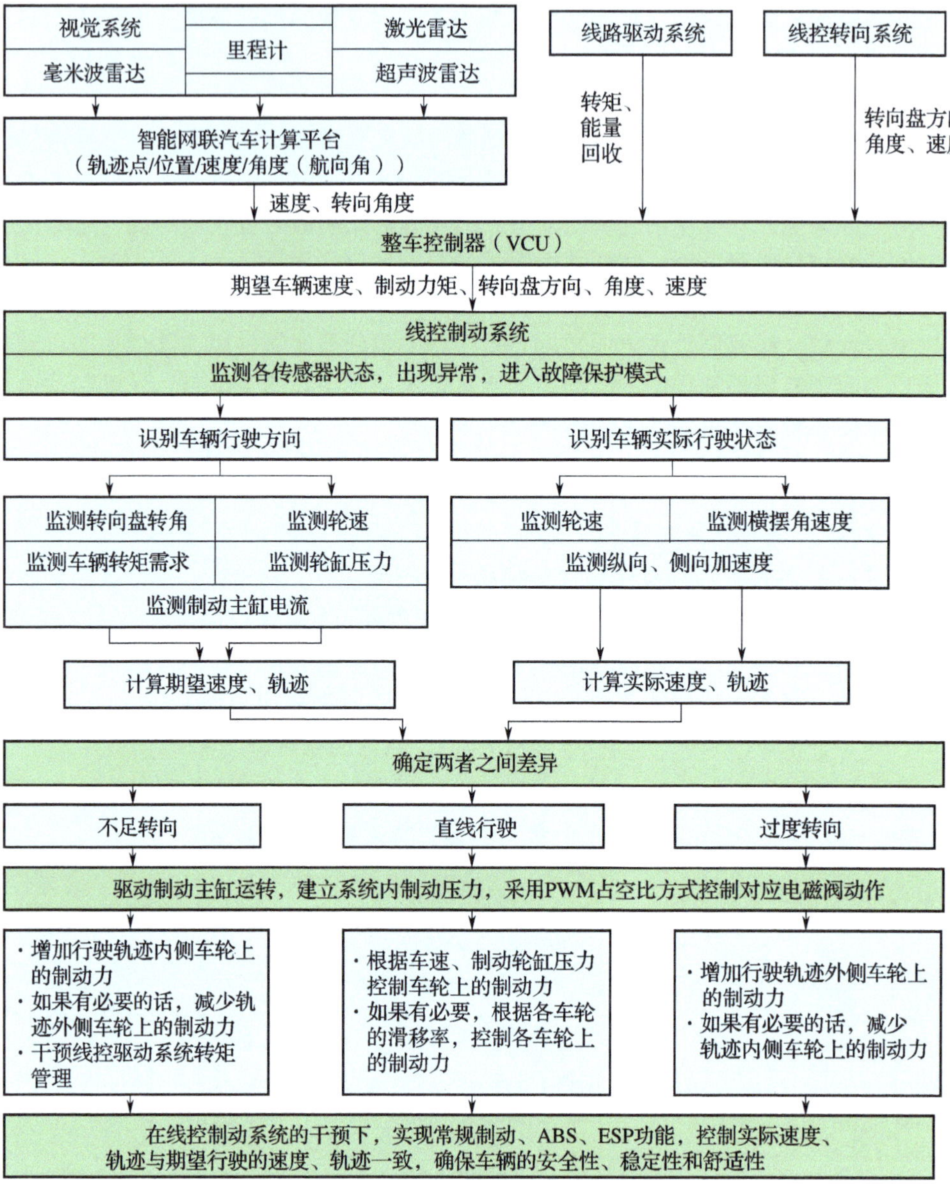

图 4-3-59 线控制动控制策略

线控制动系统结合轮速传感器、制动轮缸压力传感器、纵向及侧向加速度传感器、横摆角速度传感器、转向盘转角传感器、线控驱动系统能量回收等数据信息，控制制动主缸启动工作，同时以 PWM 占空比方式控制电磁阀来调节制动轮缸内的压力，从而调节车速，使车辆安全、稳定、舒适的行驶。

线控制动系统实时监测轮速传感器、制动轮缸压力传感器、纵向及侧向加速度传感器、横摆角速度传感器、转向盘转角传感器、电磁阀、制动主缸的工作状态，如果任意传感器、执行器出现异常，将启动故障保护模式，车辆无法行驶，且仪表盘制动系统故障灯点亮，蜂鸣器报警。

（三）典型车型线控制动系统的电路分析

图 4-3-60 所示为线控制动试验系统的电路原理，智能网联汽车计算平台通过各传

项目4 智能网联汽车线控制动系统装调与测试

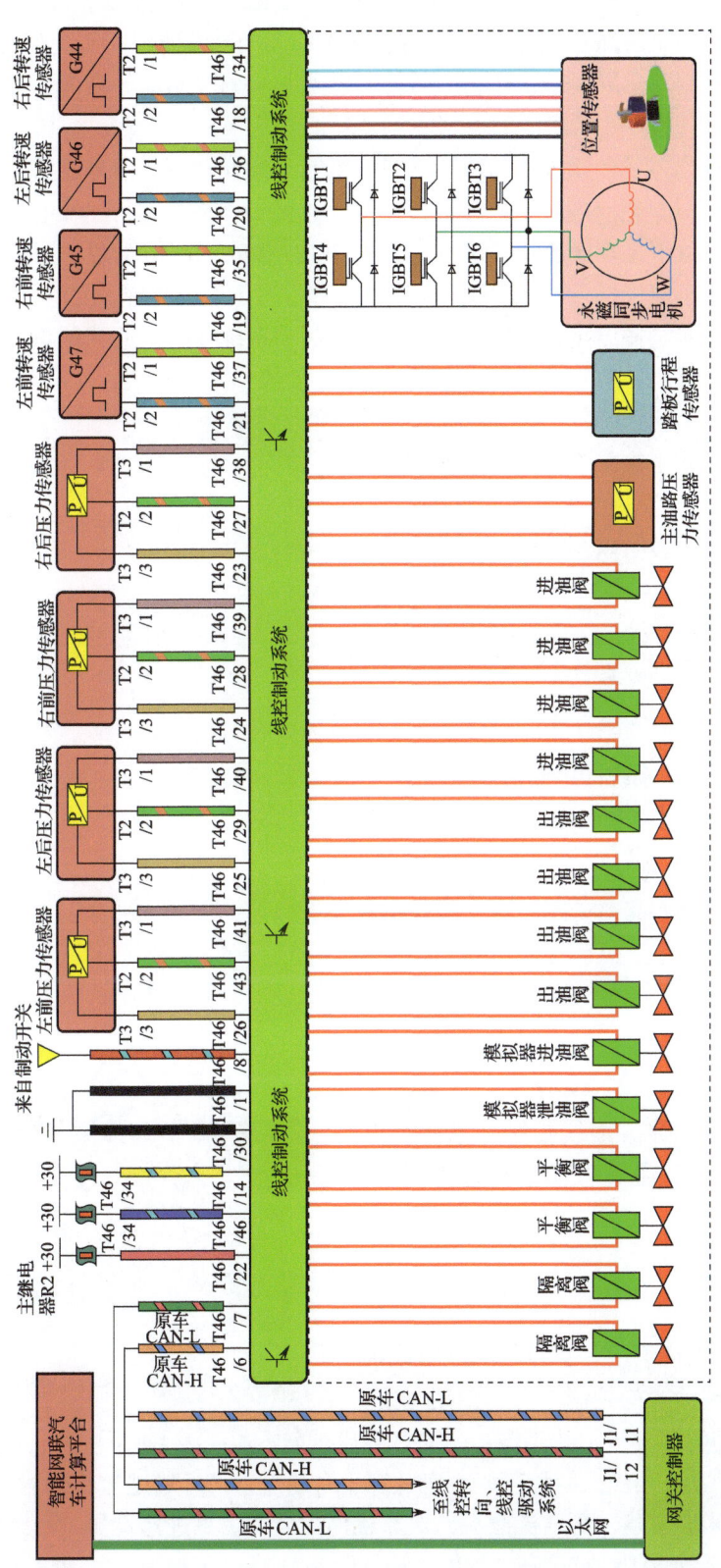

图4-3-60 线控制动系统电路分析图

感器数据信息来规划速度信息,通过 USB 转 CAN 总线给整车控制器(VCU),VCU 接收到此消息并解析,如果为减速信息,VCU 通过 CAN 总线向线控制动系统发送减速信息,线控制动系统控制制动主缸启动工作,同时控制电磁阀来调节制动轮缸内的压力,从而调节车速。

智能网联汽车计算平台通过外部环境感知传感器(激光雷达、超声波雷达、毫米波雷达、深度摄像头)对车辆周围环境信息进行检测,最终根据检测到的环境信息输出一个期望的车辆速度传输给下层车辆控制系统(VCU)。VCU 接收到此信息后和当前速度进行对比,如果小于当前车速,结合当前车速计算出制动总能量、再生制动能量和液压制动能量,并将液压制动能量输出至线控制动系统,线控制动系统接收到此控制量后,调节 4 轮油压来控制车速;反之,VCU 向驱动系统发出加速度控制信息。

同时线控制动系统在结合当前反馈的传感器(转向盘转角、加速度、车速)信息调节各车轮制动力,使车辆平稳安全的减速、转向以及停车。

视频 26
线控制动系统的电路分析

三、任务实施

(一)任务实施的要求

1. 任务实施的目的

1)熟悉线控制动系统的电路图。

2)能够对线控制动系统进行故障诊断与排除。

2. 实训仪器和设备

智能网联汽车底盘线控实训平台、万用表等。

(二)任务实施的步骤

1. 故障现象

智能网联汽车在行驶过程中,线控驱动系统、线控转向系统正常,而线控制动系统突然不启动工作,导致车辆自动驾驶时无法制动,如图 4-3-61 所示。

2. 故障分析

(1)知识准备

1)线控制动系统组成。智能网联汽车线控制动系统由线控制动系统控制单元、制动主缸、制动轮缸、(制动管路)压力传感器、制动灯组成,如图 4-3-1 所示。

图 4-3-61 智能网联汽车实车

2)线控制动系统功能。智能网联汽车计算平台通过外部环境感知传感器(激光雷达、超声波雷达、毫米波雷达、深度摄像头)对车辆周围环境信息进行检测,最终根据检测到的环境信息输出一个期望的车辆加速度、减速度信息给整车控制器(VCU)(网关控制器),整车控制器(VCU)(网关控制器)接收到此信息后和当前速度进行对比,如果小于当前车速，即向线控制动系统发出相应的减速度控制量，制动系统接收到此控制量后，对线控制动主缸电机进行控制，进而调节4轮制动轮缸的油压来控制车速。反之，智能网联汽车计算平台发出加速度控制信息给整车控制器（VCU）（网关控制器）。

3）线控制动系统电路结构。线控制动系统电路结构原理（图4-3-62），线控制动、线控转向与整车控制器（VCU）组成底盘CAN通信；充电口、驱动/蓄电池管理系统与整车控制器（VCU）组成动力CAN通信；组合仪表与整车控制器（VCU）组成仪表CAN通信；整车控制器（VCU）与适配器连接，对外接收及发送信息。

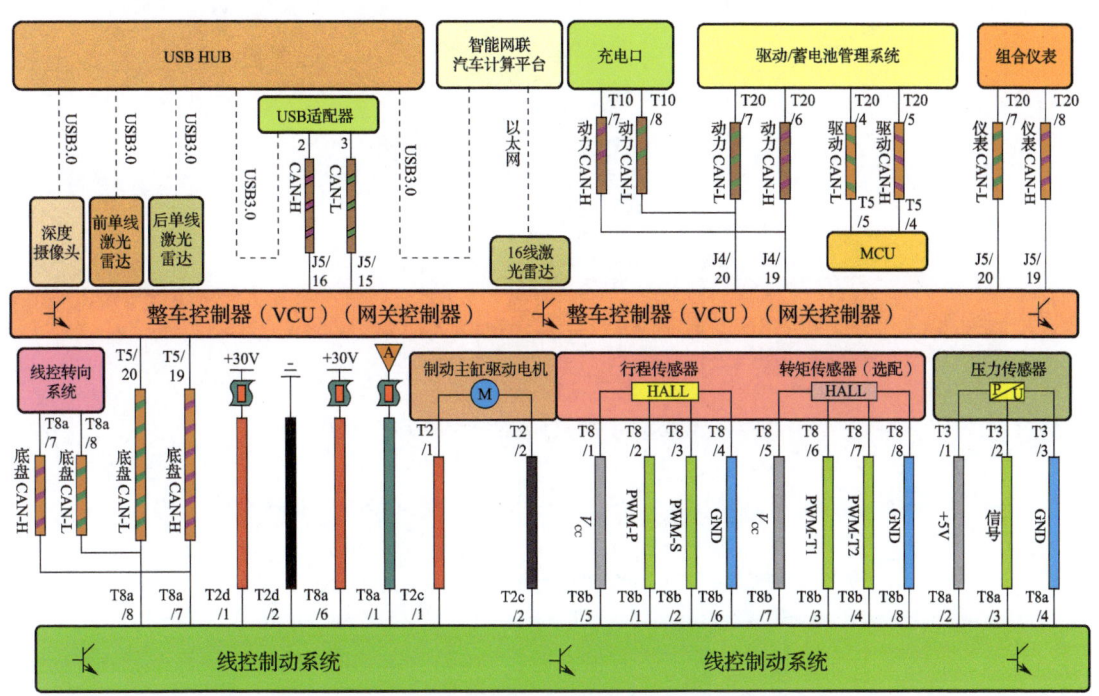

图4-3-62 线控制动系统电路结构原理

①CAN总线电路原理图。图4-3-63所示为CAN数据总线电路结构原理。CAN总线局域网络中各CAN芯片、电阻、二极管等元器件以及线路经过精密匹配，因此在信息传输过程中，才能实现CAN总线上显性电压和隐性电压的变化。

如果此网络中CAN芯片、电阻、二极管等元器件以及线路任何一个地方出现故障，将打破线路电阻平衡（60Ω左右），导致CAN总线上电压变化，致使显性电压和隐性电压的变化，最终将导致总线信息无法传输。

②CAN总线数据特点。CAN数据符号（"1"和"0"）以500kbit/s的速率按顺序传输。通过总线传输的数据通过CAN-H信号电压和CAN-L信号电压之间的电压差来表示。

图4-3-64所示为CAN数据总线特点，在两个线路总线处于静止时，CAN-H和CAN-L信号线路未被激活，这代表逻辑"0"。在此状态下，两个信号线路电压均为2.5V，电压差约为0V。此状态也称静电压状态，即隐性状态，因为连接的所有控制单元都可以修改它的状态。

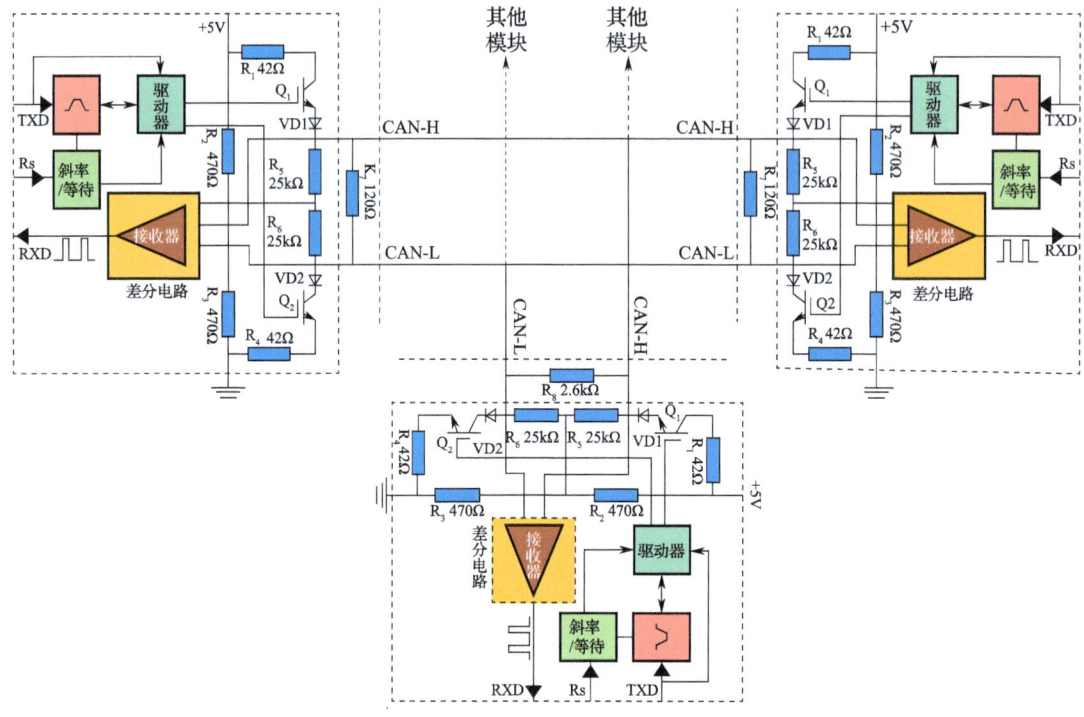

图4-3-63　CAN数据总线电路结构原理

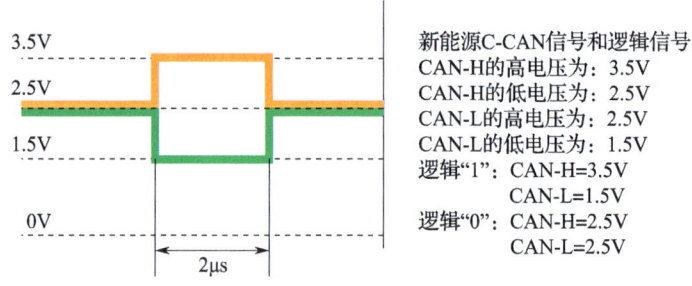

图4-3-64　CAN数据总线特点

③CAN总线工作过程。图4-3-65所示为控制单元是通过收发器连接到CAN驱动总线上,在这个收发器中有一个接收器和一个驱动器,该接收器是安装在接受一侧的差动放大器上。

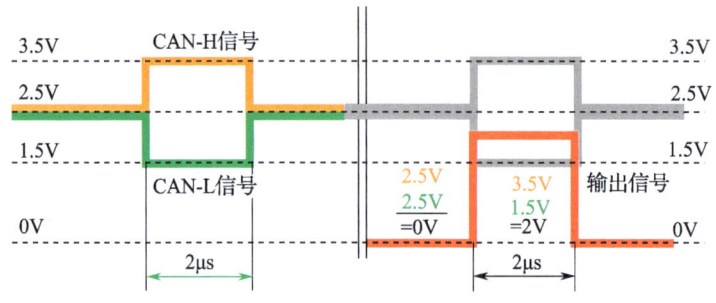

图4-3-65　CAN总线工作过程

差动放大器用来处理来自CAN-H和CAN-L的信号,除此以外还负责将转换后的信号传输至控制单元CAN接收区,这个转换后的信号称为差动信号放大器输出电压。

差动信号放大器用 CAN-H 线路上的电压减去 CAN-L 线路上的电压就得到输出电压,用这种方法可以消除静电压(CAN 总线为 2.5V)或其他任何重叠的电压。

④CAN 总线波形特点。CAN 数据总线在工作时,CAN 总线电压在显性状态和隐性状态之间进行转换。隐性状态时的电压称为静电压,它是作用在 CAN 两条导线上的预先设定值,驱动 CAN 的预定值大约为 2.5V。在显性状态时,CAN-H 线上的电压值会升高 1V,而 CAN-L 线上的电压值会降低 1V。于是在驱动 CAN 数据总线上 CAN-H 线的电压为 3.5V(2.5V+1V=3.5V),而 CAN-L 线的电压为 1.5V(2.5V-1V=1.5V)。

点火开关为"ON",此时用万用表测量 CAN-H 线的电压为 2.7V,测量 CAN-L 线的电压为 2.3V。

(2) 诊断分析

当前线控转向和线控驱动系统正常,只是线控制动系统异常,从线控制动系统电路原理图(图 4-3-63)上可以看出,造成线控制动系统异常的主要由电源、CAN 总线以及传感器、制动主缸电机造成,当前只考虑 CAN 总线,其他电源、传感器暂时不考虑。

根据总线控制结构及电路原理,其故障主要包括以下几方面。

1) 连接线控制动系统的底盘 CAN-H 线路断路、虚接、短路故障。
2) 连接线控制动系统的底盘 CAN-L 线路断路、虚接、短路故障。
3) 连接线控制动系统的底盘 CAN-L 和 CAN-H 相互短路故障。
4) 线控制动系统电源、自身及插头故障。

3. 故障检测

当总线出现故障的时候,如图 4-3-66 所示,最好利用示波器同时测量 CAN-H、CAN-L 信号波形,借助信号的形成原理分析故障部位和故障原因,CAN 总线的信号分析如下:

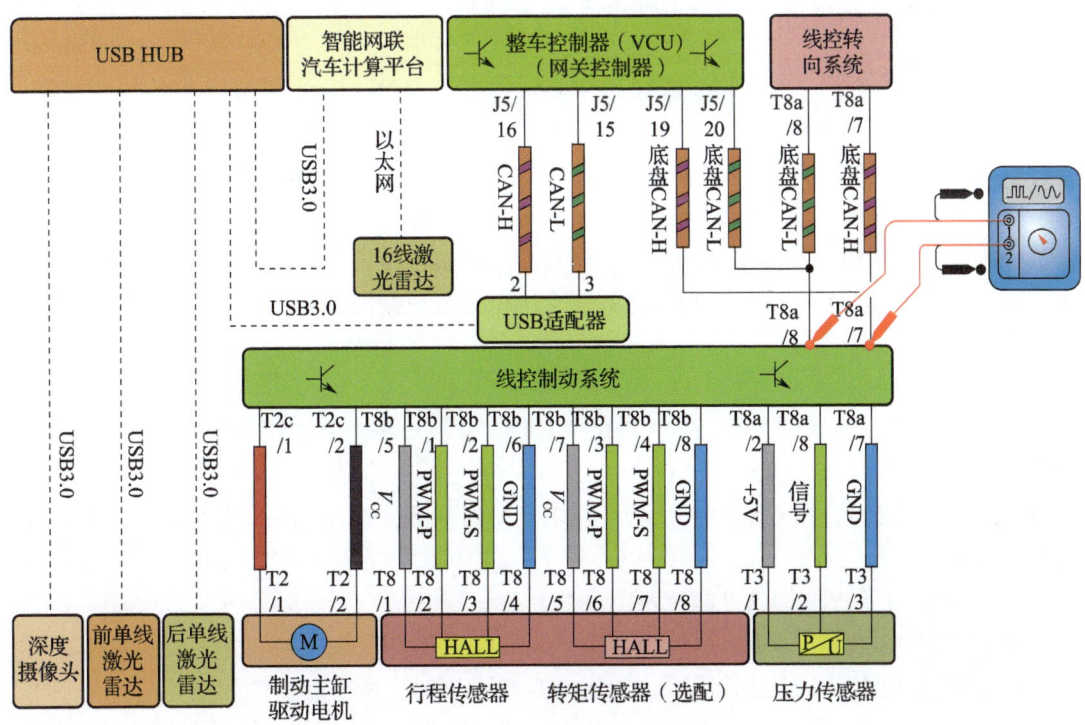

图 4-3-66 底盘总线示波器连接图

（1）CAN-H 断路

1）隐性电压不变。正常情况下，因为在隐性电压时，所有模块中的晶体管均处于截止状态，所以 CAN-H、CAN-L 的电位差实质上就是两个 470Ω 之间的电位差，即为 5V 的一半；当 CAN-H 断路时，并没有改变原有电路任何的电流大小，CAN-H、CAN-L 的电位差还是两个 470Ω 之间的电位差，即为 5V 的一半，所以不变；波形分析如图 4-3-67 所示。

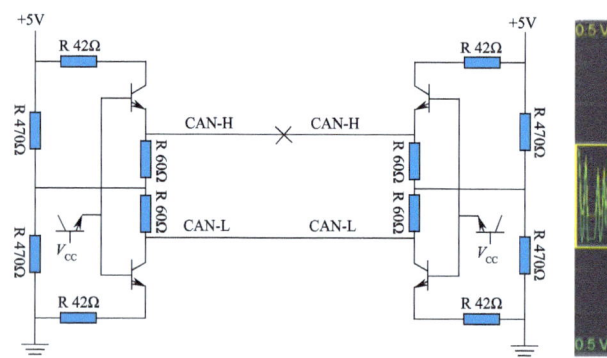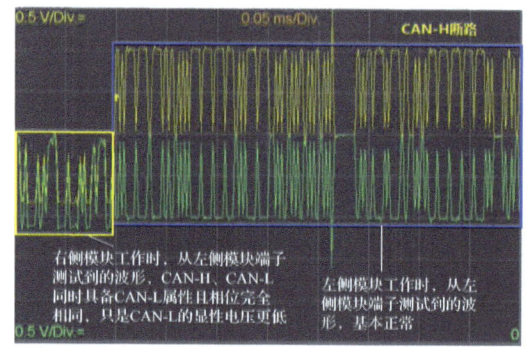

图 4-3-67　CAN-H 断路原理、故障及波形（从左侧模块端测得）（略有差异）

2）在正常情况下，当左侧模块发送信息时，左侧 CAN-H 电势会因为晶体管导通，使得晶体管上下游的电路导通，串联电阻（42Ω、60Ω）导通产生分压，而使得左侧模块端的 CAN-H 总线电压上升到 3.5V；此时如果 CAN-H 断路，左侧 CAN-H 端会因为失去右侧模块中的电阻而使得其对应的晶体管上方的 42Ω 电阻内的电流相对减小，那该电阻两端的电压降将会减小，从而使得左侧模块端 CAN-H 电压在正常增大的基础上进一步增大，因而 CAN-H 的波形从 2.5V 的隐性电压切换到 3.95V 左右，相对 3.5V 有了 0.45V 的提高。

3）在正常情况下，当左侧模块发送信息时，左侧 CAN-L 电势会因为晶体管导通，使得晶体管上下游的电路导通，串联电阻（42Ω、60Ω）导通产生分压，而使得左侧模块端的 CAN-L 总线电压下降到 1.5V；此时如果 CAN-H 断路，右侧模块中两个 60Ω 之间的对地电阻有一定的下降，导致该点的电压有所下降（注意：由于 CAN-H 断路，右侧控制模块端 CAN-H 电压和该点电压一致，所以也有明显的下降，而且切换的方向是反的），而整体上还是 CAN-L 左端比右端的电势低，所以流经左侧控制模块内的 CAN-L 对应的 42Ω 的电流减小，因为其两端的压降减小，所以 CAN-L 的波形从 2.5V 的隐性电压切换到 1.22V 左右，相对 1.5V 也有了 0.28V 的降低。

4）当左侧模块发送信息时，右侧模块的 CAN-L 波形和左侧模块的相同，但 CAN-H 会检测到来自右侧模块的反射波，CAN-H、CAN-L 同时具备 CAN-L 的属性且相位完全相同，只是 CAN-L 相对 CAN-H 的显性电压偏低一些，CAN-H 的为 1.48V，CAN-L 的为 1.22V。

5）这种情况下，左侧的控制模块不会参与系统工作。

（2）CAN-L 断路

1）隐性电压不变。正常情况下，因为在隐性电压时，所有模块中的晶体管均处于截止状态，所以 CAN-H、CAN-L 的电位实质上就是两个 470Ω 之间的电位，即为 5V 的一半；当CAN-L断路时，并没有改变原有电路任何的电流大小，CAN-H、CAN-L的电位还是两个470Ω之间的电位，即为5V的一半，所以隐性电平保持不变，如图4-3-68所示。

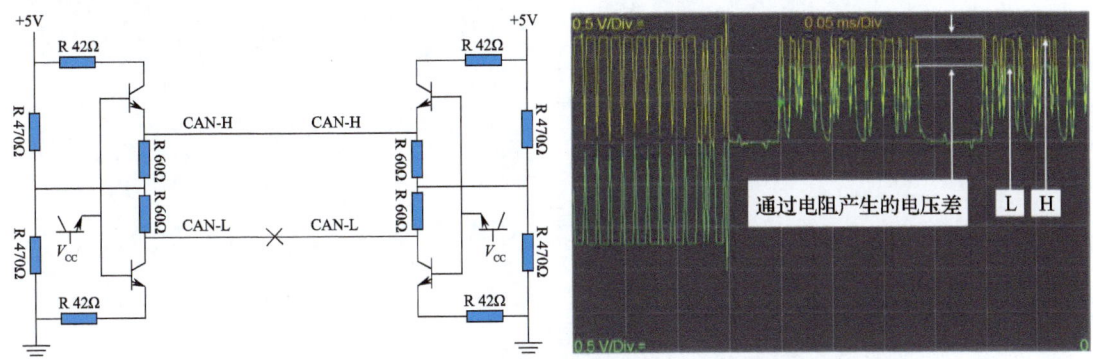

图4-3-68　CAN-L断路原理、故障及波形（从左侧模块端测得）

2）在正常情况下，当左侧模块发送信息时，左侧CAN-L电势会因为晶体管导通，使得晶体管上下游的电路导通，串联电阻（42Ω、60Ω）导通产生分压，而使得左侧模块端的CAN-L总线电压下降到1.5V；此时如果CAN-L断路，左侧CAN-L端会因为失去右侧模块中的电阻而使得其对应的晶体管下方的42Ω电阻内的电流相对减小，那该电阻两端的压降将会减小，从而使得左侧模块端CAN-L的电势在正常减小的基础上进一步减小，因而CAN-L的波形从2.5V的隐性电压切换到1.0V左右，相对1.5V有了0.5V的降低。

3）在正常情况下，当左侧模块发送信息时，左侧CAN-H电势会因为晶体管导通，使得晶体管上下游的电路导通，串联电阻（42Ω、60Ω）导通产生分压，而使得左侧模块端的CAN-H总线电压而上升到3.5V；此时如果CAN-L断路，右侧模块中两个60Ω之间的对地电阻有一定的增大，导致该点的电压有所升高（注意：由于CAN-L断路，右侧控制模块端CAN-L电压和该点电压一致，所以也有明显的升高，而且切换的方向是反的），而整体上还是CAN-H左端比右端的电势高，所以流经左侧控制模块内的CAN-H对应的42Ω的电流减小，因为其两端的电压降减小，所以CAN-H的波形从2.5V的隐性电压切换到3.8V左右，相对3.5V也有了0.3V的提高。

4）当左侧模块发送信息时，右侧模块的CAN-H波形和左侧模块的相同，但CAN-L会检测到来自右侧模块的反射波，CAN-H、CAN-L同时具备CAN-H的属性且相位完全相同，只是CAN-H相对CAN-L的显性电压偏低一些，CAN-H为3.8V，CAN-L为3.54V。

5）这种情况下，左侧的控制模块不会参与系统工作。

注意： 观察这类信号波形时，先观察波形相位和切换方向重叠的部分，只要有类似的波形，就说明总线有断路的地方，至于是CAN-H还是CAN-L断路，可以参照重叠部分波形显性电压的高低来判定。如果CAN-H高于CAN-L，说明CAN-H断路；如果CAN-L高于CAN-H，说明CAN-L断路。

（3）CAN-H虚接

1）当CAN-H虚接时，并没有改变原有电路任何的电流大小，CAN-H、CAN-L的电位还是两个470Ω之间的电位，即为5V的一半，所以隐性电压不变，如图4-3-69所示。

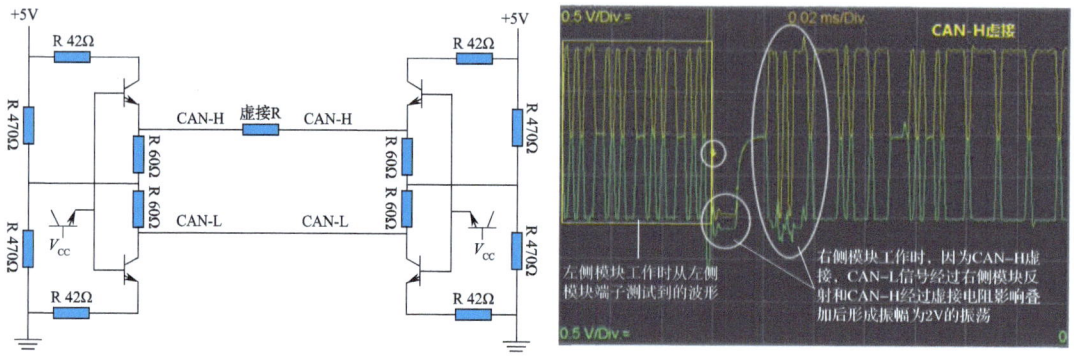

图4-3-69　CAN-H虚接原理、故障及波形（从左侧模块端测得）

2）当左侧模块发送信息时，由于虚接，左侧控制模块的CAN-H端与接地之间的电阻增大，那流经左侧控制模块中CAN-H对应的晶体管上方的42Ω电阻内的电流减小，该电阻两端的压降将减小，左侧控制模块端CAN-H信号电压会相应提高，试验中为从2.5V切换到3.88V，显性电压相对3.5V有了0.38V的提高，虚接电阻越小，显性电压越接近3.5V；CAN-L的显性电压也随之下降，约为1.26V；试验虚接电阻为1kΩ，电阻越大，对系统影响越大。

3）当右侧模块发送信息时，由于虚接，右侧控制模块端CAN-H的电压有了明显的下降，信号波形从2.5V切换到1.74V，相对3.5V有了1.76V的降低，显性电压反方向变化；CAN-L波形从2.5V切换到1.26V，相对1.5V有所降低；试验虚接电阻为1kΩ，电阻越大，对系统影响越大。

（4）CAN-L虚接

1）当CAN-L虚接时，并没有改变原有电路任何电流的大小，CAN-H、CAN-L的电位还是两个470Ω之间的电位，即为5V的一半，所以隐性电压不变，如图4-3-70所示。

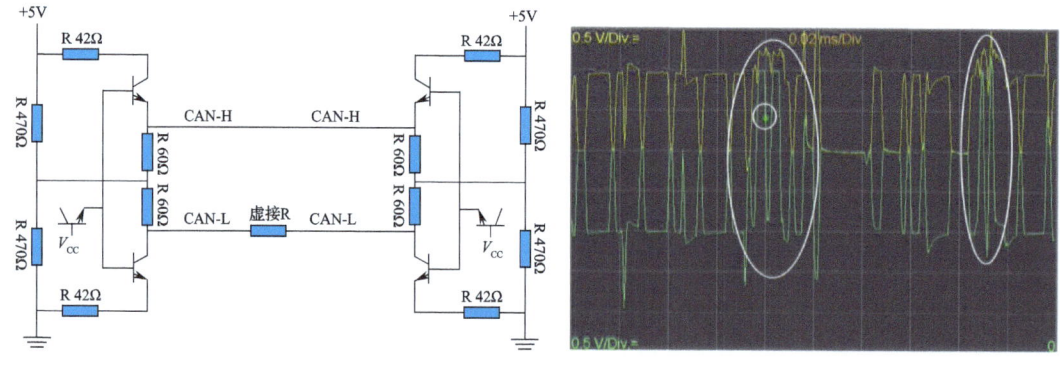

图4-3-70　CAN-L虚接原理、故障及波形（从左侧模块端测得）

2）当左侧模块发送信息时，由于虚接，左侧控制模块的CAN-H端与接地之间的电阻增大，那流经左侧控制模块中CAN-H对应的晶体管上方42Ω电阻内的电流减小，该电阻两端的压降也减小，左侧控制模块端CAN-H信号电压会相应提高，试验中从2.5V

切换到 3.75V，显性电压相对 3.5V 有了 0.25V 的提高，虚接电阻越小，显性电压越接近 3.5V；CAN-L 的显性电压也随之下降，约为 1.1V；试验虚接电阻为 1kΩ，电阻越大，对系统影响越大。

3）当右侧模块发送信息时，由于虚接，右侧控制模块端 CAN-H 的电压有了明显的提高，波形从 2.5V 切换到 3.75V，相对 3.5V 有了 0.25V 的提高；CAN-L 波形从 2.5V 切换到 3.26V，显性电压反方向变化，相对 1.5V 有了明显的提高；试验虚接电阻为 1kΩ，电阻越大，对系统影响越大。

注意： 观察此类波形时，主要看某个控制模块的 CAN 总线信号波形是否存在逆向切换的显性电压，如果 CAN-H 信号波形存在逆向切换的显性电压，则为 CAN-H 存在虚接，虚接电阻越大，逆向切换后的显性电压越低；如果 CAN-L 信号波形存在逆向切换的显性电压，则为 CAN-L 存在虚接，虚接电阻越大，逆向切换后的显性电压越高。

（5）CAN-H 对 +BV 短路

1）CAN-H 的隐性电压为 +BV，因为 CAN-H、CAN-L 之间有 60Ω 的电阻存在，所以 CAN-L 的隐性电压相对 CAN-H 会偏低大约 2V，如图 4-3-71 所示。

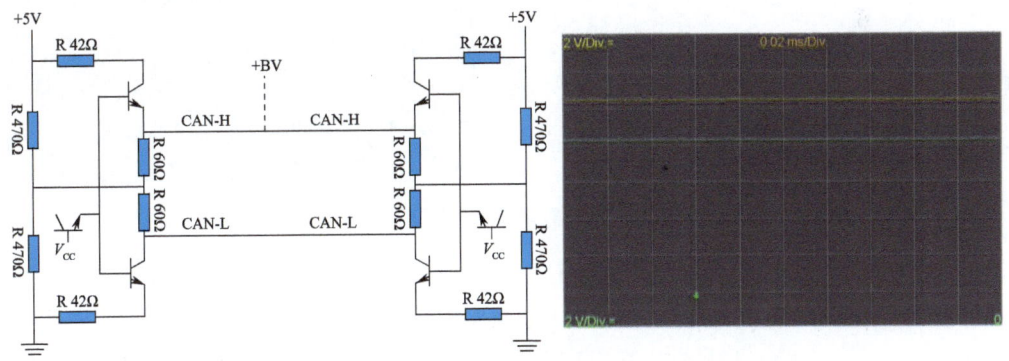

图 4-3-71 CAN-H 对 +BV 短路原理、故障及波形（从左侧模块端测得）

2）当某侧模块发送信息时，CAN-H 始终为 +BV；CAN-L 的波形会在 10V（隐性电压）的基础上切换到 4.4V，相对正常的 1.5V 有明显的提高。

（6）CAN-L 对 +BV 短路

1）CAN-L 的隐性电压为 +BV，因为 CAN-H、CAN-L 之间有 60Ω 的电阻存在，所以 CAN-H 的隐性电压相对 CAN-H 会偏低大约 2V，为 9.72V，如图 4-3-72 所示。

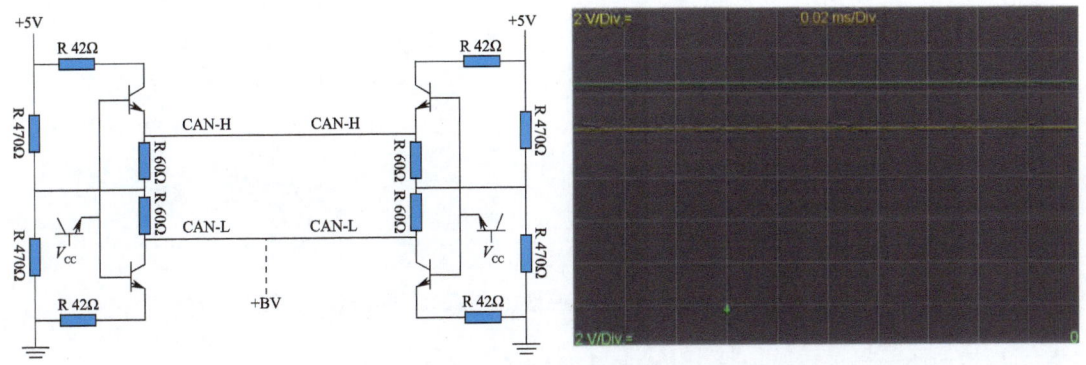

图 4-3-72 CAN-L 对 +BV 短路原理、故障及波形（从左侧模块端测得）

2) 当某侧模块发送信息时，CAN-L 始终为 +BV；CAN-H 的波形会在 9.72V（隐性电压）的基础上切换到 9.12V，相对正常的 3.5V 有明显的提高。

注意：观察此类波形时，主要看所有控制模块总线波形的隐性电压是否有一根信号线电压始终保持为 +BV，而另外一根信号线为 10V。如果有，就说明 CAN 总线对 +BV 短路；如果 CAN-H 为 +BV，CAN-L 为 10V，说明 CAN-H 对 +BV 短路；如果 CAN-L 为 +BV，CAN-H 为 10V，说明 CAN-L 对 +BV 短路。

（7）CAN-H 对 +BV 虚接

1) 与虚接电阻大小有关，电阻越大，对隐性电压的影响越小（2.5～+BV），电阻越大，隐性电压越靠近 2.5V，同时 CAN-H 的隐性电压会略高于 CAN-L。试验电阻为 200Ω，CAN-H 隐性电压为 6.5V，CAN-L 隐性电压为 5.7V，如图 4-3-73 所示。

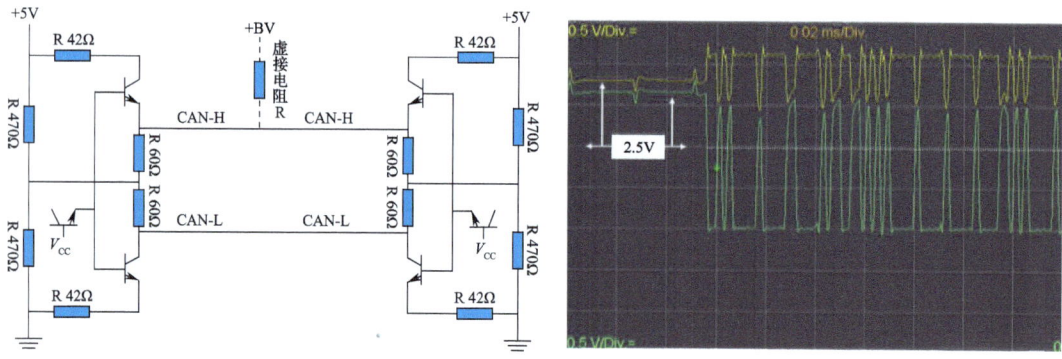

图 4-3-73　CAN-H 对 +BV 虚接原理、故障及波形（从左侧模块端测得）

2) 当某侧模块发送信息时，CAN-H 波形在被提高的隐性电压（6.5V）和 4.5V 之间反向切换；同样，CAN-L 波形在被提高的隐性电压（5.7V）和 1.8V 之间正向切换。

3) CAN-H、CAN-L 显性电压的差值大于 2V，CAN 总线仍可以正常通信。

（8）CAN-L 对 +BV 虚接的波形分析

1) 与虚接电阻大小有关，电阻越大，对隐性电压的影响越小（2.5～+BV），电阻越大，隐性电压越靠近 2.5V，同时 CAN-L 的隐性电压会略高于 CAN-H。试验电阻为 200Ω，CAN-L 隐性电压为 6.5V，CAN-H 隐性电压为 5.7V，如图 4-3-74 所示。

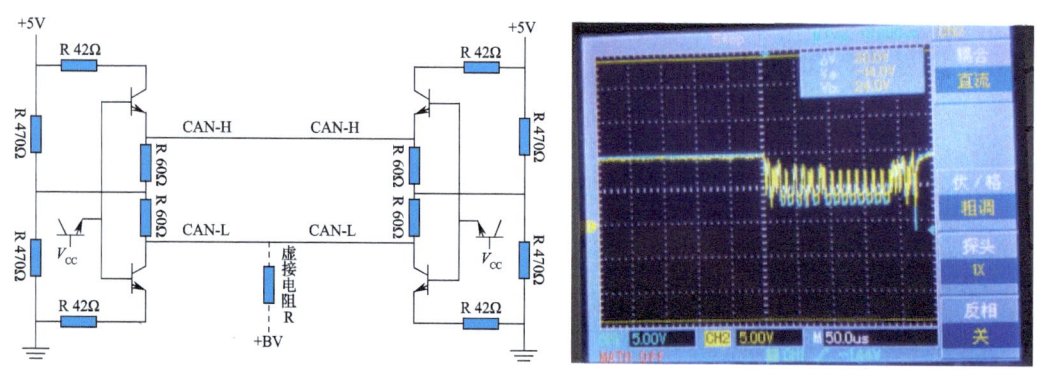

图 4-3-74　CAN-L 对 +BV 虚接原理、故障及波形（从左侧模块端测得）

2) 当某侧模块发送信息时，CAN-H 波形在被提高的隐性电压（5.7V）和 3.96V 之间反向切换；同样，CAN-L 波形在被提高的隐性电压（6.5V）和 2.8V 之间正向切换。

注意：观察此类波形时，主要看所有控制模块总线波形的隐性电平是否同时明显大于 2.5V，如果有，说明 CAN 总线存在对+BV 虚接。如果 CAN-H 的隐性电压大于 CAN-L，说明 CAN-H 对+BV 虚接；如果 CAN-L 的隐性电压大于 CAN-H，说明 CAN-L 对+BV 虚接。

（9）CAN-H 对接地短路

1）因为 CAN-H 对接地短路，所以 CAN-H 的隐性电压变为 0，而 CAN-L 的电压因为终端电阻的存在而比 CAN-H 的隐性电压提高 0.5V，如图 4-3-75 所示。

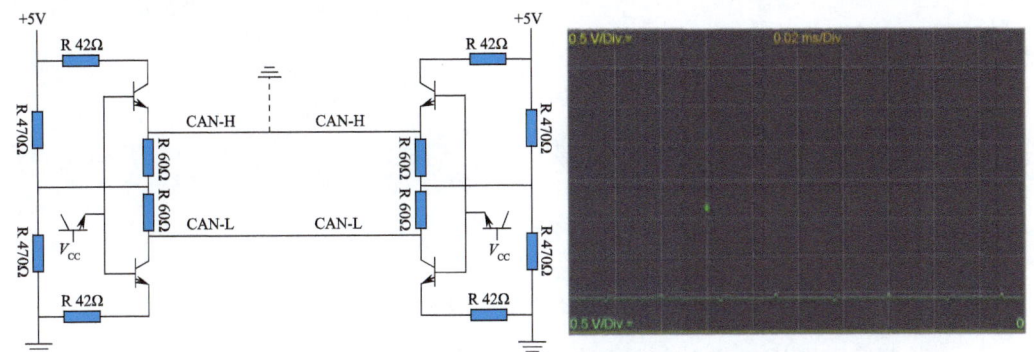

图 4-3-75　CAN-H 对接地短路原理、故障及波形（从左侧模块端测得）

2）当某侧模块发送信息时，CAN-H 依然为 0V，CAN-L 相对 0.5V 会更低一点，大约为 0.23V。

（10）CAN-L 对地短路

1）因为 CAN-L 对地短路，所以 CAN-L 的隐性电压变为 0V，而 CAN-H 的电压因为终端电阻的存在而比 CAN-L 的隐性电压提高 0.5V，如图 4-3-76 所示。

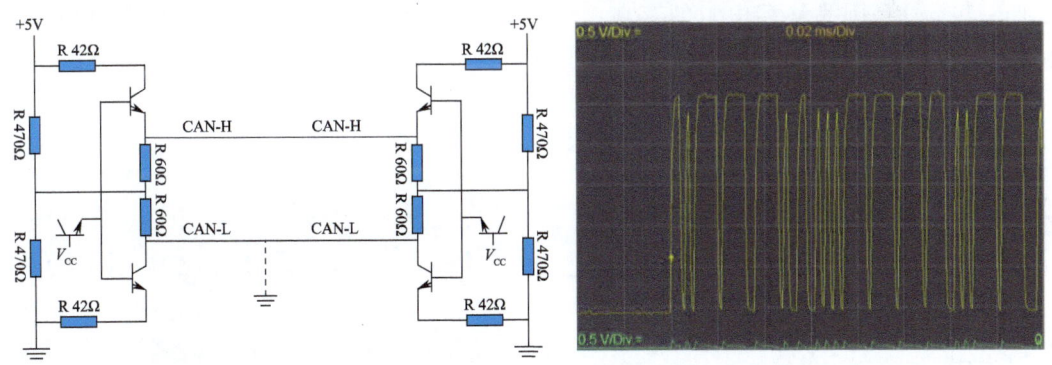

图 4-3-76　CAN-L 对地短路原理、故障及波形（从左侧模块端测得）

2）当某侧模块发送信息时，CAN-L 依然为 0V，CAN-H 相对 0.5V 会提高，大约为 2.96V。

注意：观察此类波形时，主要看所有控制模块总线波形的隐性电压是否有一根信号线电压始终保持为 0V，而另外一根信号线为 0.5V，如果有，就说明 CAN 总线对接地短路。如果 CAN-H 为 0V，CAN-L 为 0.5V，说明 CAN-H 对地短路；如果 CAN-L 为 0V，CAN-H 为 0.5V，说明 CAN-L 对地短路。

（11）CAN-H 对地虚接

1）与虚接电阻大小有关，电阻越小，对隐性电压的影响越大（0~2.5V），电阻越小，隐性电压越靠近 0V，因为 CAN-H 对地虚接，所以 CAN-H 的隐性电压对 CAN-L 要低一些，这是因为终端电阻的存在；试验虚接电阻为 200Ω，CAN-H 的隐性电压为 1.43V，CAN-L 的隐性电压为 1.65V，如图 4-3-77 所示。

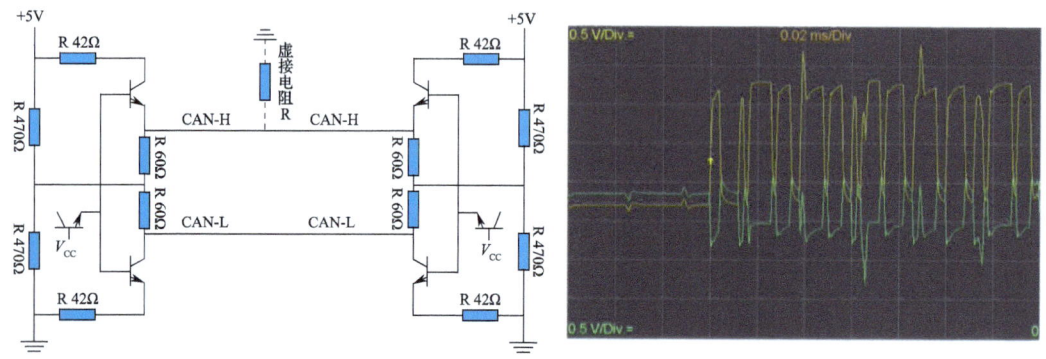

图 4-3-77 CAN-H 对地虚接原理、故障及波形（从左侧模块端测得）

2）当某侧模块发送信息时，因为晶体管导通，CAN-H 波形在被拉低的隐性电压（1.43V）与 3.1V 之间切换，相对正常情况下的 3.5V 有所下降；同样 CAN-L 波形在被拉低的隐性电压（1.65V）与 1.31V 之间切换，相对正常的 1.5V 有所下降。

3）CAN-H、CAN-L 显性电压的差值基本保持 2V，CAN 总线仍可以正常通信。

（12）CAN-L 对地虚接

1）与虚接电阻大小有关，电阻越小，对隐性电压的影响越大（0~2.5V），电阻越小，隐性电压越靠近 0V，因为 CAN-L 对地虚接，所以 CAN-L 的隐性电压对 CAN-H 要低一些，这是因为终端电阻的存在；试验虚接电阻为 200Ω，CAN-L 的隐性电压为 1.43V，CAN-H 的隐性电压为 1.65V，如图 4-3-78 所示。

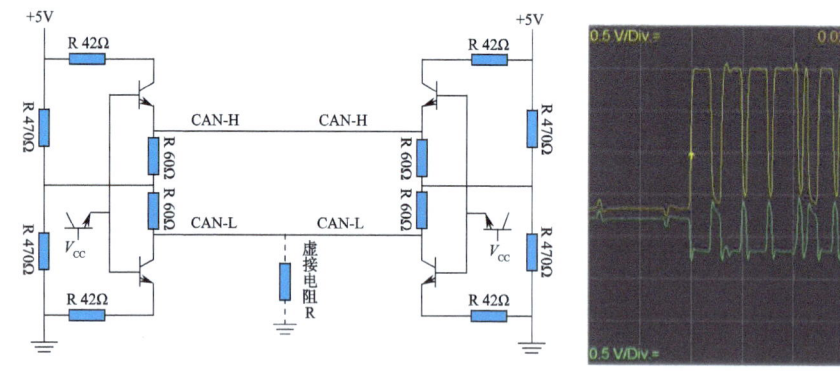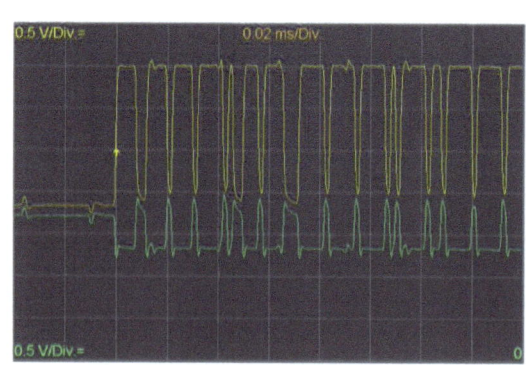

图 4-3-78 CAN-L 对地虚接原理、故障及波形（从左侧模块端测得）

2）当某侧模块发送信息时，因为晶体管导通，CAN-H 波形在被拉低的隐性电压（1.65V）与 3.43V 之间切换，相对正常情况下的 3.5V 有所下降；同样 CAN-L 波形在被拉低的隐性电压（1.43V）与 1.31V 之间切换，相对正常的 1.5V 有所下降。

3）CAN-H、CAN-L 显性电压的差值基本保持 2V，CAN 总线仍可以正常通信。

注意：观察此类波形时，主要看所有控制模块总线波形的隐性电压是否同时明显小于 2.5V，如果有，就说明 CAN 总线存在对地虚接。如果 CAN-L 的隐性电压大于 CAN-H，说明 CAN-H 对地虚接；如果 CAN-H 的隐性电压大于 CAN-L，说明 CAN-L 对地虚接。

（13）CAN-H、CAN-L 互短

不管是隐性还是显性，CAN-H、CAN-L 的信号始终维持在 2.5V，如图 4-3-79 所示。

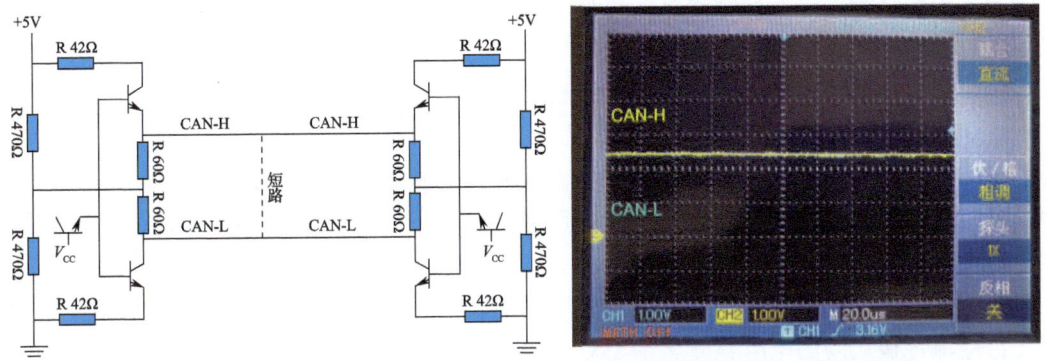

图 4-3-79　CAN-H、CAN-L 互短原理、故障及波形（从左侧模块端测得）

（14）CAN-H、CAN-L 通过电阻短路的波形分析

隐性电压不会发生变化，但 CAN-H 和 CAN-L 的显性电压之间的差值会因为虚接电阻而等幅值减小，电阻越大，两者之间的差值越接近 2V，如图 4-3-80 所示。

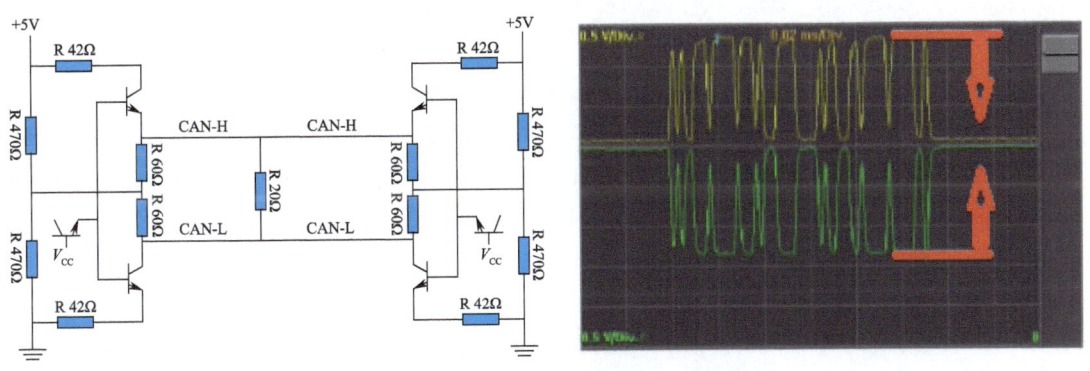

图 4-3-80　CAN-H、CAN-L 通过电阻短路原理、故障及波形（从左侧模块端测得）

（15）测量 CAN-H、CAN-L 线路端对端的导通性

导通性是检查 MCU 的 CAN-H、CAN-L 端子与 CAN 总线其余控制单元的 CAN-H、CAN-L 端子之间导线是否存在断路、虚接的故障。

测试时，关闭点火开关，断开辅助蓄电池负极，拔掉底盘 CAN 总线上所有模块的连接器，CAN-H（或 CAN-L）上所有连接器端子间的电阻都应近乎为 0Ω，否则说明存在断路或虚接故障。

（16）检查 CAN-H、CAN-L 线路对地是否短路

测试时，关闭点火开关，断开辅助蓄电池负极，用万用表测量电机控制器 CAN-H、CAN-L 端子的对地电阻。

然后断开其他模块端插接器,用万用表测量线控制动的 CAN–H、CAN–L 端子对地电阻应为无穷大,否则说明故障存在:如果测试结果为 0Ω,说明线路对地短路;如果测试结果为某个电阻值,说明线路对地虚接。

接着依次连接每一个控制模块,然后用万用表测量线控制动的 CAN–H、CAN–L 端子对地电阻,应从 $3.2k\Omega$(来自实际测试值,可以参考)逐渐减小:如果连接某个控制模块后,测试结果变为 0Ω,说明该模块对地短路;如果连接某个控制模块后,测试结果突然减小,说明该模块对地异常短路。此时应更换该控制模块。

(17)检查 CAN–H 线路对电源是否短路

测试时,关闭点火开关,断开辅助蓄电池负极,用万用表测量线控制动的 CAN–H、CAN–L 端子对蓄电池正极之间的电阻应为 $3.2\ k\Omega$(来自实际测试值,仅供参考)。

然后断开其他模块端插接器,用万用表测量线控制动的 CAN–H、CAN–L 端子对蓄电池正极之间的电阻应为无穷大,否则说明故障存在:如果测试结果为 0Ω,说明线路对蓄电池正极短路;如果测试结果为某个电阻值,说明线路对蓄电池正极虚接。

接着依次连接每一个控制模块,然后用万用表测量线控制动的 CAN–H、CAN–L 端子对蓄电池正极之间的电阻,应从 $3.2k\Omega$(来自实际测试值,可以参考)逐渐减小:如果连接某个控制模块后,测试结果变为 0Ω,说明该模块对蓄电池正极短路;如果连接某个控制模块后,测试结果突然减小,说明该模块对蓄电池正极异常短路。此时应更换该控制模块。

(18)测量 CAN–H 和 CAN–L 线路之间电阻

测试时,关闭点火开关,断开辅助蓄电池负极,用万用表测量线控制动的 CAN–H、CAN–L 之间的电阻,应为 60Ω。

然后断开其他模块端的插接器,用万用表测量 MCU 的 CAN–H、CAN–L 端子之间的电阻应为无穷大,否则说明故障存在:如果测试结果为 0Ω,说明 CAN–H、CAN–L 之间线路存在短路;如果测试结果为某个电阻值,说明 CAN–H、CAN–L 之间线路存在虚接。

接着依次连接每一个控制模块,然后用万用表测量线控制动的 CAN–H、CAN–L 之间的电阻,应从无穷大逐渐减小:如果连接某个控制模块后,测试结果变为 0Ω,说明该模块内 CAN–H、CAN–L 之间线路存在短路;如果连接某个控制模块后,测试结果突然减小,说明该模块内 CAN–H、CAN–L 之间线路存在虚接。此时应更换该控制模块。

4. 故障排除

经检查测量,发现实际测试 CAN–H 虚接的波形如上述分析中所示的波形。排除故障方法:打开线控制动系统插接器防尘盖,发现接口内部进水,由于长时间腐蚀导致线路和插头处锈蚀、电阻增减,同时其他电路也有锈蚀痕迹;对锈蚀的线束插头除锈,重新安装插头进行焊接并加装热缩管。试车后故障排除。

视频 27
线控制动系统的故障检修

任务工单 10　智能网联汽车线控制动系统典型故障诊断检修

任务名称	智能网联汽车线控制动系统典型故障诊断检修
"1+X" 智能网联汽车测试装调职业等级证书	

小组成员：	班级：
自评：□合格　□不合格	师评：□合格　□不合格
日期：	日期：

一、实训信息记录

实训设备		实训场所	
工具准备		资料准备	

二、故障现象

三、电路分析

四、故障检测

检测步骤	标准值	实测值	是否正常
步骤一			□正常　□异常
步骤二			□正常　□异常
步骤三			□正常　□异常
…			

五、现场整理与评价

序号	项目及评价标准	占比分数	实际得分
1	小组成员是否明确任务	10	
2	知识准备是否充分	20	
3	小组工作流程是否完整规范	30	
4	实训工单是否认真填写	15	
5	设备归位及场地整理得分	10	
6	小组合作得分	15	
总分			

四、任务小结

1) 线控制动系统由控制单元、线控制动主缸、制动轮缸、制动管路压力传感器、制动灯等组成。

2) 整车控制器（网关控制器）接收来自智能网联汽车计算平台发送的加速、减速信息，并将信息通过 CAN 总线发送至线控制动系统，控制线控制动主缸工作，完成对车辆的加速、减速控制。

3) 转角传感器输出的两组信号波形，其中 PWM-S 信号占空比为 12.5%～87.5%，代表 0°～296°，高电平有效；PWM-P 信号占空比为 12.5%～87.5%，代表 0°～40°，低电平有效。

4) 线控制动系统通过底盘 CAN 总线与整车控制器（VCU）（网关控制器）进行通信，当收到减速控制指令后，线控制动系统控制制动主缸的启动来调节车速，并结合行程传感器和压力传感器反馈的数据对制动主缸驱动电机进行调节控制。

5) 智能网联汽车计算平台通过外部环境感知传感器（激光雷达、超声波雷达、毫米波雷达、深度摄像头）对车辆周围环境信息进行检测。

拓展课堂 1
线控制动新技术——Two-Box 技术

EMB 是最理想的线控制动技术，可将响应时间进一步缩短到 100ms 以下，所以说线控制动系统中长期趋势是 EMB 替代 EHB。但是目前 EMB 技术难度很大，商业化普及还尚需时日，短期内将以 EHB 替代传统液压制动系统为主。

EHB 根据集成度的高低，分为了"Two-Box"和"One-Box"两种技术方案，如图 4-4-1 所示。One-Box 的集成度高于 Two-Box，由于集成度更高，One-Box 方案在体积、重量上占优，并且其售价一般低于 Two-Box 方案（例如，伯特利的 One-Box 产品售价低于博世的 iBooster + ESP 的售价），更有利于替换传统液压制动系统。

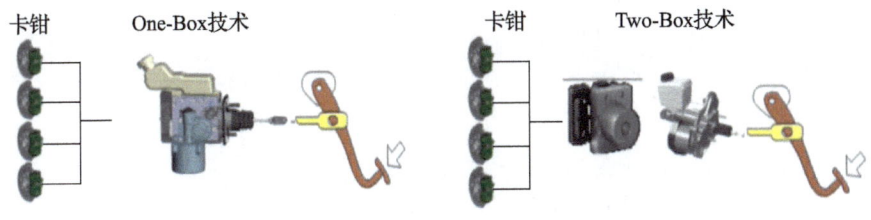

图 4-4-1 液压式线控制动系统分类

从表 4-4-1 中分析可得，Two-Box 相比较 One-Box 的最大优势在 L3 级自动驾驶工况下的制动冗余需求较好，而整车布局空间稍差一些。L3 级为有条件自动驾驶，也就是说它可以完全不需要驾驶员干预，但是有的时候又必须有驾驶员干预。驾驶员和车辆自主控制之间如何相互接管就成了一个大问题，因为这之间并没有一个明显的界定，这也是相关法律法规最模糊的地方，假设出了交通事故，是需要驾驶员和汽车共同承担责任的，所以大部分厂商选择跳过 L3 级，直接进入 L4 级研发。

表 4-4-1　One-Box 与 Two-Box 技术的对比

	One-Box 技术	Tow-Box 技术
架构	集成式	分布式
拓扑	制动踏板→One-Box→制动器	制动踏板→电子助力器→ESP→制动器
定义	集成 ABS、ESP	ABS、ESP 独立
ECU	一个集成了 ESP、ABS 等功能的 ECU	一个 EHB 的 ECU 和一个 ESP 的 ECU，需要相互协调工作
制动单元	1 个	2 个
成本	相对低	相对高
复杂性与安全性	集成度高，软件复杂性更高。踏板解耦，其开度只为传输信号，因此开度信号与软件对车辆的制动控制需要不断学习，用户踩踏感减少	集成度低，复杂度相对较低。踏板开度先通过电子助力器，由 ECU 通过两者的踏板开度先通过电子助力器，由 ECU 通过两者的比例关系计算最终结果，由于踏板信号并非直接转换，因此在实际踩踏过程中用户感受更加真实
能量回收	高	低
自动驾驶	响应速度 <120ms，满足要求	响应速度 <120ms，满足要求
发展情况	未来或成为主流	当前主流

拓展课堂 2
线控制动新标准——《乘用车制动系统技术要求及试验方法》（GB 21670—2008）

现行法规要求当电控传输装置或其电源失效时，制动系统仍要能实现应急制动，而单纯的电子机械制动系统（EMB）由于没有机械连接结构，在系统失效时无法通过人力提供备份制动，显然不符合现有法规要求。

行业内目前提出了一种前轴 EHB、后轴 EMB 的混合式线控制动系统，可以实现在线控制动系统失效时通过前轴 EHB 提供应急制动，以满足法规要求。

除了现行法规的限制，线控制动系统最核心要解决的问题，仍然还是安全，包括制动性能、EMC、功能安全、信息安全等全方位的安全开发。

在现行的国标及联合国法规中，并无针对线控制动系统的专项法规条款，乘用车线控制动系统仍必须满足《乘用车制动系统技术要求及试验方法》（GB 21670—2008）、UN Regulation No. 13-H（联合国欧洲经济委员会制定的关于乘用车制动系统的一个法规）、（GB 7258—2017）等对制动系统提出的基本要求。

以 GB 21670—2008 为例，其对于电控传输装置的行车制动系统提出了特殊要求：

1）关闭起动开关或拔掉钥匙时，也应至少能产生标准行车制动力，即要求制动系统的能量传输装置具有足够的能量。

2）电控传输装置发生除能量供应外的单个暂时（<40ms）失效（例如，非传输信号或数据错误）时，不应对行车制动性能产生显著影响。

3）电控传输装置（不包括蓄能器）失效，应通过红色（制动回路失效、制动液泄漏、控制装置失效等）或黄色（电控传输内部线路损坏等）信号报警。且在失效状态下，应能达到规定的应急制动性能，制动距离 $\leq 0.1v+0.0158v^2$，减速度 $\geq 2.44\text{m/s}^2$。

4）电控传输装置能源失效时，连续进行 20 次全行程（制动 20s→释放 5s）促动后，行车制动系统仍能进行全行程制动，即要求传输装置的能量足以保证失效时行车制动的完全作用。

5）当蓄电池电压不足时，发出红色报警信号，且在报警信号点亮后能达到规定的应急制动性能，制动距离 $\leq 0.1v+0.0158v^2$，减速度 $\geq 2.44\text{m/s}^2$，即要求行车制动系统的能量传输装置具有足够的能量。

项目检测 4

一、填空题

1. 在智能网联汽车中，可将线控制动系统通过_____与_____结合起来，通过计算平台替代驾驶员（踩制动踏板等）向汽车发送制动意图。

2. 线控制动系统分为两条技术路线：一条是需要制动油液作为压力传递介质的线控制动系统，称之为_____，另一条则是纯机械电子系统，即没有制动油液参与的线控制动系统，称之为_____。

3. 典型的 EHB 由踏板模拟单元、_____、执行器机构等组成。正常工作时，制动踏板与制动器之间的液压连接断开，备用阀处于关闭状态。电子踏板配有_____和电子传感器，ECU 可以通过传感器信号判断驾驶员的制动意图，并通过电机驱动制动主缸进行制动。

4. 在智能网联汽车中，当选用_____时，驾驶员踩制动踏板的人工驾驶操作，将变为计算平台向 VCU 发送制动意图的自动驾驶操作，即计算平台根据_____反馈的路况等信息，向 VCU 发送请求制动信号，VCU 经分析后将制动信号发送给 EHB - ECU，ECU 通过电机驱动制动主缸进行制动。

5. EMB 系统主要由车轮制动模块、_____和_____等组成。

二、判断题

1. 智能网联汽车线控制动系统的功能与传统汽车制动系统的功能一样，也是保证能够按照路况等进行强制减速甚至停车，只是在结构上有所改变。（　　）

2. 传统的制动系统在长期使用后，由于各部件的磨损和变形，会导致制动性能的衰退。（　　）

3. EHB 不但能够提供高效的常规制动功能,还能发挥包括 ABS 在内的更多辅助功能。 (   )

4. EHB 以液压为制动能量源,液压的产生和电控化相对来说比较容易,很容易做到和其他电控系统的整合。 (   )

5. EMB 具有在 ABS 模式下踏板无回弹振动,几乎无噪声的优点。 (   )

三、选择题

1. 车轮制动模块由(   )、制动执行器 ECU 等组成。
   A. 制动执行器   B. 转向执行器   C. 中央电子控制单元   D. 电子踏板模块

2. (   )的作用为:接收制动踏板发出的信号,控制制动器制动;接收驻车制动信号,控制驻车制动;接收车轮传感器信号,识别车轮是否抱死、打滑等;控制车轮制动力,实现防抱死和驱动防滑。
   A. 制动执行器   B. 转向执行器   C. 中央电子控制单元   D. 电子踏板模块

3. EMB 系统取消了传统液压制动系统中机械式传力机构和真空助力器,取而代之的是(   )。它将作用在踏板上的力和速度转化为电信号,输送到中央电子控制单元。
   A. 制动执行器   B. 踏板模拟器   C. 中央电子控制单元   D. 电子踏板模块

4. 目前已经应用的 EMB 系统相对以前制动系统的最大改进就是采用了(   ),有效地提高了制动响应速度。
   A. 制动执行器   B. 踏板模拟器   C. 中央电子控制单元   D. 电子踏板模块

5. (   )用来设置外部制动压力请求,压力行程请求,最大行程点 125,最小行程点为 0,单位为个(当前将行程分成 125 个点)。
   A. Byte0   B. Byte1   C. Byte2   D. Byte3

6. VCU 与 EHB-ECU 之间的通信波特率为(   )kbit/s。
   A. 128   B. 256   C. 250   D. 500

7. 一般 CAN 报文中的数据段为(   )字节。
   A. 4   B. 8   C. 12   D. 16

8. EHB-ECU 向 VCU 发送 CAN 报文中,Byte1 的 bit2 = 0 代表(   )。
   A. ECU 检测到故障   B. 制动灯信号无效
   C. ECU 检测到 ECU 温度过高   D. ECU 未检测到 ECU 温度过高

9. (   )用来设置 VCU 的生命信号。
   A. Byte0   B. Byte1   C. Byte7   D. Byte3

10. Byte0 用来反馈制动踏板开合度,制动踏板制动行程有效值范围为 0~100,表示(   )。
    A. 0~100   B. 0%~100%   C. 0~100%   D. 0%~100

四、简答题

1. 简述传统液压制动系统的工作过程?

2. 线控制动系统关键部件有哪些功用?

3. 简述线控制动系统的工作过程。

智能网联汽车
底盘线控系统装调与测试

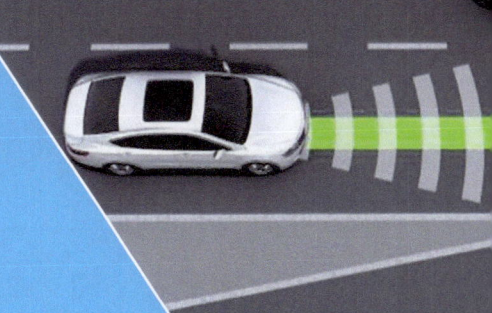

项目 5
智能网联汽车线控悬架系统认知

在车辆行驶过程中，传统的汽车悬架是不可调整的，在行车中车身高度的变化取决于弹簧的变形，但已经无法满足人们对车辆乘坐舒适性、安全性、稳定性的要求。而线控悬架系统引入了 ECU、多个传感器等，能根据路面情况自动调整减振器刚度和阻尼，进而可获得更好的行驶舒适性，是未来智能网联汽车的发展趋势之一。

项目目标

完成本项目学习后，你应当达到以下目标。

（1）知识目标
1) 能够阐述线控悬架系统的定义。
2) 能够阐述线控悬架系统分类与结构。
3) 能够归纳线控悬架系统的特点。

（2）能力目标
1) 能准确认知线控悬架系统的结构，在实车上指明悬架系统部件所在的位置。
2) 能准确阐述线控悬架系统的功能及工作过程。

（3）素养目标
1) 能自觉遵守法律、法规以及技术标准规定。
2) 能够具备团队合作的精神，与团队成员建立良好的团队合作关系。
3) 注重培养质量意识、安全意识、节能环保意识和规范操作等职业素养。

任务 1　智能网联汽车线控悬架系统结构认知

一、任务导入

今天各位同学开始接触到线控悬架系统。它与传统悬架有什么区别？它是由哪些部分组成的呢？是如何工作的呢？现在在哪些车辆上应用呢？带着这样的问题，我们一起进入本任务的学习。

二、新知讲解

（一）线控悬架系统的定义与功能

1. 线控悬架系统的定义

汽车悬架系统是指由车身与轮胎间的弹簧和减振器组成的整个支承系统，能根据车辆的运行状况和路面情况做出反应，抑制车身各种振动，使悬架始终处于最佳减振状态。线控悬架系统应有的功能是支持车身，改善乘坐的舒适性，不同的悬架设置会使驾驶员有不同的驾驶感受。

在汽车行驶过程中，由于路面的不平整或者汽车自身运动状态的改变，会使汽车表现出各种运动姿态，包括车身的垂直振动（路面不平）、俯仰运动（加速、制动）和侧倾运动（转向）等，如图 5-1-1 所示。

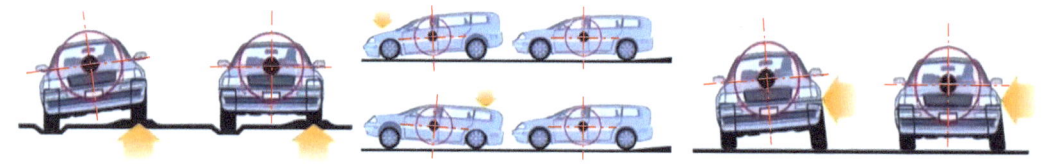

a）路面不平时的垂直振动　　b）加速、制动时的俯仰运动　　c）转向时的侧倾运动

图 5-1-1　汽车自身运动姿态

2. 线控悬架系统的功能

综合汽车会出现的各种运动姿态，线控悬架系统有如下功能：
1）具有足够的强度。
2）具有适当的弹簧刚度，且能根据载荷的变化而变化。
3）具有足够的侧倾刚度。
4）具有良好的吸振功能（阻尼力可调节）。
5）能够保证车轮具备正确的定位参数。

传统悬架系统结构，如图 5-1-2 所示。悬架的性能参数是固定的，它的悬架弹簧和阻尼器特性受到外部激励时，只能被动地做出反应，行驶的平顺性和操纵稳定性不能随行驶条件和运行状况的变化而变化。而线控悬架系统结构，如图 5-1-3 所示，可依据车辆的实时运动情况和外界干扰输入，自主调节悬架系统的性能参数，进而调整车身的运动姿态。例如，汽车在直线行驶且车速稳定时，具有良好的平顺性，在转向或制动时，具有良好的操纵稳定性。

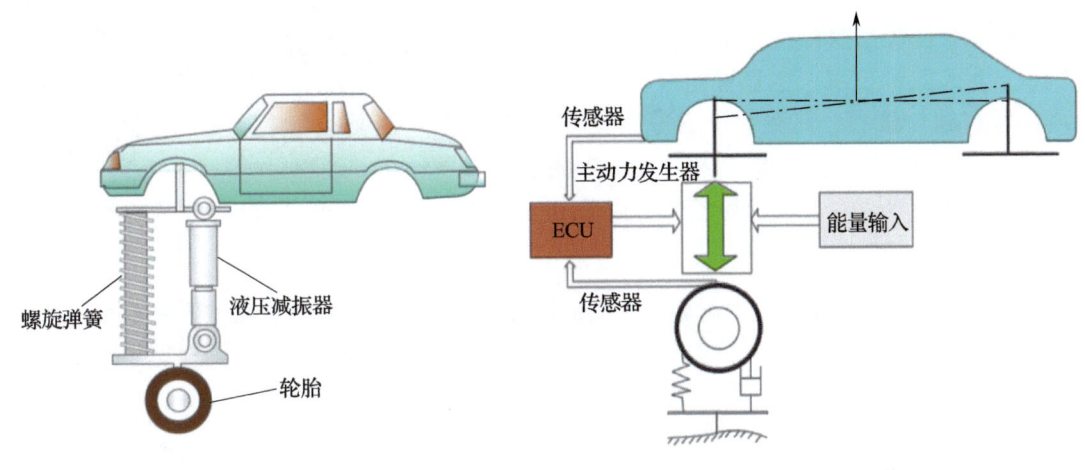

图5-1-2 传统悬架系统结构　　　　图5-1-3 线控悬架系统结构

（二）线控转向系统的分类

线控悬架系统根据工作原理可以分为空气式、液压式、电磁式等。其中，空气式悬架系统是通过改变各空气弹簧中压缩空气的压力和体积来改变汽车减振系统的软硬度和车身高度。液压式悬架系统根据车辆行驶速度、车身振动、车轮跳动以及倾斜状态等信号，调节4个执行液压缸的油量，以实现对减振器软硬度及车身高度的调整。电磁式悬架系统是通过改变电流来改变电磁场的强度，进而达到控制阻尼系数的目的。

（三）线控转向系统的组成

线控悬架系统主要由模式选择开关、传感器、ECU和执行器组成，如图5-1-4所示。

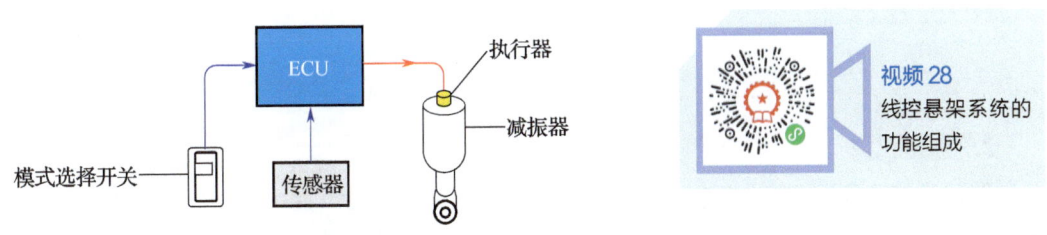

图5-1-4 线控悬架系统组成

视频28 线控悬架系统的功能组成

三、任务探究

（一）任务探究的要求

1. 任务探究的目的

1) 了解底盘线控执行及悬架动力学控制技术的重要性。
2) 理解车辆纵向控制（加速、制动）、车辆横向控制（转向）的基本概念。

2. 实训仪器和设备

底盘线控实训平台等。

(二) 任务探究的步骤

汽车底盘线控执行及悬架动力学控制技术是汽车工业的关键技术，也是智能汽车最安全稳定执行的基础与核心。其在智能汽车上主要分为：车辆纵向控制（加速、制动）、车辆横向控制（转向），如图5-1-5所示为超车示意图。

图5-1-5 超车示意图

1. 纵向控制

纵向控制作为智能驾驶汽车运动控制的重要组成部分，也是智能驾驶研究领域的核心难题之一。纵向运动控制主要通过对节气门和制动之间的协调控制，达到对期望速度的精准跟随。要求在智能驾驶过程中实现加速、减速、制动和车速保持等自动纵向控制。由于纵向控制系统具有参数不确定性、迟滞性和高度非线性动态特性等特征，为典型的多输入、多输出复杂耦合动力学系统。如何构建可处理其参数不确定及高度非线性等特性的控制模型是智能驾驶的难点，且是智能车辆研究领域的热点，其结构如图5-1-6所示。

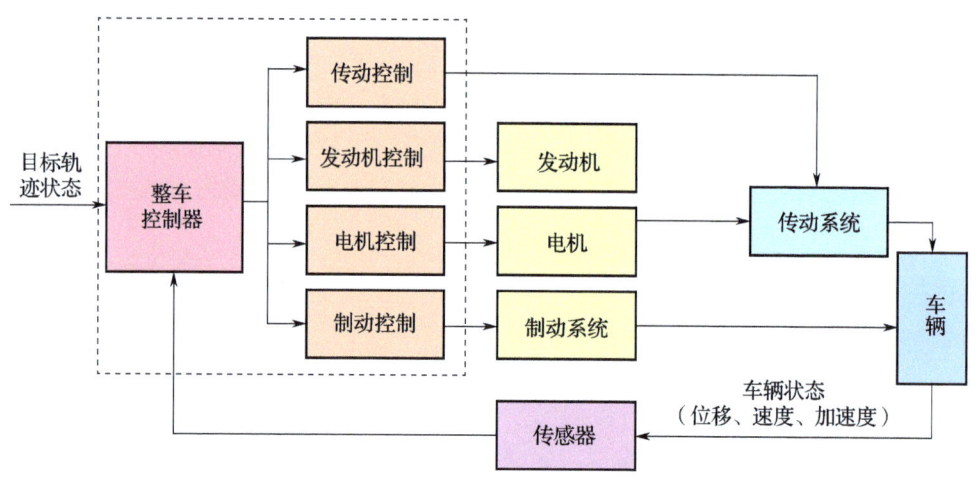

图5-1-6 纵向控制结构图

2. 横向控制

智能车辆自主导航中，横向控制是指控制车辆在不同的车速、载荷、路况以及风阻等条件下自动跟踪行车路线，并保持一定的舒适性和平稳性要求，实际上也就是车辆转向控制。由于车辆纵向速度较高，速度、载荷以及轮胎侧偏刚度等因素的波动范围较大，因此横向控制的难度会更大，其结构如图5-1-7所示。

3. 纵向、横向控制的应用

采用新能源汽车作为基础，模拟车辆在路面上的形式状态，通过采集激光雷达、超声波雷达、毫米波雷达、视觉系统（深度摄像头）、里程计信息，实现局部路径的决策和规划，完成智能车辆的以下功能：智能车辆加速功能、智能车辆减速功能、智能车辆变道功能、智能车辆跟驰（车道保持）功能，如图5-1-8所示。

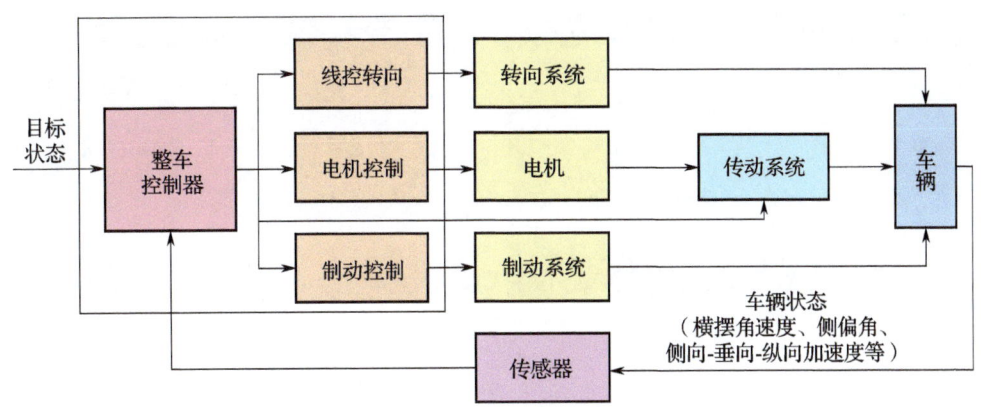

图5-1-7 横向控制结构图

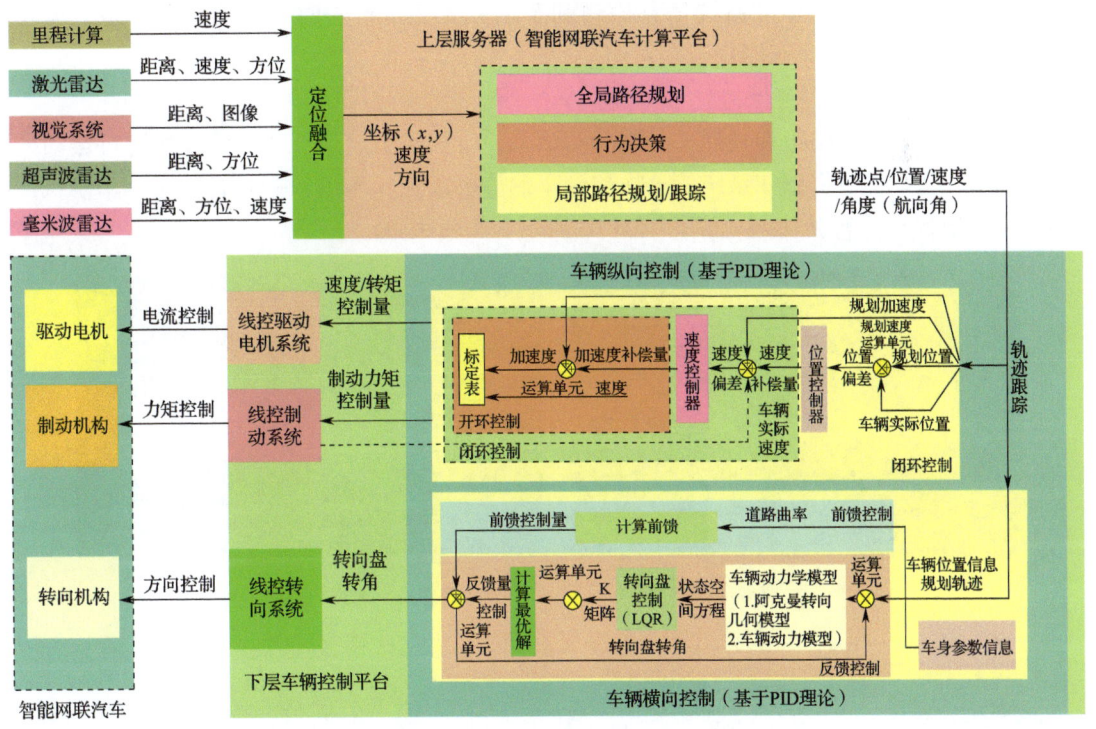

图5-1-8 底盘线控系统控制

(1) 车辆加速

底盘线控系统的决策和规划平台结合路面上的行驶状态信息,对当前车辆进行运动控制。例如,当系统根据感知系统信息探测到障碍物距离较远时,车辆执行加速控制功能;当系统根据感知系统信息探测到车辆需要换道行驶时,车辆执行加速换道行驶功能。图5-1-9所示为车辆加速示意图。

(2) 车辆减速

底盘线控系统的决策和规划平台结合路面上的行驶状态信息,对当前车辆进行运动控制。例如,当系统根据感知系统信息探测到车辆需要停止时,车辆执行停止功能;当系统根据感知系统信息探测到车辆需要减速行驶时,车辆执行减速行驶功能。图5-1-10所示为车辆减速示意图。

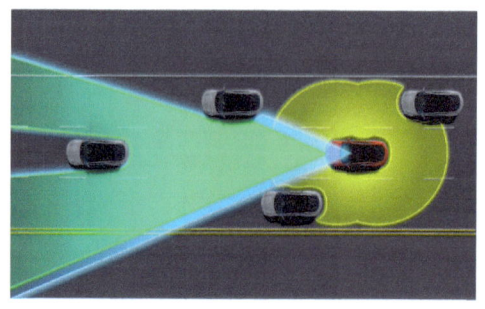
图5-1-9 车辆加速示意图

图5-1-10 车辆减速示意图

(3) 车辆变道

底盘线控系统的决策和规划平台结合路面上的行驶状态信息,对当前车辆进行运动控制。例如,当系统根据感知系统信息探测到车辆需要变道行驶时,车辆执行变道行驶功能。图5-1-11所示为车辆变道示意图。

(4) 车辆跟驰(车道保持)

底盘线控系统的决策和规划平台结合路面上的行驶状态信息,对当前车辆进行运动控制。例如,当系统根据感知系统信息探测到车辆需要跟驰(车道保持)行驶时,车辆执行跟驰(车道保持)行驶功能。图5-1-12所示为车辆跟驰示意图。

图5-1-11 车辆变道示意图

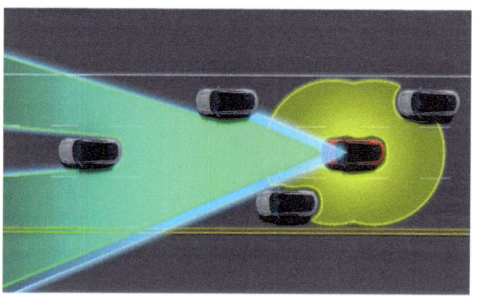
图5-1-12 车辆跟驰示意图

素养园地

"匠"——培育工程思维和工匠精神

"您好!自动驾驶出租车为您服务!"曾经这是在科幻片中才会出现的场景,如今在北京亦庄,动动手指便可以通过手机轻松叫到一辆无需驾驶员操控的自动驾驶出租车。

在北京亦庄经济技术开发区60km²的范围内,国内首个自动驾驶出行服务的商业化试点已正式开放。未来,人们将可以在超过700个站点打到具备自动驾驶功能的智能网联汽车。

从技术体系革新到开放道路示范,再到产业化落地应用,智能网联汽车中国方案发展的背后,凝聚着中国工程院院士、清华大学教授李克强和他的团队20多年来的探索与坚持。他求真务实、勇于创新,投身汽车智能驾驶新型系统的研究与开发工作中,让汽车智能化电动化融合重构成为可能;他直面挑战、突破技术瓶颈,推动汽车高新技术的应用落地，使智能网联汽车产业转型不断升级；他创新方法、凝聚共识，用行动助力汽车强国"中国梦"的早日实现，向世界贡献"中国方案"；从"第一志愿"到毕生事业，从清华学子到行业战略科学家，他始终追寻在筑梦的路上，沉潜刚克，奋发自强。

他提到："我们对智能网联汽车提出了一个'中国方案'，它具有两大特征。一是技术特征。智能网联汽车'车、路、云、网、图'融为一体，并能够实现协同感知决策控制技术功能，这是由我们在国际上首先提出来的。二是本地和社会属性特征。智能网联汽车是具有强社会属性和本地属性的产品，在中国落地时，必须要满足和适应我国的交通基础设施和信息与通信基础设施使用和管理要求，包括交通法规、信息通信标准、信息安全与数据管理、相关产品标准等。只要我们能够坚持发扬自身优势，同时扎扎实实地把关键基础技术补起来，我对我国智能网联汽车达到国际先进水平是充满信心的。"

四、任务小结

1）线控悬架系统应具有的功能是支承车身，改善乘坐的舒适性，不同的悬架参数设置会使驾驶员有不同的驾驶感受。

2）线控悬架系统根据工作原理可以分为空气式、液压式、电磁式等。

3）线控悬架系统主要由模式选择开关、传感器、ECU 和执行器组成。

智能网联汽车线控悬架系统工作原理

一、任务导入

线控悬架系统主要由模式选择开关、传感器、ECU 和执行器组成。那么它是如何根据实际路面情况自动调节悬架的高度、刚度、阻尼，来实现对行车姿态精细化控制？带着这些问题，我们一起进入今天的学习任务。

二、新知讲解

（一）线控悬架系统工作原理

线控悬架系统工作原理如图 5-2-1 所示，当汽车行驶时，传感器将道路状况和汽车的速度、加速度、转向、制动等工况的电信号传递给 ECU，ECU 对传感器发送的电信号进行综合处理，输出控制信号到执行器，进而调整减振器阻尼系数、控制弹性元件刚度和车身高度。

其中对于车身高度的控制，可根据车内乘员人数或汽车装载情况自动调节车身高度以保持车身具有稳定的行驶姿态。典型的车身高度控制有以下几种。

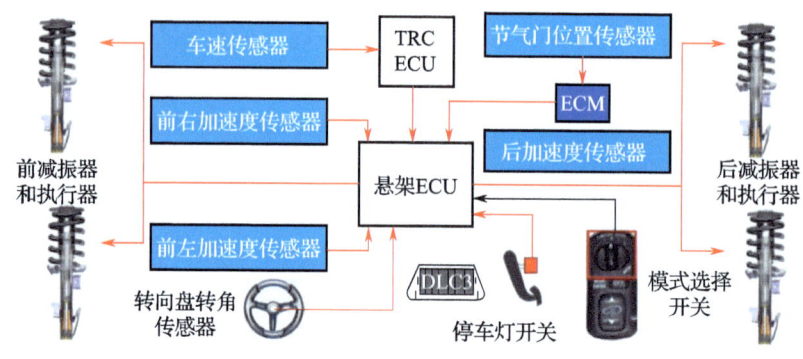

图5-2-1 线控悬架系统工作原理

1)停车水平控制。停车后,当车上载荷减少而车身上抬时,控制系统能自动地降低车身高度,以减少悬架系统的负荷,改善汽车外观形象。

2)特殊行驶工况高度控制。当汽车高速行驶时,主动降低车身高度,以改善行车的操纵稳定性;汽车行驶在不平度较大的路面时,主动升高车身高度,避免与地面或悬架磕碰。

3)自动水平控制。车身高度不受载荷影响,保持基本恒定。姿态水平,使乘坐更加平稳,前照灯光束方向保持不变,提高行车安全性。

(二)线控悬架系统特点

线控悬架可以在不同的工况下,具有不同的弹簧刚度和减振器阻尼力,既能满足平顺性的要求,又能满足操纵稳定性的要求。其优点包含以下几方面。

1)刚度可调,可改善汽车转弯时侧倾以及制动和加速等引起的车身点头后坐等问题。

2)汽车载荷变化时,能自动保持车身高度不变。

3)碰到障碍物时,能瞬时提高底盘和车轮、越过障碍,使汽车的通过性得到提高。

4)使车轮与地面保持良好的接触,提高车轮与地面的附着力,加速制动过程,缩短制动距离,增加汽车抵抗侧滑的能力。

尽管线控悬架系统有诸多优点,但其结构也决定了其不可避免存在的缺点。

视频29
线控悬架系统的
工作原理

1)结构复杂,出故障的概率和频率远远高于传统的悬架系统。

2)线控悬架系统控制单元要接收每一个车轮的悬架传感器数据,优化处理算法难度较高,难以调至最优解。

三、任务探究

(一)任务探究的要求

1. 任务探究的目的

1)了解底盘线控执行及悬架动力学控制技术的重要性。

2)理解车辆垂向控制、纵向控制(加减速、制动)、横向控制(转向)的基本概念。

2. 实训仪器和设备

底盘线控实训平台等。

（二）任务探究的步骤

1. 垂向（行驶）动力学

垂向动力学是指车身在 z 轴或垂直轴方向运动，这种运动称为车身上下移动。例如，在颠簸路面上行驶时，选择合适的结构参数、悬架参数和减振参数，可以保证车辆运行实现平顺性、操纵稳定性的要求，如图 5-2-2 所示为汽车平顺性模型。

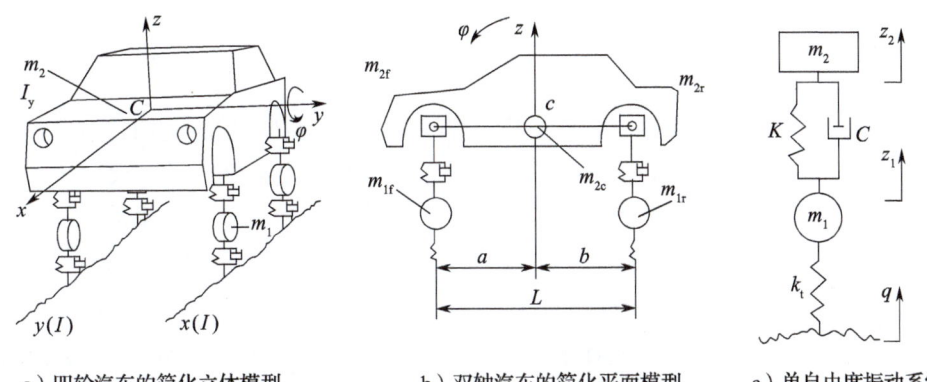

a）四轮汽车的简化立体模型　　b）双轴汽车的简化平面模型　　c）单自由度振动系统

图 5-2-2　汽车平顺性模型

汽车的振源主要为以下两部分：路面不平、车上振源。

车上振源主要由旋转部件引起，包括：发动机的转矩变化，车轮动不平衡及车轮的旋转，不平衡的传动系统部件旋转引起的干扰力和力矩。

悬架系统是指车架（或承载式车身）与车桥（或车轮）之间连接的所有传力零部件的总称。一般由弹性元件、减振装置和导向机构组成，有些还装有横向稳定杆、缓冲块等，如图 5-2-3 所示为麦弗逊式独立悬架系统。

悬架是汽车的重要总成之一，它对汽车的行驶平顺性和操纵稳定性有着极其重要的影响，但这两者又是相互矛盾的，因而传统的被动悬架优化设计时采取"折中"的方法，且一旦设计确定就无法改变。主动悬架和半主动悬架的出现可以较好地解决上述问题。同时，悬架的结构形式多样，它的运动学特性会引起汽车前轮定位参数的变化，从而影响汽车的操纵稳定性。

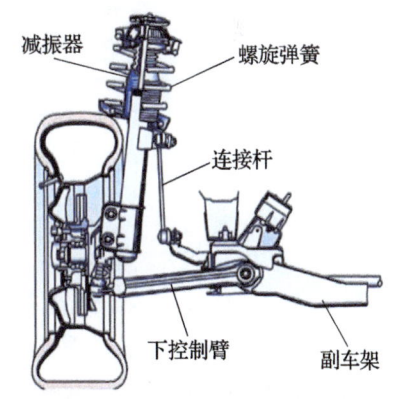

图 5-2-3　麦弗逊式独立悬架系统

2. 侧向或横向（操纵）动力学

横向动力学主要研究汽车弯道转向行驶时的轮胎刚度、侧偏角、前后悬架刚度、前后轴载荷转移和侧向轮胎力共同作用所产生的侧向运动和横摆运动问题，是转向机动作后汽车在曲线行驶中的运动学和动力学特性。这一特性影响到汽车操纵的方便性和稳定性，所以也是影响汽车安全性的重要因素之一。图5-2-4所示为横向动力学。

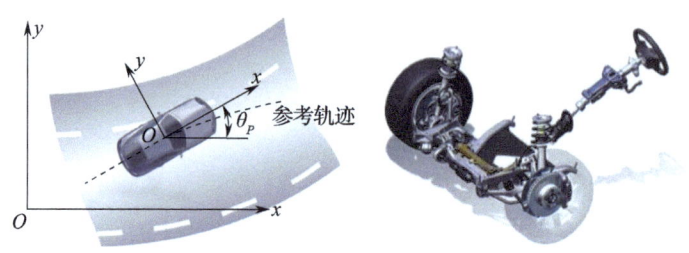

图5-2-4 横向动力学

3. 底盘多体动力学

图5-2-5所示为底盘多体动力学关系示意图。根据自由度分布，并且按照模型模块化的要求，将整车模型分成了如下的模块：悬架以上结构动力学模块（悬架模块）、轮胎模块，转向系统模块，液压制动系统模块，动力系统模块（包括发动机模块，驱动电机，传动系统模块），驾驶员行为模块，控制系统软件ECU模块等，整车模型是一个典型的混合系统。

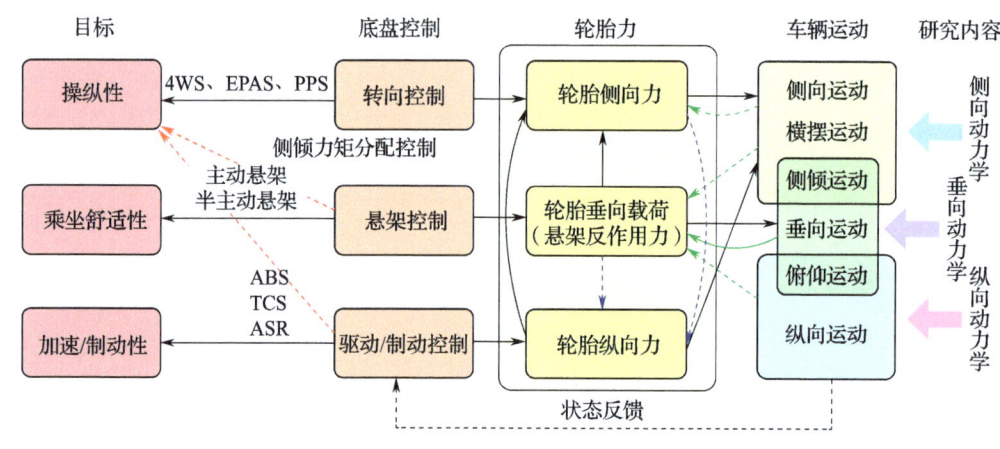

图5-2-5 底盘多体动力学关系示意图

混合系统（Hybrid System）是指连续时间系统（Continuous Time System）和离散事件系统（Discrete Event System）并存并交换信息的一种动态系统。通常的混合系统是分层次表示的，低层次代表的是物理设备及下位控制器，使用微分方程表示的动力学系统；而高层次代表的是控制策略及上位控制器，是用接近自然语言的高级语言描述的控制逻辑系统，控制系统软件ECU模块就属于这样的离散事件系统。

一般根据不同的使用目标选用具有不同自由度的车辆动力学模型，模型主要包括以下几方面。

1）结合纵向、侧向、横摆的3自由度车辆模型。
2）结合纵向、横摆、侧倾的3自由度车辆模型。
3）结合纵向、侧向、横摆、侧倾的4自由度车辆模型。
4）结合横摆、垂向、俯仰、侧倾的4自由度车辆模型。

5）结合纵向、侧向、垂向、横摆、侧倾、俯仰的 6 自由度车辆模型。

6）多体动力学车辆模型（例如：纵向、侧向、垂向、俯仰、横摆、侧倾 6 个自由度，4 个车轮分别有转向和垂向的 2 个自由度，以及转向盘 1 个转动自由度，共 15 个自由度）。

四、任务小结

1）当汽车行驶时，传感器将道路状况和汽车的速度、加速度、转向、制动等工况的电信号传递给 ECU，ECU 对传感器发送的电信号进行综合处理，输出控制信号到执行器，进而调整减振器阻尼系数、弹性元件刚度和车身高度。

2）线控悬架系统具有刚度可调、保持车身高度、提高汽车通过性等优点，也具有结构复杂、难以调至最优解等缺点。

拓展课堂 1
线控悬架新技术——CDC 悬架系统

1. CDC 悬架系统组成

CDC（Continuous Damping Control）悬架系统主要由电子控制单元、CDC 减振器、车身加速度传感器、车轮加速度传感器、CDC 控制阀等构成，如图 5-3-1 所示。其中，减振器是基于传统的液压减振器而构成。以 CDC 减振器为核心，辅助以电子控制单元、电磁控制比例阀（CDC 控制阀）、车身加速度传感器、车轮加速度传感器等部件，便构成了一套完整的半主动式 CDC 悬架。行驶中由传感器检测车辆行驶信息，按照预测的几道程序实现对综合采集信息分析后的自动调节。

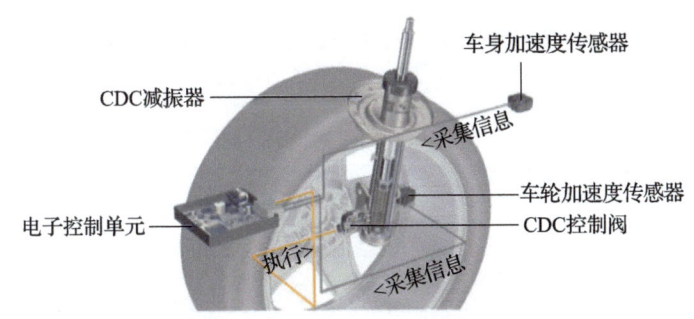

图 5-3-1　CDC 悬架系统

2. CDC 悬架系统工作原理

减振系统是汽车悬架的重要一环，因为它直接影响车辆的驾乘体验。

减振器的工作原理就是对车身质量进行支承。装载不同的载重后，减振器给出足够的支撑。当车辆静止时，减振器处于静止位置。当车辆行驶时，减振器随着路面起伏压缩或拉伸，从而转化成可接受的车身振动。减振器可用来提供振动阻尼，它让车身振幅的变化更加平稳。

CDC 减振器分为内外两个腔室，里面充满液压油。内外腔室的油液可以通过控制两个腔室之间的小孔流动来实现，如图 5-3-2 所示。

当车轮颠簸时，减振器内的活塞会在套筒内上下移动，腔内的油液便在活塞的作用力下在内外腔室间流动，同时油液也会对活塞产生阻力，只要改变油液流动过程阻力的大小，就可以改变活塞运动的阻力，也就是改变减振器的阻尼，如图5-3-3所示。

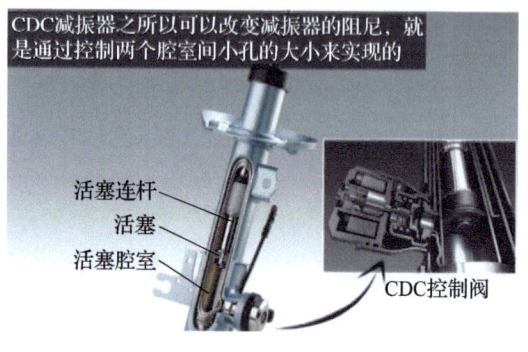

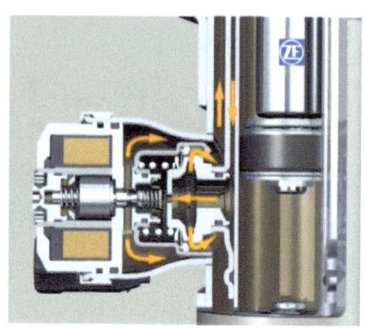

图5-3-2　CDC减振器　　　　　　　图5-3-3　CDC减振器阻尼调节示意图

因此只要改变两个腔室小孔的大小，就可以改变油液的阻力，因为在流量一定时，小孔的大小与液压油的阻力是存在比例关系的。所以通过CDC控制阀来改变孔的大小就能改变油液在内外腔室内往复的阻力，从而实现改变减振器的阻尼。

拓展课堂2
线控悬架新工艺——国产悬架弹簧材料改进优化

汽车悬架弹簧材料热处理也是决定汽车悬架弹簧质量的关键技术之一，在进行汽车悬架弹簧材料热处理的过程中，需要对50CrVA、50CrV$_4$、60Si$_2$Mn三种材料热处理参数进行对比，从而明确三种材料的热处理方式，从而选择最优化的汽车悬架弹簧材料。汽车悬架弹簧常用的三种材料热处理参数见表5-3-1。

表5-3-1　汽车悬架弹簧常用的三种材料热处理参数

材质	50CrVA	50CrV$_4$	60Si$_2$Mn
布氏硬度 HBW	450~600	480~510	550~600
脱碳层	≤片厚的2.5%	≤片厚的2.5%	≤片厚的2.5%
金相组织	1~4级回火屈氏体	1~4级回火屈氏体	1~4级回火屈氏体

通过汽车悬架弹簧材料热处理参数分析，发现50CrVA比60Si$_2$Mn的淬透性更强。60Si$_2$Mn的淬透厚度≤12mm，50CrVA的淬透厚度≤25mm。淬透性好的钢材，可使钢材整个截面获得均匀一致的力学性能，可选用淬火应力小的淬火剂，以减小变形和开裂。此外50CrVA的脱碳倾向比60Si$_2$Mn更小。脱碳是钢加热时表面碳含量降低的现象，值得注意的是，淬火时所发生的不同组织转变及体积变化在引起很大内应力的同时，表层经脱碳后强度也会下降，甚至有时在淬火过程中零件表面也会产生裂纹。在正常情况下，50CrVA的晶粒度比60Si$_2$Mn更优化，晶粒的大小对金属的拉伸强度、韧性、塑性等机械性能有决定性的影响，所以汽车悬架弹簧材料50CrVA比60Si$_2$Mn的机械性能更优化。

通过对汽车悬架弹簧三种常用材料的分析，在进行汽车悬架弹簧材料优化选择的过程中，$50CrV_4$ 与 $50CrVA$ 相比，淬透重叠厚度为 22～25mm，重叠区域较小，考虑价格、机械性能及重量，在少片弹簧上，一般选用 $50CrV_4$。而 $50CrVA$ 与 $60Si_2Mn$ 相比，淬透重叠厚度为 10～12mm，重叠区内 $60Si_2Mn$ 屈服强度和价格都要更好，因此可以用 $60Si_2Mn$ 替代 $50CrVA$。

线控悬架弹簧质量的好坏与结构设计、材料选择、加工工艺等有着直接的关联。从线控悬架弹簧材料选择出发，强化悬架弹簧材料改进效率，并且引入当前先进的线控悬架弹簧热处理技术手段，以便于切实保障汽车悬架弹簧的质量，为我国汽车制造业的发展创新奠定扎实的基础。

项目检测 5

一、填空题

1. _____就是指由车身与轮胎间的弹簧和_____组成的整个支承系统，能根据车辆的运行状况和路面情况做出反应，抑制车身的各种振动，使悬架始终处于最佳减振状态。

2. 在汽车行驶过程中，由于路面的不平整或者汽车自身运动状态的改变，会使汽车表现出各种运动姿态，包括车身的_____、俯仰运动（加减速、制动）和_____等。

3. 线控悬架系统根据工作原理可以分为_____、液压式、_____等。

4. 线控悬架系统主要由模式选择开关、_____、ECU 和_____组成。

5. _____的功能是驾驶员根据汽车的行驶状况和路面情况选择悬架的运行模式，从而决定减振器的阻尼力大小。

二、判断题

1. 线控悬架可以在不同的工况下，具有不同的弹簧刚度和减振器阻尼力，既能满足平顺性的要求，又能满足操纵稳定性的要求。（　　）

2. 线控悬架刚度可调，可改善汽车转弯时出现的侧倾以及制动和加速等引起的车身"点头"等问题。（　　）

3. 线控悬架可以在汽车载荷变化时，能自动保持车身高度不变。（　　）

4. 线控悬架可以在碰到障碍物时，不能瞬时提高底盘和车轮、越过障碍，使汽车的通过性得到提高。（　　）

5. 线控悬架可以使车轮与地面保持良好的接触，降低车轮与地面的附着力，加速制动过程，缩短制动距离，减少汽车抵抗侧滑的能力。（　　）

6. 传统悬架系统结构性能参数是固定的，而线性悬架参数是可调的。（　　）

7. 停车后，当车上载荷减少而车身上抬时，控制系统能自动升高车身高度，减少悬架系统的负荷。（　　）

8. 电磁式悬架系统是通过改变电流来改变电磁场的强度，达到对阻尼系数的调控。（　　）

9. 线控悬架系统结构简单、故障的概率和频率低于传统悬架系统。（　　）

10. CDC 悬架系统主要由电子控制单元、CDC 减振器、车身加速度传感器、车轮加速度传感器、CDC 控制阀等构成。（　　）

三、选择题

1. （　　）检测车身振动，间接的反映行驶的路面状况和车身横向运动状况。
   A. 车身位置传感器 B. 车速传感器
   C. 转向盘转角传感器 D. 车身加速度传感器

2. （　　）检测车身与车桥的相对位移，反映车身的平顺性和车身高度。
   A. 车身位置传感器 B. 车速传感器
   C. 转向盘转角传感器 D. 车身加速度传感器

3. （　　）检测车轮速度，反映车速，计算车身的侧倾量。
   A. 车身位置传感器 B. 车速传感器
   C. 转向盘转角传感器 D. 车身加速度传感器

4. （　　）检测转向盘转角，计算车身侧倾量。
   A. 车身位置传感器 B. 车速传感器
   C. 转向盘转角传感器 D. 车身加速度传感器

5. （　　）检测制动管路压力，判断汽车制动情况。
   A. 制动压力开关 B. 制动灯开关
   C. 转向盘转角传感器 D. 车身加速度传感器

6. （　　）检测制动灯电路通断，判断汽车制动状况。
   A. 制动压力开关 B. 制动灯开关
   C. 转向盘转角传感器 D. 车身加速度传感器

7. （　　）根据 ECU 的控制信号，准确、快速和及时做出动作反应，实现对弹簧刚度、减振器阻尼或者车身高度的调节。
   A. 控制器 B. 处理器
   C. 换向器 D. 执行器

8. 当汽车在道路上行驶时，传感器将道路状况和汽车的速度、加速度、转向、制动等工况的电信号传递给（　　），其对传感器发送的电信号进行综合处理，输出控制信号到执行器，进而调整减振器阻尼系数、控制弹性元件刚度和车身高度。
   A. ECU B. VCU
   C. MCU D. CPU

9. 对于车身高度的控制，可根据车内乘员人数或汽车装载情况自动调节（　　），以保持车身具有稳定的行驶姿态。
   A. 轮胎气压 B. 车身速度
   C. 车身高度 D. 座椅高度

10. 典型的车身高度控制有以下几种：停车水平控制、（　　）、自动水平控制。
    A. 任意工况高度控制 B. 特殊行驶工况高度控制
    C. 停车倾斜控制 D. 胎压自动控制

四、简答题

1. 简述线控悬架系统的分类。

2. 线控悬架系统有哪些功能?

3. 线控悬架系统的工作原理是什么?

参考文献

[1] 李东兵，杨连福. 智能网联汽车底盘线控系统装调与检修：附任务工单 [M]. 北京：机械工业出版社，2021.

[2] 王希珂，詹海庭. 智能网联汽车底盘线控执行系统安装与调试 [M]. 北京：机械工业出版社，2022.

[3] 何仁基，周志雄，叶放郎. 智能汽车线控底盘构造与维修 [M]. 天津：天津科学技术出版社，2021.

[4] 段卫洁，景忠玉. 智能网联汽车线控技术 [M]. 北京：人民交通出版社，2022.

[5] 李克强. 电动汽车工程手册 第六卷 智能网联 [M]. 北京：机械工业出版社，2019.